갑오징어 Common Cuttlefish

*각 어종 전용 제품이 아닌 **추천 제품입니다.**

Coba ELITE Platinum
- 기어비 4.6:1 / 5.6:1 / 6.8:1 / 7.5:1
- 9+1 베어링 시스템
- 중량 179g
- 민물 / 바다 겸용

Liger AL G2
- 기어비 4.6:1 / 5.6:1 / 6.8:1 / 7.5:1
- 9+1 베어링 시스템
- 중량 156g
- 민물 / 바다 겸용

All★terrain-III
- 기어비 5.6:1 / 6.8:1 / 7.5:1 / 8.3:1
- 9+1 베어링 시스템
- 중량 170g
- 민물 / 바다 겸용

URANO INS G3
- 기어비 5.6:1 / 6.8:1 / 7.5:1
- 8+1 베어링 시스템
- 중량 195g
- 민물 / 바다 겸용

DURATON INSHORE II
- 672MF / 662F / 652LF 휨새
- BLANK 터치형 릴 시트
- 선상 전용 LC, LDB 프레임 SIC 가이드
- 카본 테이프 X-SPIRAL

URANO INSHORE
- 652MF / 642F / 662LF 휨새
- 분리형 트리거 릴 시트
- 선상 전용 후지 LC, LDB 프레임 'O'링 가이드
- 우븐 카본

한치 Mitre Squid

All★terrain-DLC
- 기어비 4.6:1 / 5.6:1 / 6.8:1 / 7.5:1
- 9+1 베어링 시스템
- 중량 192g
- 바다 전용

URANO-DLC
- 기어비 4.6:1 / 5.6:1 / 6.8:1 / 7.5:1
- 8+1 베어링 시스템
- 중량 206g
- 바다 전용

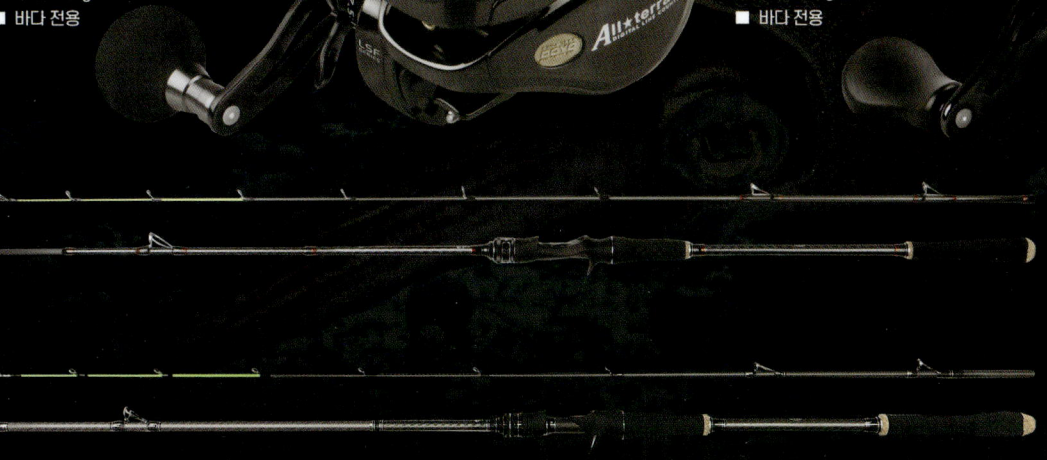

DURATON INSHORE II
- 672MF / 662F / 652LF 휨새
- BLANK 터치형 릴 시트
- 선상 전용 LC, LDB 프레임 SIC 가이드
- 카본 테이프 X-SPIRAL

URANO INSHORE
- 652MF / 642F / 662LF 휨새
- 분리형 트리거 릴 시트
- 선상 전용 후지 LC, LDB 프레임 'O'링 가이드
- 우븐 카본

DOYO SINCE 1999 #1 BAIT CASTER

본사) 경기도 부천시 길주로 411번길 30 (춘의동) **전화)** 032. 657. 4876 (代) **H.P** https://www.doyofishing.co.kr

이미 검증된 레인보우 틴셀 슛테
갑오징어 / 주꾸미 / 문어 / 한치

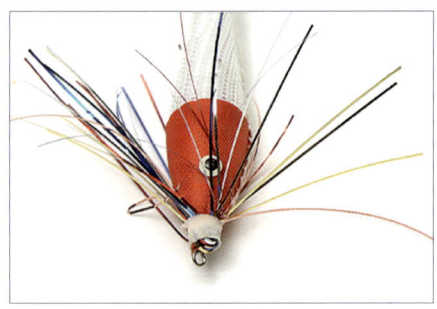

헤드 부분 틴셀
자연스러운 어필에 효과적인 틴셀을 장착하여 액션과 폴링, 스테이에 대상어의 관심을 추가적으로 유발.

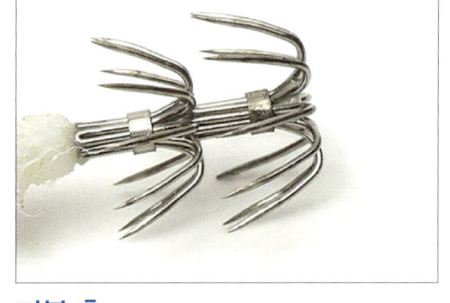

더블 훅
확실하게 붙잡아 빠짐을 최소화하기 위해 고퀄리티의 더블 훅 채용.

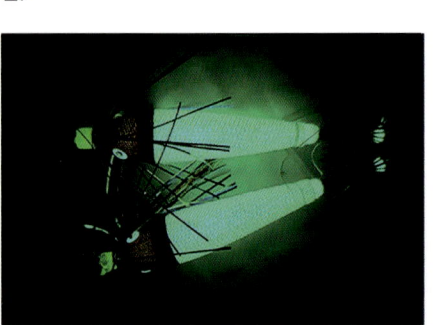

전스팩 'GLOW' 채용
야간 낚시가 메인이 되는 낚시이기에 필연적으로 더 약한 라이트 컨디션에서의 낚시가 되기 때문에 야광계 칼라가 압도적으로 유리. 본 시리즈에서는 단지 빛나는뿐만 아니라 빛나는 방법에도 구애되었습니다.

꼬리 끝 발광
야광의 어필을 더욱 올려주지만 작고 밝게 하여 먹는 데 부담을 줄이고자 채용하였습니다.

1. RED HEAD GREEN
2. RED HEAD WHITE
3. CORN
4. RED HEAD YELLOW DOT
5. RED HEAD STRIPE
6. RED HEAD BLUE
7. RED HEAD PINK
8. RED HEAD YELLOW
9. RED HEAD PURPLE
10. RED HEAD GREEN DOT
11. RED HEAD PURPLE DOT

basser 010-5321-9861

낚시춘추 무크지 10
두족류낚시

지은이 이영규, 김진현
펴낸이 정규도
펴낸곳 황금시간

초판 1쇄 인쇄 2022년 8월 24일
초판 1쇄 발행 2022년 8월 25일

편집 서성모
디자인 정현석, 김혜령
일러스트 송영수

공급처 (주)다락원 (02)736-2031

주소 경기도 파주시 문발로 211
전화 (02)736-2031(대)
팩스 (031)8035-6907
출판등록 제406-2007-00002호

Copyright ⓒ 2022, 황금시간

저자 및 출판사의 허락 없이 이 책의 일부 또는 전부를
무단 복제·전재·발췌할 수 없습니다.
잘못된 책은 바꿔드립니다.

값 15,000원
ISBN 979-11-91602-30-2 13690

http://www.fishingseaasons.co.kr
*황금시간 홈페이지를 통해 인터넷 주문을 하시면 자세한
정보와 함께 다양한 혜택을 받으실 수 있습니다.

찹쌀로 속을 채워 쫀득한 식감이 일품인 화살촉오징어 찹쌀순대.

야들야들한 몸통에 찹쌀이 가득
화살촉오징어 찹쌀순대

화살촉오징어 찹쌀순대는 살오징어(화살촉오징어)의 새끼로 만든 것이다. 작은 화살촉오징어는 살짝 데쳐서 먹어도 되지만 순대를 만들어도 먹기 좋다.

순대의 맛은 소가 결정한다. 오징어순대를 한번쯤 만들어 본 낚시인들은 야채, 두부, 전분으로 소를 만들곤 하는데, 물기가 많은 두부를 사용하면 식감과 맛이 찹쌀이나 당면에 비해 조금 떨어지는 경향이 있다.

순대의 고장인 이북에서는 순대의 소에 꼭 찹쌀을 사용한다. 고슬고슬한 밥알이 식감을 높이고 오징어와 고기에 잘 어울려서 더 깊은 맛을 낸다. 소에 두부를 사용할 경우 물기를 완전히 제거하지 않으면 질퍽하게 되기도 하는데 찹쌀을 사용하면 그런 단점을 줄일 수도 있다.

꼭 넣어야 할 재료는 찹쌀, 양파, 부추며 오징어다리를 다져 넣거나 고기를 다져 넣어도 좋다. 주의할 점은 소를 만들 때 욕심을 내어 이것저것 넣는 것이다. 이렇게 하면 소가 많이 남을 수 있다. 또 오징어에 소를 너무 많이 넣어도 터지므로 재료는 적당량만 준비하는 것이 좋다.

◑ 요리 과정

1. 오징어는 흐르는 물에 깨끗이 씻은 후 몸통과 다리를 분리한다.
2. 몸통의 내장과 뼈를 제거한 후 내부를 깨끗이 씻는다.
3. 비린내를 제거하기 위해 맛술에 30분 정도 담근다.
4. 속 재료로 쓸 찹쌀을 물에 불린다. 당면을 함께 불려도 좋다.
5. 몸통에서 뗀 다리를 잘게 다진다.
6. 곱게 다진 다리에 다진 양파를 섞어 한 번 더 다진다.
7. 물에 불린 찹쌀은 참기름을 두른 팬에 볶는다. 물을 부으며 찹쌀이 충분히 익을 때까지 볶는다.
8. 찹쌀이 충분히 익으면 다진 오징어 다리를 섞는다.
9. 간장 또는 참치액으로 간을 한다.
10. 잘게 썬 부추를 섞어 살짝 볶는다.
11. 맛술에 절인 몸통과 속재료를 준비하고 이쑤시개와 숟가락도 준비한다.
12. 몸통에 찹쌀로 만든 소를 넣는다.
13. 소는 몸통에 4분의 3 정도 넣은 후 이쑤시개로 몸통 아래를 봉합한다.
14. 오징어순대를 찔 때 찜기에 달라붙지 않도록 참기름을 칠한다.
15. 물이 끓기 시작한 후 오징어순대를 넣고 5분 정도 찌면 완성.
16. 순대는 1~2분 식힌 후에 썰면 터지지 않고 잘 썰린다.

얇게 저민 문어에 초회 양념을 부어 만든 문어 초회. 미역과 오이에 곁들여 먹으면 더 맛있다.

부드럽게 씹히는 맛과 고소한 풍미
문어 초회

초회는 문어를 먹는 방법에서도 만들기 간단하고 오랫동안 사랑을 받아 온 음식이다. 자칫 단조로울 수 있는 문어 맛에 식초와 설탕으로 새콤달콤함을 가미하고 문어와 궁합이 잘 맞는 미역과 오이를 넣으면 특히 여름에 먹기 좋다.

다른 음식과 달리 초회는 만들어서 냉장보관하면 오래 두고 먹을 수 있으며 반찬뿐 아니라 술안주로도 좋기 때문에 만드는 법을 익혀두면 두루두루 써 먹을 수 있다. 만들 때 주의할 점은 문어를 썰 때 너무 두껍게 썰지 말고 천천히 얇게 썰어야 더 맛있다는 것이다. 그리고 문어 껍질은 벗겨내는 것이 좋다. 머리와 다리 사이에 있는 껍질은 질겨서 잘 씹히지 않고 물컹거리므로 썰기 전에 제거한다.

◎ 요리 과정

1. 찬물에 다시마를 넣고 끓인다.
2. 물이 끓으면 가쓰오부시(약 15g)를 넣고 다시마는 건진다.
3. 5분 정도 가쓰오부시를 우려낸 후 거름망에 걸러 육수를 낸다.
4. 오이는 잘게 칼집을 넣는다.
5. 소금을 뿌려두고 짠맛이 스며들게 둔다.
6. 말린 미역을 물에 불린 후 끓는 물에 살짝 데친다.
7. 데친 미역은 김발에 말아 둥글게 말아서 모양을 잡는다.
8. 삶은 문어의 다리를 준비한다.
9. 다리 안쪽에 붙은 너덜너덜한 껍질은 떼어 낸다.
10. 회칼로 어슷하게 썰어 낸다.
11. 문어와 오이, 미역을 썬 후 모양을 잡아 접시에 담는다.
12. 다시마와 가쓰오부시로 만든 육수 1컵에 간장 1, 식초 1, 설탕 1을 넣고 약한 불에 끓인다. 팔팔 끓이지 말고 설탕이 녹으면 불을 끈다. 초회는 차게 먹기 때문에 육수는 충분히 식힌 후에 붓는다.
13. 접시에 양념을 부으면 완성. 레몬을 곁들이면 더 상큼한 맛을 즐길 수 있다.

◆ 요리 과정

1. 문어는 2kg 내외의 큼직한 것을 준비한다.
2. 머리를 뒤집는다.
3. 가위로 내장을 잘라낸다.
4. 눈은 손가락으로 집어 튀어나오게 한 뒤 가위로 자른다.
5. 입도 눌러서 떼낸다.
6. 그릇에 문어를 넣고 굵은 소금을 뿌린다. 밀가루를 넣어도 좋다.
7. 거품이 나도록 20~30분 박박 문지른다. 문어가 부드러워지는 비결.
8. 깨끗한 물에 씻는다. 여러번 씻어야 소금의 짠내가 남지 않는다.
9. 큰 냄비에 물을 붓고 간장 1, 식초 1, 소금 1 정도 비율로 넣고 삶는다.
10. 머리는 잘 익지 않을 수 있으므로 뒤집어준다. 삶는 시간은 10분 내외. 너무 익히면 질겨진다.
11. 삶은 문어는 머리를 먼저 자른 후 몸통을 자른다.
12. 다리의 굵은 부분부터 얇게 포를 뜨면 완성.

| PART 8 | 요리 8

삶은 문어를 얇게 썰어낸 숙회. 그냥 먹어도 좋지만 무침이나 냉채 재료로 써도 좋다.

문어의 참맛을 그대로 살린
문어 숙회

문어는 단백질과 타우린이 풍부한 두족류로 국내외를 막론하고 사랑을 받고 있는 식재료다. 우리나라에서는 문어를 삶아서 먹거나 해물탕의 재료로 쓰는 경우가 대부분인데, 그런 방식의 요리는 조미료를 많이 첨가해 문어의 참맛을 느끼기엔 조금 부족한 것이 사실이다. 싱싱한 문어는 초밥의 단골 재료로 쓰일 정도로 그 자체로도 좋은 맛을 낸다.

문어는 잘못 조리하면 질겨져 부드럽고 고소한 맛을 잃기 쉽다. 문어를 손질할 때 중요한 점은 문어를 소금이나 밀가루에 박박 문질러서 오래 씻어야 부드러워진다는 것이다. 큰 문어는 최소 30분은 문질러야 육질이 부드러워지고 빨판 구석구석을 깨끗하게 씻어낼 수 있으므로, 조금 귀찮더라도 깔끔하게 씻도록 한다. 잘 손질한 문어는 살짝 데친 후 썰어서 숙회로 먹어도 맛있으며 오래두고 먹어도 좋다.

◆ 요리 과정

1. 싱싱한 한치를 준비한다. 씨알이 클수록 좋다.
2. 손으로 한치의 다리를 분리한 후 뼈와 내장을 빼낸다.
3. 세척 후 파스타에 쓸 몸통과 다리를 준비한다.
4. 끓는 물에 올리브유와 소금을 조금 넣고 면을 7분 정도 삶는다.
5. 올리브유를 충분히 두른 프라이팬에 마늘을 볶아 향을 낸다.
6. 마늘이 익을 때쯤 양파를 넣고 노릇하게 볶는다.
7. 한치를 넣고 볶는다. 오래 볶지 않고 강불에 30초 정도 볶는다.
8. 삶은 면과 면수 한 컵을 붓고 3분 정도 볶는다.
9. 소금, 후추, 설탕 등을 넣고 간을 한다.
10. 토마토를 넣는다.
11. 마지막에 시금치를 넣고 시금치의 숨이 죽으면 불을 끈다.
12. 바질, 파슬리 가루를 뿌려 섞어 준다.

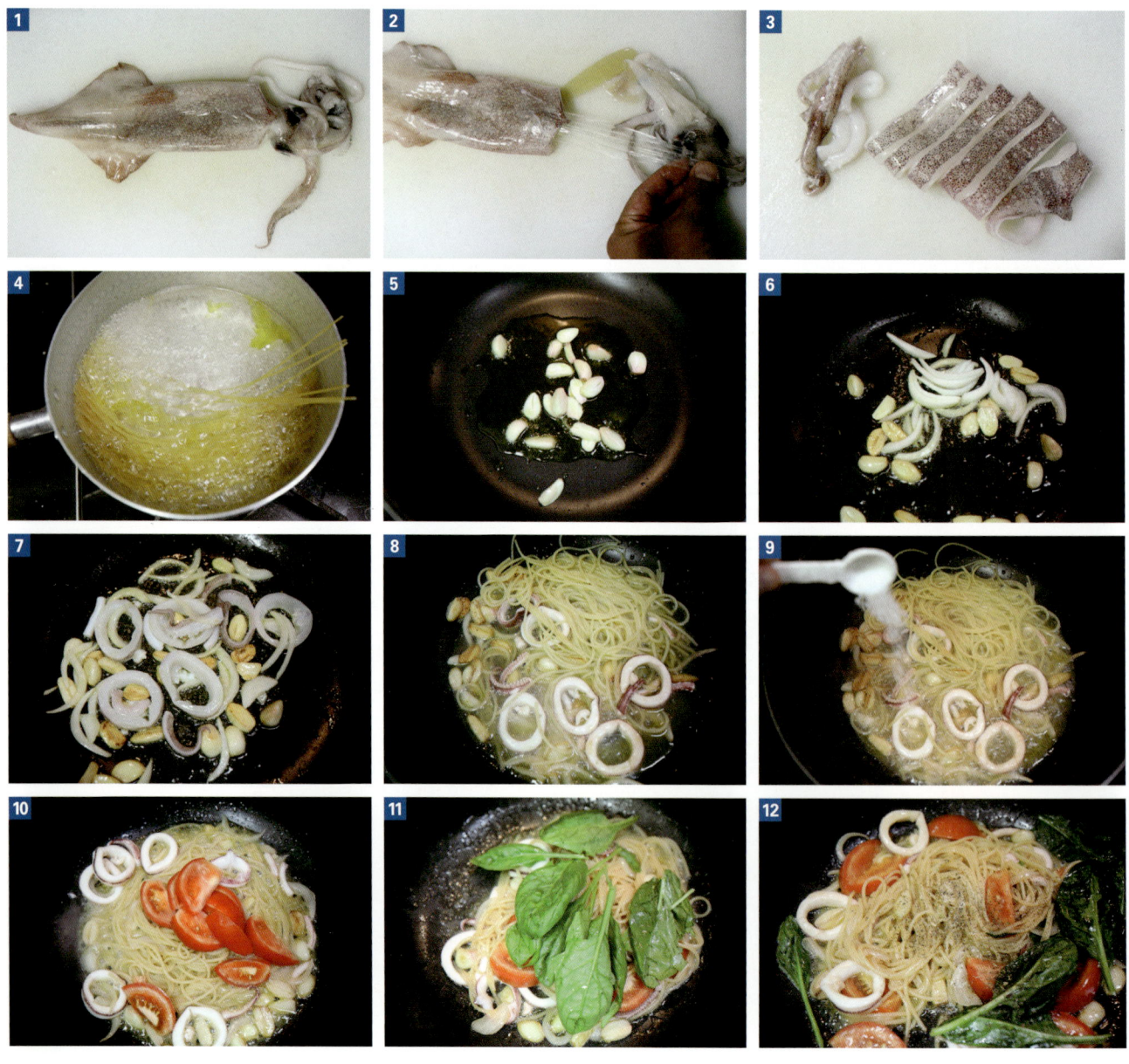

한치를 넣어 만든 파스타. 올리브유와 마늘을 베이스로 토마토, 시금치 등을 넣어 살짝 볶으면 만들 수 있다.

올리브유와 마늘로 맛을 낸
한치 파스타

'번거롭게 무슨 파스타냐'라 말할 낚시인도 있겠지만 파스타는 의외로 쉽게 만들 수 있는 요리다. 면을 삶고 프라이팬에 올리브유를 두른 후 면과 재료를 함께 넣어 살짝 볶기만 하면 끝. 한 끼 식사로 충분하며 조리법이 간단해서 캠핑을 할 때도 해먹기 좋다. 올리브유와 마늘을 기본으로 만드는 파스타를 '알리오올리오 파스타'라고 하는데, 면 특유의 담백한 맛을 즐기기 좋고 각종 해물, 채소와 잘 어울린다.

요리할 때 주의할 점은 마늘을 볶을 때 충분히 마늘 향을 낸 후 한치를 볶아야 오징어 특유의 비린 향이 나지 않으며 기름은 올리브유를 써야 제대로 된 파스타 맛이 난다는 것이다. 한치도 싱싱한 것을 골라서 사용하는 것이 좋고 취향에 따라 조개, 새우 등 다양한 해물을 넣어서 만들어도 좋다.

파스타에 잘 어울리는 채소는 토마토와 시금치다. 올리브유에 토마토나 시금치만 사용해서 만드는 파스타가 있을 정도로 두 재료는 파스타의 기본 재료로 꼽힌다. 올리브유만 넣어서 좋은 맛을 기대하기 힘들 경우에는 시판용 파스타 소스를 사용하는 것도 좋다. 토마토나 크림 베이스의 소스를 사용할 수 있으며 프라이팬에 한치를 볶은 후 삶은 면, 야채 소스를 넣고 함께 볶아주면 된다.

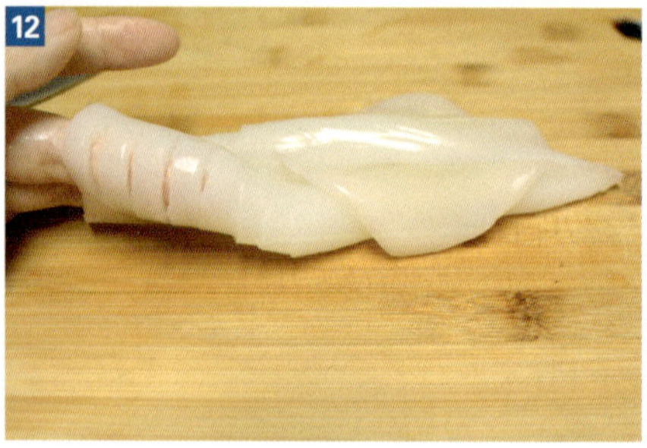

요리 과정

1 사프란 대신 비슷한 효과를 내는 치자를 사용했다. 따뜻한 물에 치자를 넣어 물을 우린다.
2 찬물에 쌀을 넣어 30분간 불린다.
3 마늘은 잘게 다져 준비한다.
4 고추는 동그랗게 모양을 살려 썰어준다.
5 양파는 쌀알 크기로 다져 준비한다.
6 홍합은 입을 제거하고 껍질에 묻은 이물질을 닦아낸다.
7 새우는 수염을 제거하고 이쑤시개로 내장을 제거한다.
8 팬에 올리브오일을 두르고 양파가 색이 나게 볶는다.
9 마늘과 쌀을 넣고 쌀이 반투명해질 때까지 볶는다.
10 한치 다리를 넣고 살짝 볶은 후 치자 물을 넣고 간을 한다.
11 물이 끓으면 불을 줄이고 한치를 제외한 해물을 넣은 뒤 뚜껑을 덮고 익힌다.
12 한치는 다리와 내장을 제거한 후 껍질을 벗기고 가위로 칼집을 넣는다.
13 냄비에 물이 없어지면 한치와 고추를 넣고 뚜껑을 덮은 뒤 뜸을 들이면 완성.

완성한 한치 파에야. 팬째로 식탁에 올리거나 그릇에 1인분씩 담아낸 뒤 파프리카 파우더를 곁들여 먹는다.

스페인 원팬 요리
한치 파에야

한치는 일반 오징어보다 식감이 부드럽고 감칠맛이 나서 귀한 식재료로 사랑받고 있다. 고단백, 저지방으로 다이어트에 좋고 아미노산의 일종인 타우린과 비타민E 등 각종 영양소가 혈액순환을 원활하게 하여 심장질환에도 효과적이며 더운 여름철 원기를 회복하기에도 좋은 식재료다.

한치에 부족한 탄수화물과 지방, 비타민, 무기질을 채소와 쌀, 올리브 오일로 보충한 음식인 '파에야(Paella)'는 해산물과 고기 육수로 밥을 짓는 스페인 음식으로, 세계에서 제일 비싼 향신료로 알려져 있는 사프란이 들어가 밥알이 노란빛을 띠는 게 특징이다. 파에야는 대표적인 원팬(one pan) 요리로, 팬 하나만으로도 근사하고 이국적인 음식을 간단히 만들 수 있다.

참고로 늦봄부터 가을에 거쳐 산란을 위해 무리를 지어 연안으로 다가오는 한치는 6~8월에 가장 맛이 좋다. 제주도에서 속담처럼 내려오는 이야기로 '한치가 쌀밥이라면 오징어는 보리밥이고, 한치가 인절미라면 오징어는 개떡이다'라는 말이 있다. 맛이 좋을 뿐 아니라 일반 오징어와는 달리 오징어 특유의 짠 내가 덜한 덕분에 다양한 요리에 어울린다. 파에야와 같은 조리과정이 다소 복잡한 요리가 귀찮다면 샐러드, 파스타, 볶음밥을 만들어 한치를 먹어도 좋으며 그것도 귀찮다면 라면에만 넣는 것만으로도 특유의 감칠맛을 느낄 수 있다.

○ 요리 과정

1. 무늬오징어 몸통을 가르고 내장과 다리를 분리한다.
2. 껍질을 벗긴다.
3. 몸통에 사선으로 칼집을 넣는다.
4. 사각형으로 썬다.
5. 백포도주를 끓인 후 무늬오징어 몸통을 10초 정도 데친다. 백포도주 대신 소주, 청주를 사용해도 좋다.
6. 데친 오징어 살은 얼음물에 식힌 후 물기를 제거한다.
7. 아보카도, 양파, 레몬, 파프리카, 사과(오이)를 준비한다.
8. 오징어 살 크기에 맞춰 파프리카, 사과를 썬다.
9. 아보카도는 반으로 자른 후 숟가락으로 껍질을 분리한다.
10. 아보카도에 잘게 썬 양파를 섞은 후 소금과 레몬을 적당량 넣는다.
11. 포크로 아보카도를 으깨며 잘 섞는다.
12. 썰어 둔 파프리카와 사과를 넣어 섞으면 완성.

백포도주에 데친 무늬오징어를 아보카도에 버무려 만든 샐러드.

만능 에피타이저
무늬오징어 아보카도 샐러드

무늬오징어 아보카도 샐러드는 와인에 데친 무늬오징어를 아보카도 베이스에 버무려 만든 요리다. 아보카도는 '숲속의 버터'라는 별명처럼 과일임에도 불구하고 지방 함유량이 높아서 고소한 맛이 나는 것이 특징이다. 일본인들은 아보카도의 고소하고 부드러운 맛을 선호하기 때문에 과일처럼 썰어서 소금이나 고추냉이에 곁들여 술안주로 먹기도 한다. 이런 아보카도는 담백한 무늬오징어의 흰 살과 아주 잘 어울린다. 레몬과 소금으로 밑간을 하면 평소 무늬오징어에게서 느낄 수 없는 고급스러운 풍미를 맛볼 수 있다.

샐러드용 아보카도는 껍질이 완전히 갈색으로 변해서 속까지 충분히 익은 것을 사용한다. 과육이 약간 물컹해야 쉽게 으깨지기 때문이다. 과일처럼 딱딱한 것은 썰어서 먹기에 알맞다. 아보카도는 껍질이 딱딱해서 깎기 힘들므로 반으로 자른 후 숟가락으로 껍질과 분리한다. 가운데 커다란 씨가 있으므로 칼을 돌려가며 전체를 반으로 가른다.

두족류낚시 | 169

무늬오징어를 갈아 만든 반죽을 액젓을 넣은 국물에 익혀 먹는 무늬오징어 나베.

뜨끈뜨끈한 국물이 생각날 땐
무늬오징어 나베

'나베(鍋)'란 일본의 냄비요리를 통칭하는 말이다. 무늬오징어 나베는 무늬오징어가 베이스가 되는 냄비요리라 할 수 있다. 일본 낚시인들이 즐겨먹는 음식으로 특히 일본 동북지방의 아키타(秋田) 지역 특산물인 도루묵으로 만든 액젓(しょっつる)으로 국물을 낸 냄비요리가 유명하다. 도루묵액젓이 없다면 참치액이나 가쓰오액으로 대체해도 된다.

요리를 맛있게 만드는 방법은 다시마를 우려낸 물에 액젓을 섞은 후 무늬오징어를 갈아 만든 반죽에 생강을 조금 넣어 오징어 특유의 향을 조금 없애는 것이다. 하지만 생강을 너무 많이 넣으면 진한 생강 향에 먹기 불편할 수 있으므로 소량만 넣어야 한다.

◐ 요리 과정

1. 600g이 넘는 중형 사이즈 무늬오징어 한 마리를 준비한다.
2. 칼로 등을 가른다.
3. 등뼈를 빼낸다. 배를 가르는 것보다 등을 가르는 것이 해체하기 편하다.
4. 다리를 당기면 몸통과 분리된다.
5. 몸통과 다리를 흐르는 물에 깨끗이 씻는다.
6. 몸통에 붙은 지느러미를 당겨 껍질을 벗긴다.
7. 몸통 하단의 자투리는 잘라낸다.
8. 다리에 붙은 내장(위, 정소)을 잘라낸다.
9. 다리 중앙에 있는 입은 손가락으로 누르면 빠진다.
10. 손질한 다리. 다리와 눈이 있던 머리 부위다.
11. 몸통과 다리의 물기를 제거한다.
12. 믹서에 갈기 좋게 잘게 자른다.
13. 무늬오징어를 믹서에 넣고 전분 2 숟가락과 생강즙(또는 가루) 조금, 소금 조금을 넣는다.
14. 믹서를 돌려서 갈면 반죽 완성.
15. 두부, 청경채, 미나리, 대파, 버섯을 준비한다.
16. 다시마를 넣고 끓인 물에 참치액(또는 가쓰오액)을 넣는다. 나머지 재료를 넣으면 완성.

◐ 요리 과정

1. 갑오징어. 볶음요리에는 냉동을 사용해도 무방하다.
2. 갑오징어는 내장을 빼고 껍질을 벗긴다. 다리는 사용하지 않는다.
3. 껍질을 벗긴 몸통에 3~5mm 간격으로 칼집을 넣는다.
4. 몸통을 한입 크기로 자른 후 후추, 소금, 밀가루를 살짝 뿌려서 버무린다.
5. 주방기구인 필러로 오이의 껍질을 세로로 벗긴 후 7mm 두께로 어슷썰기를 한다.
6. 굴소스(또는 간장), 닭분말, 후추를 섞어 양념장을 만든다.
7. 달군 프라이팬에 기름을 넉넉히 두르고 생강(또는 마늘)과 홍고추를 먼저 볶는다.
8. 마늘과 고추향이 올라오면 갑오징어를 볶는다.
9. 충분히 갑오징어가 익으면 양념장을 붓고 1분 정도 더 볶는다.
10. 오이를 넣고 1분 정도 함께 볶으면 완성.

굴소스와 오이를 넣어 센불에 볶아낸 갑오징어 오이볶음. 두반장이나 매운 고추를 넣으면 더 맛있다.

손쉽게 만드는 갑오징어 중국요리
갑오징어 오이볶음

중국요리에서 가장 많은 비중을 차지하는 것이 바로 볶음요리다. 중국에 가보면 야채, 고기, 해산물을 볶아낸 요리들이 많은데 다소 생소하기는 해도 이런 볶음요리는 만들기가 쉬워서 조금만 요령을 익히면 집에서 쉽게 만들어 먹을 수 있다.

중국요리의 장점이라면 재료에 제한이 없다는 것. 갑오징어 오이볶음 역시 재료를 다양하게 사용할 수 있다. 쫄깃한 갑오징어와 아삭한 오이의 조합을 추천하지만 취향에 따라서는 새우나 전복을 넣어도 좋고 오이와 함께 토마토나 청경채 등을 넣는 것도 좋다. 단, 중화요리는 기름을 많이 쓰고 센 불에 빨리 조리를 하는 것이 요령이므로 재료를 넣는 순서를 지키고 너무 오래 볶아서 야채가 무르지 않게 조리해야 한다.

갑오징어를 먼저 볶은 후 금방 익는 토마토나 청경채는 나중에 넣어야 한다. 참고로 기름의 양이 적으면 재료가 빨리 익지 않고 그로 인해 오래 볶을 시 재료의 숨이 죽어버리므로 기름을 많이 써서 빨리 익히는 것이 좋다.

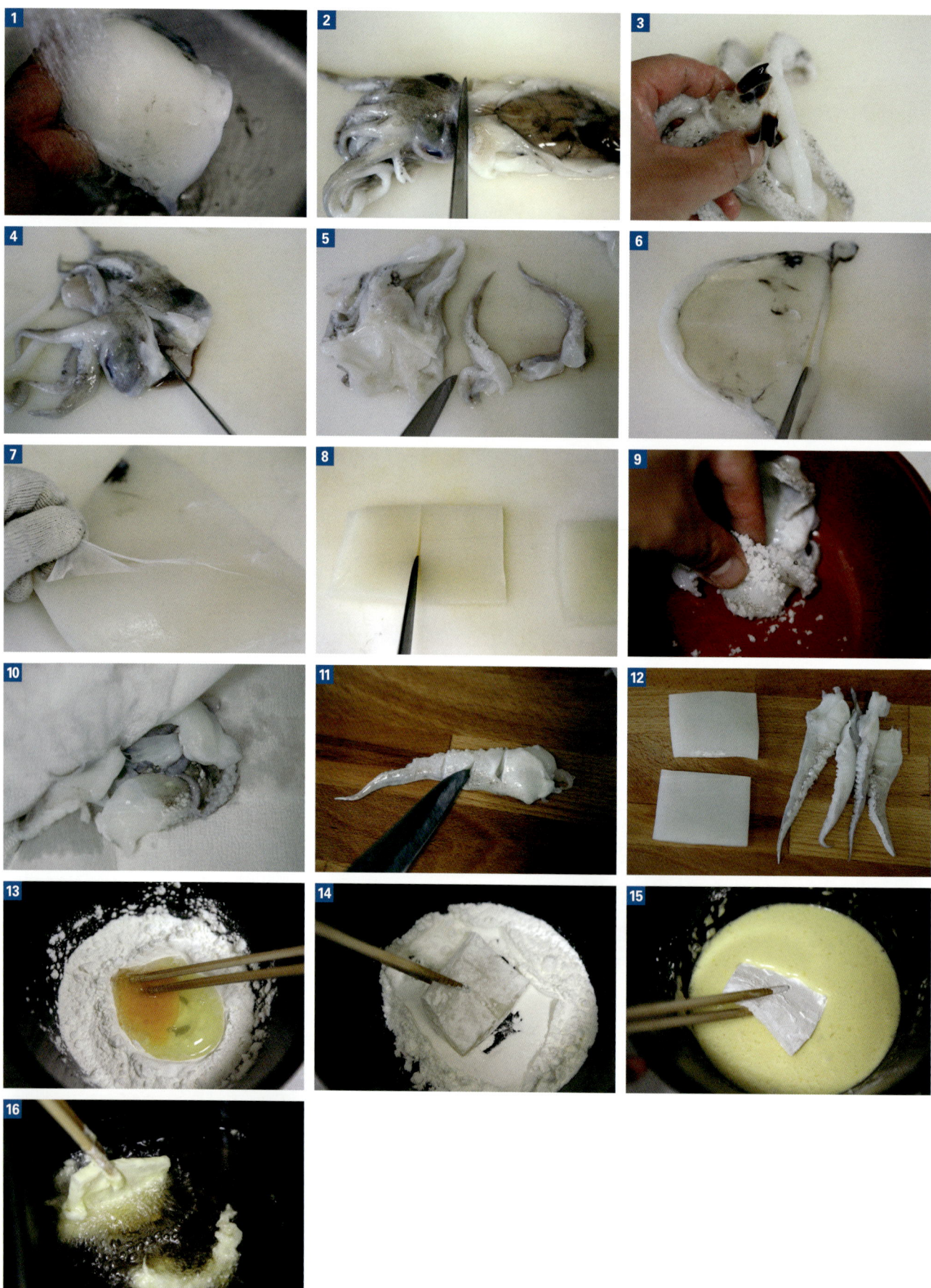

두툼하게 튀겨낸 갑오징어. 튀김 맛을 보면 오징어 요리 중 단연 최고라고 할 만하다.

오징어 요리의 최고봉
갑오징어 튀김

오징어를 가장 맛있게 먹는 방법을 낚시인들에게 물어보면 십중팔구 튀김이라고 말한다. 그럼에도 불구하고 대부분 회로 먹거나 데쳐서 먹는 이유는 튀김은 만들기는 어려운 데 비해 만들어지는 양이 적기 때문이다.

작은 씨알의 갑오징어는 튀김용으로 적합하지 않다. 몸통이 작기 때문에 한 마리를 손질해도 튀김을 만들 수 있는 재료가 얼마 나오지 않는다. 특히 갑오징어는 다리가 짧기 때문에 튀김 재료로 쓰기 어렵다. 따라서 봄이나 초여름에 낚이는 큰 씨알의 갑오징어를 구해야 다리까지 모두 튀김으로 만들어 먹을 수 있다.

튀김을 바삭하게 만드는 방법은 어렵지 않다. 되도록 물을 적게 사용하는 것이 좋고 물을 많이 사용했다면 오래 튀긴다. 튀김이란 기화점이 높은 기름에 재료를 넣어서 익히는 동시에 재료의 수분이 날아가게 만들어서 바삭하게 만드는 조리법이다. 튀김이 눅눅해지는 이유는 덜 튀겨서 재료의 수분이 남았거나 튀긴 후 수분이 충분히 날아가도록 해주지 않아서다.

◎ 요리 과정

1. 몸통과 다리를 분리 후 깨끗이 씻는다.
2. 몸통에 붙은 내장을 잘라낸다.
3. 손으로 눌러 입을 뺀다.
4. 눈이 붙은 머리를 자르고 눈알을 뺀다.
5. 머리에 붙은 다리를 하나씩 자른다.
6. 갑오징어 몸통의 지저분한 부분을 잘라낸다.
7. 몸통 앞뒤에 붙은 얇은 막을 제거한다.
8. 몸통은 큰 사각형으로 먹기 좋게 썬다.
9. 자른 다리는 소금으로 문질러 씻는다.
10. 다리는 물에 씻은 후 물기를 제거한다.
11. 다리에 칼집을 넣어 튀길 때 휘어지지 않게 한다.
12. 튀김에 사용할 재료.
13. 밀가루에 계란을 넣고 물을 섞는다. 밀가루와 물은 1:0.5 비율.
14. 재료에 전분을 입힌다.
15. 전분을 입힌 재료에 계란옷을 입힌다.
16. 190도로 가열한 기름에 2분 정도 튀긴 후 기름종이에 얹어 기름을 빼고 수증기가 날아가게 한다.

◐ 요리 과정

1 무를 크게 썰어 물을 끓인다.
2 물이 끓기 시작하면 다시마를 넣고 5분 정도 더 끓인 후 다시마는 건져낸다.
3 주꾸미는 소금으로 문지른 후 흐르는 물에 씻는다.
4 청경채, 배추, 파, 미나리 등 취향에 맞게 야채를 준비한다.
5 다시마 육수에 채소를 먹기 좋은 크기로 썬 후 얹는다.
6 육수는 기성품(참치, 다시마 등)을 사용한다. 멸치, 고기 등으로 육수를 내면 깊은 맛이 나지 않아서 싱거울 수 있다.
7 육수가 끓기 전에 주꾸미를 넣는다.
8 육수가 끓기 시작하면 완성.

데친 야채에 주꾸미를 곁들여 먹는 샤브샤브. 담백한 맛을 즐길 수 있는 보양식이다.

부드럽고 담백한 봄철 보양식
주꾸미 샤브샤브

주꾸미 샤브샤브는 부드러운 주꾸미 본연의 맛을 즐길 수 있는 요리다. 부드러운 주꾸미를 볶거나 오랜 시간 조리하면 살이 질겨지기 때문에 부드러운 맛을 원한다면 샤브샤브가 좋다. 끓는 육수에 살짝 데치듯 먹는 것이 질기지 않게 주꾸미를 먹는 방법이다. 다리를 먼저 먹은 후 머리(몸통)를 완전히 익혀서 머릿속에 든 알을 먹는 것 또한 별미다. 참고로 문어나 오징어 알은 익히면 매우 딱딱한 것과 달리 주꾸미 알은 설익은 밥알처럼 고슬고슬하기 때문에 먹기 좋다.

요리할 때 주의할 점은 주꾸미를 많이 익히지 않는 것이다. 산 주꾸미는 30초나 1분 정도가 적당하며 죽은 주꾸미라도 2분 이상 끓이지 말아야 한다. 다리를 먼저 먹은 후 머리는 속이 완전히 익을 때까지 조리한다.

집에서 샤브샤브를 만들 때 맛이 없는 주요인은 육수를 제대로 만들지 못하기 때문이다. 멸치나 고기를 이용해 육수를 내어도 깊은 맛이 나지 않기 때문에 다시마와 기성품 육수로 맛을 내는 것이 요리하기도 쉽고 맛을 버리지 않는 방법이다.

PART 8
요리

일본 대마도에서 에깅으로 날개오징어를 낚은 낚시인. 특정 지역에서는 날개오징어가 에기에 반응하기도 한다.

므로 주의해야 하고 먹물에는 약간의 독이 있어서 맞으면 따끔거리므로 먹물을 맞지 않도록 해야 한다.

뜰채와 가프 필수

에깅으로 날개오징어를 노릴 때는 천천히 가라앉는 슈퍼샬로우 타입의 에기로 상층에서 액션을 주어 날개오징어가 에기를 덮치도록 유도한다. 밤이나 이른 아침에는 날개오징어가 에기를 덮치지도 하지만 한낮에는 에기를 보고 도망가기 때문에 낮이라면 큰 에기를 사용해 바늘에 날개오징어의 몸통이나 귀에 걸리게 한다.

날개오징어가 상층에서 계속 머물기 때문에 눈으로 보고 에기를 날개오징어에 몸통에 걸 수 있으나 날개오징어가 순식간에 물을 쏘며 도망을 가면 낚싯줄이 터질 수 있으므로 드랙을 어느 정도 열어 놓는 것이 좋다. 에기로 날개오징어를 걸었다면 당황하지 말고 천천히 랜딩을 시도하고 연안으로 끌어와서 뜰채나 가프로 올린다.

짧게는 5분, 길게는 10분 넘게 밀고 당기기를 해야 하므로 성급하게 날개오징어를 끌어내려는 행동은 하지 말아야 하며 날개오징어가 지친 틈을 이용해 랜딩을 하는 것이 요령이다.

| PART 7 | 호래기·화살촉(살)·날개오징어낚시 3

국내 오징어 중 가장 큰 덩치
날개오징어

날개오징어는 남해와 동해에서 가끔 볼 수 있는 오징어다. 주로 대포오징어라고 불리며 무게가 10kg에 육박할 정도로 크게 자라는 것이 특징이다. 실제로 국내에서 낚이는 오징어 중에서는 가장 몸집이 크며 무게로만 따지면 대왕 문어보다 큰 녀석들도 있다.
마치 물 위를 둥둥 떠다니는 것처럼 움직이기 때문에 낚시에 잘 잡히지 않고 주로 그물에 잡히지만 날개오징어를 전문으로 노리는 낚시인들도 있기 때문에 앞으로의 발전에 귀추가 주목되는 오징어라 할 수 있다. 덩치가 크기 때문에 손맛이 좋은 것은 말할 것도 없으며 몸통 전체를 먹을 수 있어서 한 마리만 낚으면 50인분이 넘는 오징어 회를 만들 수 있고 맛도 좋다고 한다.

방파제에서 큰 씨알의 날개오징어를 낚은 낚시인. 주로 겨울에 낚이며 한 마리만 낚아도 대부분 5~6kg이 넘는다.

시즌과 낚시터
날개오징어는 일반 오징어와는 달리 여름에는 심해에 살다가 겨울이 되면 짝을 찾아 연안으로 붙는 특징이 있다. 보통 11월부터 모습을 나타내며 가장 쉽게 볼 수 있는 시기는 1월부터 3월까지다. 그리고 다시 초여름이 되어 연안의 수온이 올라가면 완전히 자취를 감춘다.
날개오징어가 신출귀몰하기 때문에 특정 낚시터를 꼽을 수는 없으며 주로 남해와 동해에서 발견되고 제주도와 일본 대마도에서도 겨울에 많은 양이 낚이는 것으로 알려져 있다. 다른 오징어와는 다르게 에기로 유인해서 낚을 수 있는 것이 아니라 물 위를 둥둥 떠서 지나가는 놈을 발견하면 노리는 식이다.

장비와 채비
날개오징어를 낚는 법은 두 가지다. 첫째는 물 위를 둥둥 떠다니는 오징어를 '훌치기' 방식으로 낚아내는 것이며 둘째는 에깅이 있다.
훌치기를 하려면 3호 이상 원투대에 5호 원줄과 5000번 스피닝릴을 이용해 숭어용 훌치기바늘을 달아주면 장비는 끝이다. 날개오징어의 무게가 10kg이 넘기 때문에 튼튼한 낚싯대와 뜰채는 필수다.
에깅으로 날개오징어를 낚으려면 로드는 미디엄헤비 또는 헤비 에깅 전용대에 원줄은 합사 1호, 목줄은 3호 이상을 사용하고 3.5호~4호 에기를 사용한다. 날개오징어가 에기를 덮치기도 하지만 에기의 바늘을 날개오징어 몸통에 걸어서 낚기도 하며 날개오징어가 무겁고 힘이 세기 때문에 강제로 제압해서는 안 되며 가프나 뜰채로 올려야 한다. 날개오징어는 큰 덩치 때문에 강한 낚싯대와 가프, 뜰채가 무엇보다 중요하다.

낚시방법
날개오징어를 훌치기 방식으로 낚으려면 우선 높은 자리에 올라가 날개오징어가 주변에 있는지 확인한다. 날개오징어는 덩치가 크고 몸통이 빨간색이라 수면으로 뜨면 눈에 잘 띄므로 금방 찾을 수 있다.
날개오징어를 찾았으면 캐스팅 거리 내에 들어오기를 기다렸다가 날개오징어를 훌쩍 넘겨 캐스팅을 한 후 릴링을 해서 훌치기 바늘을 걸거나 낚싯대를 강하게 챔질해서 훌치기 바늘을 날개오징어의 몸통에 걸어야 한다. 훌치기 바늘을 날개오징어가 있는 곳에 정확하게 투척하면 날개오징어가 놀라서 도망가므로 날개오징어를 넘겨서 캐스팅을 하는 것이 중요하다.
바늘에 거는 것에 성공했다면 천천히 릴링 후 연안으로 날개오징어를 끌어온 후 뜰채나 가프로 올린다. 뜰채나 가프질이 생각만큼 쉽지 않기 때문에 날개오징어를 전문으로 노린다면 보통 2인1조로 출조한다. 참고로 날개오징어가 뿜는 물의 힘이 대단하기 때문에 낚싯대가 부러질 수 있으

화살촉오징어낚시에 사용하는 소형 스테. 원래 한치용으로 출시한 것이다.

화살촉오징어의 활성이 좋지 않을 때 미끼로 사용하는 민물새우.

화살촉오징어낚시 장비. 얕은 수심에서 입질하기 때문에 사용하기 편한 스피닝 장비를 선호한다.

화살촉오징어 통찜

감고 원줄을 릴의 라인 스토퍼에 걸어놓는다. 이렇게 해놓으면 원줄을 감았다가 다시 풀어줄 때 라인 스토퍼에 고정된 깊이까지만 원줄이 내려가므로 밑걸림은 피하고 아슬아슬하게 바닥권을 공략할 수 있어 유리하다.

이후에는 액션을 주면서 서서히 수심층을 올려가며 오징어가 군집해 있는 수심층을 찾아낸다. 입질 수심층을 찾게 되면 다른 낚시인들과 입질층을 공유하며 집중적으로 화살촉오징어를 노린다. 이후 시시각각 변하는 수심층을 찾아 저킹 액션과 폴링 액션을 반복하면 그걸로 끝이다.

특히 화살촉오징어는 폴링 중인 루어에 반응하는 경우가 많으므로 액션을 주며 로드를 한 번 크게 들어준 뒤 천천히 내리다 보면 초릿대가 반대로 살짝 들릴 때가 있다. 오징어가 밑에서 루어를 공격했다는 신호인데 이때 챔질하면 화살촉오징어가 걸리게 된다. 가장 기본이 되는 공략법이므로 익혀 두면 요긴하다.

피딩 오면 마릿수 조과 가능

화살촉오징어의 활성이 좋지 않을 때가 종종 있다. 어군은 있지만 루어에 잘 걸려들지 않을 때는 민물새우를 미끼로 쓰는 것이 좋다. 현지 낚시인들도 초반에는 대부분 민물새우를 사용한다. 단 민물새우를 사용한 후 화살촉오징어의 활성이 올라가면 민물새우의 소비가 너무 많아지기 때문에 루어로 교체하는 것이 효과적이다. 액션은 단순하게 낚싯대를 들었다 놓기만 해도 되지만 액션을 주는 것보단 멀리 캐스팅한 후 채비를 가라앉히며 입질을 유도하는 것이 잘 먹힌다.

채비를 마치고 본격적으로 낚시를 시작하면 먹이고기가 몰려드는지 확인해야 한다. 화살촉오징어는 낚싯배 집어등 불빛에 모여든 먹이고기를 노리기 때문이다. 만약 먹이고기가 모이지 않는다면 화살촉오징어가 바닥층에 있는 확률이 높으므로 주로 바닥을 공략하면 입질을 받을 수 있다.

화살촉오징어로 마릿수 조과를 거두는 비결은 간단하다. 낚시인의 기술보단 화살촉오징어 무리가 몰려와서 마구 입질을 해주어야 하기 때문에 지루하더라도 꼭 피딩을 기다려야 한다. 화살촉오징어가 무리를 지어 피딩을 시작하면 채비를 던져도 가라앉지 않을 정도로 빠르게 입질을 하기 때문에 채비를 넣자마자 화살촉오징어가 올라올 정도로 낚시가 쉽다.

| PART 7 | 호래기·화살촉(살)·날개오징어낚시 ②

내가 바로 원조 오징어
화살촉(살)오징어

화살촉오징어라고하면 다소 생소한 이름일 수 있겠지만 우리가 흔히 먹는 '오징어'라고 한다면 어떤 오징어인지 단번에 알아챌 것이다. 화살촉오징어는 살오징어가 정식명칭으로 우리가 '울릉도 오징어', '마른 오징어'로 흔히 먹는 오징어를 말한다. 한때 호래기로 오인을 받은 적이 있지만 화살촉오징어의 새끼인 것으로 밝혀졌으며 5월부터 연안에 모습을 나타내 마릿수 조과를 보이는 것이 특징이다.
화살촉오징어낚시는 낚싯배로 30분 거리의 가까운 바다에서 이루어지기 때문에 대표적인 두족류 생활낚시로 꼽힌다. 한치낚시에 비해 선비가 저렴하고 고급 장비를 쓰지 않아도 되며 낚시 방법도 너무 쉽기 때문에 누구나 즐길 수 있다.

시즌과 낚시터
화살촉오징어는 매년 4월 1일부터 5월 31일까지가 금어기다. 작은 화살촉오징어를 남획하는 것을 방지하게 위해 금어기를 실시하고 있으며 몸통 길이 15cm 이하도 체포금지체장으로 정해놓고 있어서 너무 작은 것은 잡을 수 없다. 그래서 6월부터 본격적인 화살촉오징어 시즌이 시작되며 이때는 화살촉오징어가 제법 자랐기 때문에 금어기나 체포금지체장을 신경 쓰지 않아도 된다.
6월부터 12월까지 잘 낚이며 먼 바다에서는 겨울에도 잘 낚인다. 동서남해 할 것 없이 우리나라 바다 전역에서 낚이지만 요즘은 남해안과 서해안에 화살촉오징어 어군이 많고 의외로 동해에서는 잘 낚이지 않는 추세다. 그래서 화살촉오징어를 낚으려면 주로 남해로 출조하며 여름에는 서해도 낚시터가 된다. 남해는 통영, 거제, 삼천포, 고성, 진해가 화살촉오징어 낚시터로 유명하다.

장비와 채비
예전에는 민낚싯대를 사용해서 화살촉오징어를 낚기도 했으나 화살촉오징어는 어느 정도 성장하면 연안으로는 거의 붙지 않기 때문에 최근에는 루어 배낚시가 화살촉오징어낚시의 기본으로 자리를 잡았다. 전용 장비가 따로 없으므로 기존에 사용하는 장비를 사용하면 되는 아주 간편한 낚시다.
장비는 낚싯대 두 대를 사용한다. 초리가 아주 부드러운 7ft 볼락로드에 2000번 스피닝릴을 달아주는 것이 장비 세팅의 기본이며 한 대는 0.3~0.5호 에기를 단 루어채비를 사용하고 한 대는 생미끼 3단채비에 민물새우를 미끼로 사용한다.
루어는 2단으로 채비를 꾸린다. 아래에는 15g 내외의 메탈형 에기를 달아주고 위에는 가벼운 소형 스테나 에기를 달아주면 끝. 길게 사용하면 3~4단을 쓰기도 하지만 채비가 꼬이는 것을 방지하게 위해 대부분 2~3단을 쓰며 대신 낚싯대를 2대씩 사용하는 것이 기본이다.

낚시방법
낚시 방법은 어렵지 않다. 채비를 내려 바닥을 찍은 후 릴을 두 바퀴 정도

소형 스테로 낚은 화살촉오징어. 화살촉오징어는 살오징어의 새끼를 말하며 둘 다 같은 종이다.

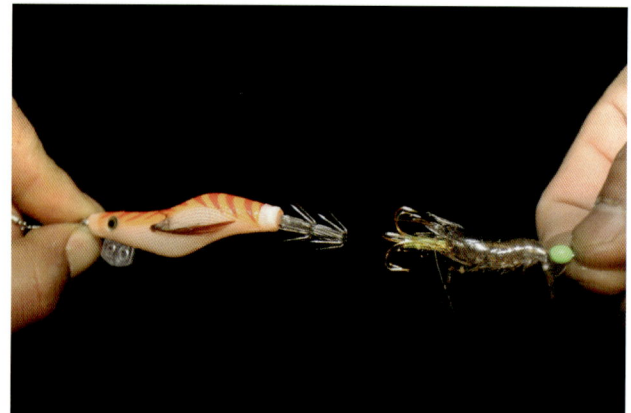
호래기 루어낚시에 사용하는 에기(좌)와 생미끼낚시에 사용하는 민물새우.

집어등을 켜서 호래기를 유인하고 있다.

호래기 조과. 호래기 떼를 만나면 100마리 이상 낚는 것도 가능하다.

호래기를 넣어 끓인 라면. 겨울철 별미다.

한다. 캐스팅 후 케미컬라이트가 달려 있는 낚싯줄이 수면에 착지하면 바늘부터 천천히 가라앉는데, 케미컬라이트가 하나씩 차례로 가라앉으면 호래기가 입질하지 않은 것이다. 그러나 케미컬라이트가 가라앉다가 움직임이 멈추거나 케미컬라이트의 가라앉는 방향이 바뀐다면 호래기가 입질한 것이므로 챔질을 해야 한다.

호래기가 바늘에 걸렸다고 판단하면 채비를 살짝 들어 올린다는 기분으로 챔질을 한 후에 무게감이 느껴진다면 호래기가 걸린 것이므로 채비를 거둬들이면 된다. 무게감이 느껴지지 않는다면 그대로 채비를 다시 가라앉힌다.

루어낚시

루어낚시를 하면 여러 가지 응용 테크닉을 사용할 수 있다. 우선 가라앉는 에기를 하나만 달고 시작한다. 에기를 충분히 가라앉힌 후 손목 스냅으로 낚싯대를 아래로 튕겨주는 트위칭 액션을 기본으로 하며 액션 후 일정 시간(5~10초)을 기다린다. 그 후 로드를 세워 에기에 호래기가 붙었는지 무게로 감을 잡는다. 없으면 다시 트위칭 동작을 하고 입질을 기다린다.

입질이 예민하다면 에기를 좀 더 작은 것으로 바꿔본다. 호래기는 하루에도 몇 번이고 입질이 달라지기 때문에 에기도 그에 맞춰 수시로 바꿔야 한다. 입질이 예민해지면 에기의 크기를 줄이고 침강속도도 줄여야 하며 보다 먼 곳을 노려야 입질을 받을 수 있다. 반대로 눈에 보일 정도의 활성을 보일 때는 가까운 곳에서 입질하며 에기를 단순히 가라앉히기보다는 큰 에기로 빠른 액션을 주는 것이 입질 받는 데 효과적이다.

호래기의 활성도가 높을 땐 에기를 두 개 달아도 좋다. 단, 에기를 두 개 달면 액션이 부자연스러워지므로 그에 따른 손해를 감수해야 한다. 에기를 두 개 다는 것보다 하나만 썼을 때 더 나은 조과를 거두는 일도 있기 때문이다. 에기를 두 개 달 때는 가지바늘채비를 하며 위에는 가라앉지 않는 스테를 달고 아래에는 가라앉는 1.5호 내외의 에기를 달아주면 된다. 만약 호래기가 가라앉는 도중에 입질하지 않고 완전히 바닥에서만 입질한다면 가라앉지 않는 스테를 두 개 달고 아래에는 봉돌을 달아 다운샷리그로 바꿔준다. 불필요한 구간을 노리지 않고 곧장 바닥을 향하기 때문에 바닥층 호래기를 노릴 때 효과적이다.

에깅은 케미컬라이트를 달지 않기 때문에 다른 방법으로 입질을 알아내야 한다. 먼저 수면위에 떠 있는 여윳줄이 갑자기 팽팽해진다면 입질이다. 호래기가 루어를 덮친 후 바닥으로 가라앉거나 멀리 도망가는 표시다. 활성도가 좋을 때에는 낚싯대를 통해서 호래기의 움직임이 느껴지기도 한다. 여윳줄이 더 이상 풀려나가지 않을 때도 입질을 의심해 봐야 한다. 낚싯대를 살짝 들어서 호래기가 붙어 있는지 확인한다.

입질을 파악하기 어려운 경우도 있다. 호래기가 루어를 덮친 후 떠오르면서 다른 곳으로 이동하는 경우다. 원줄만 보면 천천히 풀려나가기 때문에 그냥 가라앉는 것과 구분하기 힘들다. 이럴 때를 대비해 간간이 챔질을 해서 호래기가 걸렸는지 무게감을 느껴보는 수밖에 없다.

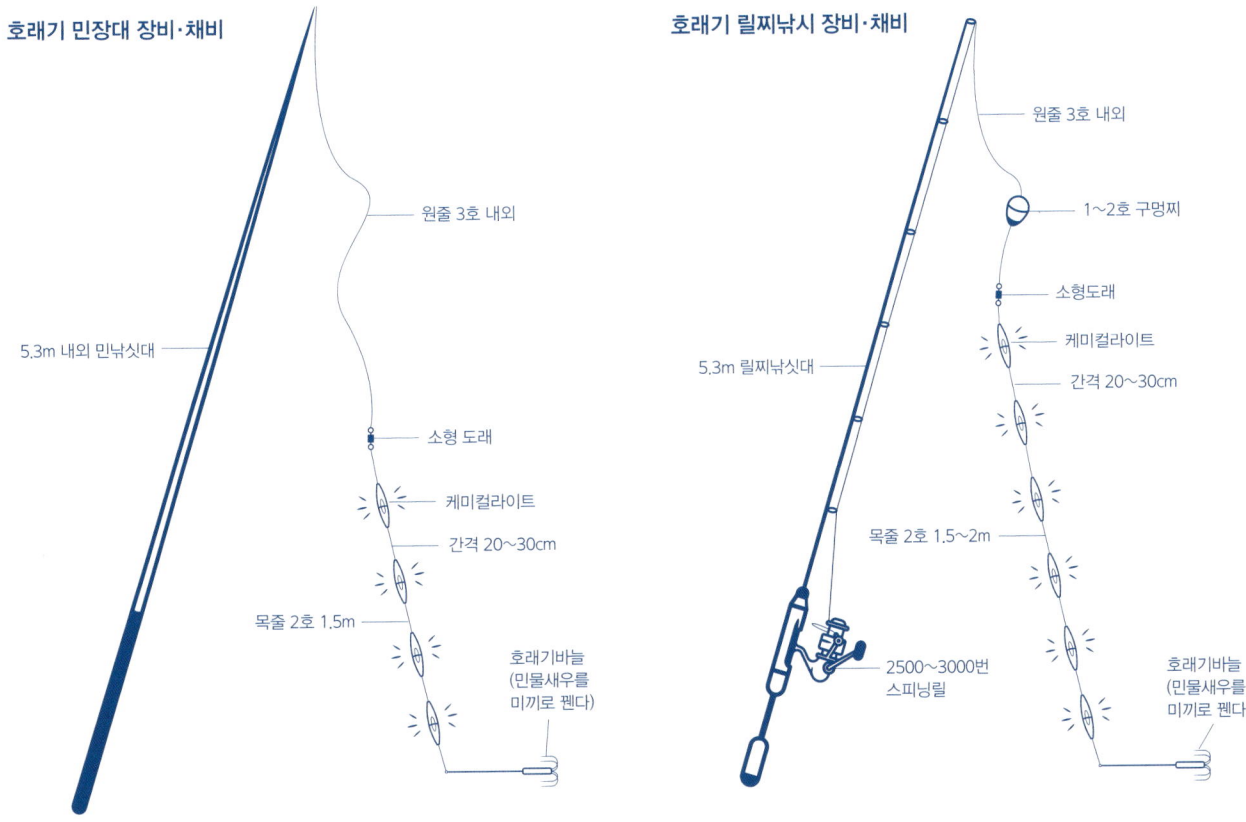

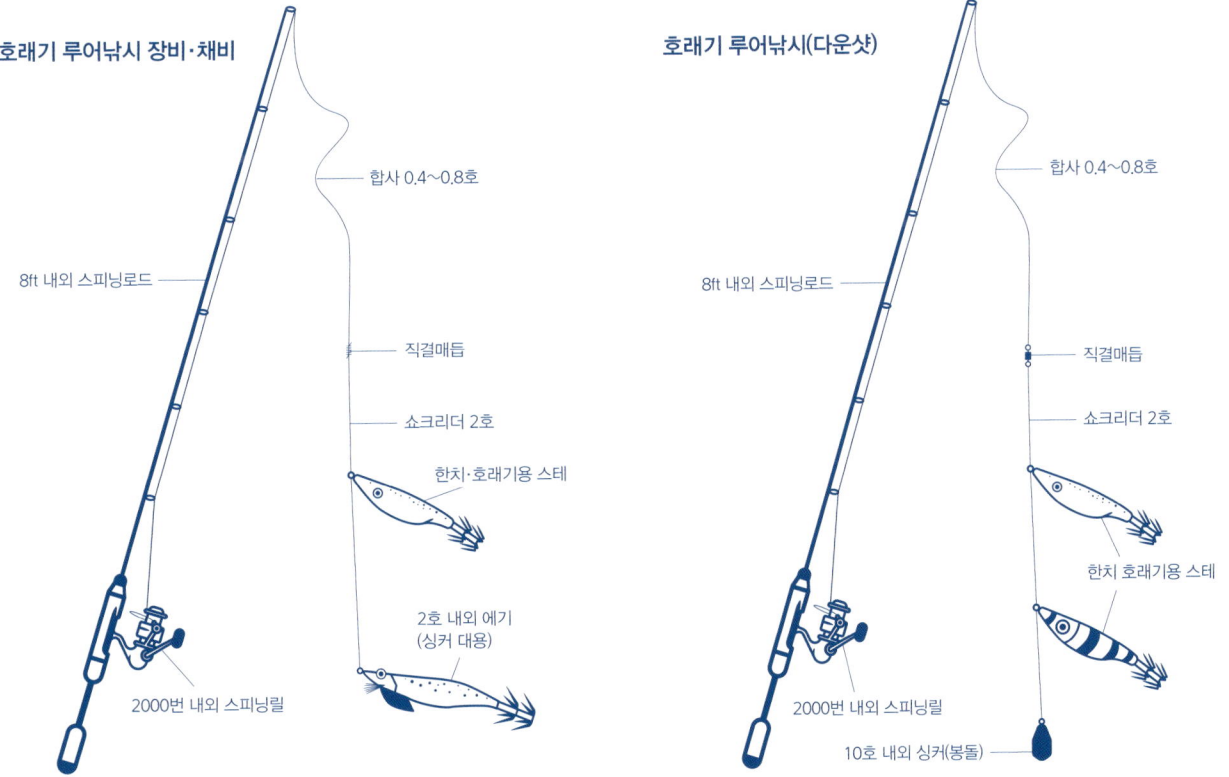

한치용 스테를 이용해 낚은 호래기. 국내에서는 소형 스테가 호래기용으로 먼저 소개가 되었지만 원래는 한치용이다.

릴낚싯대
감성돔낚시에 쓰는 5.3m 릴찌낚싯대를 사용한다. 가벼운 채비를 멀리 날릴 수 있으며 민장대처럼 받침대에 거치하고 낚시할 수 있는 것이 장점이다. 릴찌낚싯대는 민장대낚시와 루어낚시의 장점을 모두 가지고 있지만 채비를 다루기가 쉽지 않다는 것이 단점이다.
릴낚싯대에 사용하는 릴은 3000번 내외로 감성돔이나 벵에돔낚시에 사용하는 릴을 그대로 사용한다. 나일론 원줄 2~3호를 그대로 사용한다.

채비와 미끼
원줄
호래기는 작아서 굵은 원줄을 사용할 필요가 없다. 민낚싯대라면 나일론 원줄 2호 내외를 쓰고 루어낚시는 합사 0.2~0.4호를 쓴다. 합사를 써야 가벼운 소형 에기를 멀리 날릴 수 있고 원줄이 물에 뜨기 때문에 입질을 파악하기도 쉽기 때문이다. 릴찌낚시에는 2~3호 나일론 원줄이 적당하다.

케미컬라이트
민장대 채비의 목줄에 4mm 케미컬라이트를 4~6개 달아 준다. 가라앉는 케미컬라이트의 움직임 변화로 입질을 파악한다.

호래기용 바늘
민물새우를 꿸 때는 전용 바늘이 필요하다. 호래기용 바늘은 볼락바늘을 여러 개 묶어서 갈고리 형태로 만든 것으로 호래기가 낚이는 남해나 동해의 현지 낚시점에서 구입할 수 있다. 호래기가 민물새우를 다리로 감쌀 때 바늘에 걸리게 되어 있다.

미끼
생미끼는 민물새우를 쓴다. 민물새우는 민장대와 릴찌낚시에 달지만 루어대에 달아 쓰는 낚시인들도 있다. 민물새우는 민물낚시점이나 호래기 낚시터가 있는 바닷가 낚시점에서 구입할 수 있다. 소모량이 많지 않으므로 많이 구입할 필요는 없고 되도록 씨알이 큰 것을 구입하는 것이 좋다. 새끼손가락만한 민물새우를 선호하며 민물새우의 씨알이 굵어야 큰 호래기가 붙고 호래기가 물어도 오래 남아 있다.

루어
소형 에기를 쓴다. 호래기 전용 에기는 0.5~1.5호이며 일반 에기와 마찬가지로 물속에서 천천히 가라앉으며 호래기를 유인한다. 한치 배낚시용으로 만들어진 스테도 많이 쓰며 최근에는 소형 에기에 학꽁치포를 붙인 에기도 사용하고 있다.

낚시방법
생미끼 대낚시
바늘 무게만 가지고 미끼를 천천히 자연스럽게 가라앉히는 것이 중요하다. 빨리 가라앉히려고 봉돌을 달거나, 반대로 전혀 가라앉지 않으면 호래기가 입질을 하지 않는다. 인내심을 가지고 채비가 상층부터 바닥까지 전층을 탐색해 내려가도록 채비를 조금 무겁게 만들어 그냥 두는 것이 최선의 방법이다. 호래기의 입질이 예민한 경우에는 바닥에 미끼가 닿아야 달려드는 경우도 있기 때문에 이 점을 명심하고 낚시한다면 큰 어려움이 없다.
핵심은 입질 파악이다. 낚싯줄에 달아 놓은 케미컬라이트로 입질을 파악

| PART 7 | 호래기·화살촉(살)·날개오징어낚시 1

맛이라면 두족류 최고봉
호래기

호래기의 정식 명칭은 반원니꼴뚜기다. 주로 남해와 동해에 살며 성체가 되어도 몸통 길이가 15cm가 넘지 않을 정도로 오징어류 중에서는 가장 크기가 작다. 그래서 손맛이 조금 떨어지는 것은 흠. 하지만 무리를 지어 다니기 때문에 한자리에서 100마리 이상 낚이는가 하면 맛이 좋기로 정평이 나 있어서 '호래기가 떴다'고 하면 사족을 못 쓰는 낚시인이 있을 정도로 그 인기가 대단하다.

예전에는 호래기가 경남의 진해·통영·마산·거제도·남해도에서만 낚였지만 지금은 서식처가 차츰 넓어져서 이제는 강원도와 서해 군산 일대에서도 낚일 만큼 세력을 확장해 전국적으로 인기를 누리고 있다. 아쉬운 점이라면 호래기의 인기가 워낙 높다보니 어부들이 그물로 남획해 최근에는 연안의 개체가 점점 줄고 있다는 것이다. 하지만 호래기의 서식처가 전국으로 넓혀지고 있기 때문에 앞으로도 꾸준한 사랑을 받을 것임에는 변함이 없다.

시즌과 낚시터

호래기는 가을부터 이듬해 봄까지 꾸준히 낚인다. 보통 10월 중순부터 5월까지 낚이며 피크는 11월부터 2월까지다. 지역에 따라 호황을 보이는 시기가 약간씩 다른데, 진해·통영권의 시즌이 가장 길며 남해도와 거제도는 11월부터 3월까지 집중적으로 낚이다 시즌을 마감한다. 동해에서는 가끔 장마를 전후한 6~7월에 호래기가 낚이는 경우도 있으며 서해 역시 여름과 가을에 호래기가 모습을 나타낸다.

낚시터는 전국에 골고루 분포해 있다. 경남에는 진해 가덕도, 명동, 진해항 전역에 낚시터가 있으며 마산은 구산면 일대의 마을 방파제가 좋다. 그 외 통영의 미륵도와 한산도, 거제도의 지세포, 구조라, 대포, 근포, 도장포가 유명하다. 남해도 내에는 대지포, 노구, 항도, 초전, 상주 등이 유명하며 부산의 기장 일대와 울산, 경주에서도 호래기를 낚을 수 있다.

동해는 포항부터 울진까지가 호래기 포인트로 꼽히며 속초와 강릉 일부 구간에서도 호래기가 낚이지만 남해안처럼 많은 양이 낚이는 것은 아니다. 서해는 물색이 탁한 남쪽에서는 낚이지 않으며 여름과 가을에 맑은 물이 들어오는 군산, 태안 일대에 호래기가 붙는다.

장비

호래기낚시는 민물새우를 미끼로 쓰는 생미끼 대낚시와 작은 에기를 이용한 호래기 에깅으로 즐길 수 있다. 낚시배를 타고 나가지 않아도 접근성이 좋은 어촌마을 방파제에서 쉽게 낚을 수 있기 때문에 현지인들은 최고의 생활낚시 대상으로 꼽을 정도로 낚시하는 방법이 쉽다. 각 장비의 장단점이 있으므로 본인의 스타일에 맞는 장비를 고르면 된다.

민낚싯대

4~6m 길이에 약간 빳빳한 낚싯대가 좋다. 낭창거리는 낚싯대로는 미끼를 정확히 던지기 어렵기 때문이다. 낚싯대의 길이는 포인트에 맞춰 선택한다. 가까운 곳을 노리거나 선착장 같이 복잡한 곳에서 채비를 정확히 던져야 하는 상황이라면 짧은 것을 쓰고 멀리 노릴 때는 긴 것을 사용한다. 낚시인들은 짧은 것과 긴 것 두 대를 가지고 다니는 경우가 많다. 민장대는 여러 대를 사용해 받침대에 거치하고 입질을 기다릴 수 있고 가까운 곳에서 속전속결로 호래기를 올릴 수 있는 것이 장점이다.

루어낚싯대

볼락루어 전용대를 많이 쓰며 미디엄이나 미디엄라이트 파워의 쏘가리, 배스용 루어대도 즐겨 쓴다. 되도록 가벼운 것이 좋고 가벼운 낚싯대를 써야 작고 가벼운 루어를 다루기 좋다. 또 가는 줄을 써야 약한 입질을 간파하기 쉽기 때문에 루어낚싯대는 가늘고 가벼운 것을 사용한다. 루어낚시를 하면 채비를 원투하거나 루어에 액션을 줄 수 있어서 멀리 공략할 수 있으며 에기의 액션으로 호래기를 유인할 수 있는 것이 장점이다.

릴은 1000~2000번 사이즈라면 어떤 것이든 사용할 수 있으며 0.4호 내외의 가는 합사를 사용하기 쉽도록 샬로우스풀이 장착된 것을 사용한다.

호래기채비에 동시에 두 마리가 걸려 올라오고 있다. 호래기는 두족류 중 가장 작은 오징어지만 맛이 좋고 마릿수 조과가 뛰어나 인기를 얻고 있다.

PART 7
호래기·화살촉(살)·날개오징어낚시

더블온 X9 합사 하프루어

9합사 라인 중 역대급 가성비를 자랑하는 제품이다. 8합사보다 부드럽게 라인을 방출하여 캐스팅 시 비거리를 극대화할 수 있다. 수직폴링 시 가이드에 라인방출 저항이 거의 없어 원하는 수심층에 빨리 도달할 수 있다. 강한 파괴강도를 가지고 있으며 모스그린 컬러의 자연스러움으로 대상어에게 자극을 주지 않는다. 8합사보다 한 가닥이 많은 만큼 마찰이 적어 입수 속도가 빠르며, 물 저항을 최소화하고 바람의 영향은 덜 받아 반복되는 캐스팅 시 피로감이 적다.
길이 150m 0.8호~4호까지. 가격 1만8천원

마루큐 노리노리 타코라이더 다솔낚시마트

문어낚시용 집어 스프레이로 에기에 뿌리는 것만으로 맛과 냄새를 더해 문어의 입질력을 향상시킨다. 문어가 좋아하는 어패 추출물을 배합 광범위하게 문어를 불러오며, 문어와 루어 미끼에 대한 친화력을 촉진하고 위화감을 주지 않는다. 사용법은 10cm 정도 떨어진 위치에서 부담 없이 뿌려주면 된다. 내용량 80ml. 가격 1만3천원.

마루큐 에기맥스 다솔낚시마트

문어낚시용 집어 스프레이로 마루큐 노리노리 타코라이더처럼 에기에 뿌려주는 것만으로 문어의 입질력을 향상시킨다. 문어가 좋아하는 어패 추출물을 배합하여 광범위하게 문어를 불러오며, 문어와 루어 미끼에 대한 친화력을 촉진하고 위화감을 주지 않아 문어가 제대로 안길 수 있도록 한다. 사용법은 10cm 정도 떨어진 위치에서 부담 없이 뿌려주면 된다. 문어 에기의 표면에 잘 흡착시켜주면 천천히 가라앉으면서 문어를 유인한다. 내용량 80ml. 가격 1만3천원.

하드타입 밑밥통 40, 45 리더낚시

양방향 튼튼한 지퍼 채용으로 열고 닫기 편하다. 밑밥통으로 출시됐지만 라이브웰, 보조가방 등 다용도로 쓸 수 있다. 한쪽에는 두 곳의 로드꽂이가, 반대쪽에는 다용도 주머니가 달려있어 기포기나 다양한 도구를 보관할 수 있다. 반개폐, 완전개폐로 구분해 쓸 수 있으며 안쪽은 이물질이 묻어나지 않고 세척이 용이하다. 고급스러운 카본 문양 패턴을 채택해 디자인이 뛰어나다. 블루와 레드 두 가지 색상이며 용량은 40, 45리터 두 가지. 가격 4만6천원~5만원

구명조끼·아이스박스·입질유도제·소품

DF-9200 워셔블 라이프 재킷 한국다이와

소형화와 내구성 향상을 실현한 신형 인플레이터를 탑재한 팽창식 구명조끼다. 해양수산부 형식 승인 제품으로 어깨에 착용하며 자동, 수동으로 사용할 수 있다. 어깨 부분의 부품을 3분할해서 목 주변의 착용감을 높였으며 입체 재단 설계, 허리 벨트와 등쪽 조절 벨트를 채용해 다양한 체형에 맞춰 착용할 수 있다. 카트리지의 장착 상태를 한눈에 알 수 있는 더블 인디케이터 탑재. 컬러 블랙, 레드, 그레이 카모, 백스타일 4종. 사이즈 프리. 가격 2만3천엔.

JS-LJ02 착용성 향상형 구명조끼 제이에스컴퍼니

한국해양수산부 착용성 향상용 구명조끼 형식승인 KOSMA 검증품이다. 겉감은 나일론 420D+PU코팅(생활방수)된 제품으로 무게는 620g 내외. 사이즈는 프리로 허리 25~55인치면 누구나 사용 가능하다. 자동/수동 겸용 제품. 색상은 블랙, 레드, 오렌지, 카모 4가지. 가격 17만원

쿨 라인α GU · 쿨 라인α S 한국다이와

'쿨 라인α'는 다채로운 옵션이 매력적인 소형 쿨러로 주꾸미나 갑오징어와 같은 작은 두족류를 담는데 안성맞춤인 제품이다. 에깅, 아징, 볼락루어 등 각종 라이트게임에 적합하다. GU 제품은 단열재로 우레탄을 사용하여 높은 수준의 보냉력을 확보하고 있으며 S 제품은 경량 스티로폼을 단열재로 사용해 가벼워서 운반이 편리하다. 로드 받침대 두 개와 소품 수납 부속이 장착되어 있다. 1000X LS, 1500X LS 각 2종 출시. 가격 1만3500~1만8500엔.

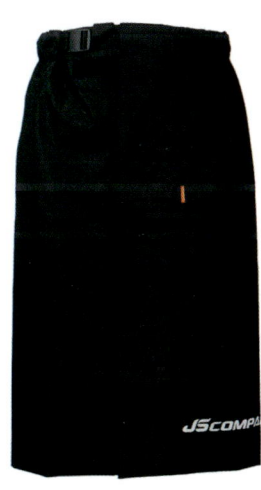

피싱 방수 스커트 제이에스컴퍼니

낚시 도중 바닷물이나 먹물 등이 튀여 옷이 오염되는 것을 막아주는 방수 스커트다. 특히 두족류낚시는 먹물을 맞을 위험이 높기 때문에 구비한다면 오염 없이 안심하고 낚시를 즐길 수 있다. 충격과 스크래치에 강한 420D 옥스퍼드 소재로 뛰어난 내구성을 자랑한다. 벨크로와 길이 조절 버클 사용으로 간단한 착용과 허리 사이즈 조절이 가능. 사용 후 본체를 접어 넣을 수 있는 파우치 설계. 접합부 버튼 채용으로 펄럭거림을 방지한다. 사이즈 M~2XL 가격 5만5천원.

콤팩트 파우치 제이에스컴퍼니

게임 베스트나 허리벨트, 백팩 등에 쉽게 장착할 수 있는 다용도 파우치다. 핸드폰, 열쇠, 지갑 등의 귀중품을 안전하게 보관할 수 있는 넉넉한 사이즈의 제품이다. 타포린(폴리에스테르 100%) 소재이며 오염에 강한 양면 PVC 코팅이 돼 있다. 길이 165mm×너비 100mm×깊이 50mm. 가격 2만5천원.

에기노 킹 문어용 파이브훅 OF   레토피아

'에기노 킹 문어용 파이브훅 OF'는 문어 전용 수평 에기로 생동감 있는 눈과 탁월한 수평 조절로 문어를 유혹한다. 보디에는 선명하고 밝은 야광줄을 넣었으며 강력한 후킹으로 문어를 놓치지 않는 파이브훅을 채용했다. 가격 2천원.

씨호크 아우라 내추럴   피싱코리아

문어, 주꾸미, 갑오징어낚시에 모두 사용할 수 있는 내추럴 컬러 타입의 에기다. 형태는 스테 타입이며 전 컬러에 축광테이핑 처리를 해 물속에서도 잘 보인다. S 사이즈, L 사이즈 2종 출시. 가격 1600원.

틴셀 밸런스 3.0   배서

'틴셀 밸런스 3.0'은 무늬오징어와 한치낚시에 사용하는 스테다. 틴셀 밸런스는 야광력이 강하며 수중에서 밸런스가 좋기 때문에 넓은 구간에서 대상어에게 어필할 수 있다. 2단 바늘과 바늘 끝에 야광이 들어 있어 플래싱 효과와 야광 효과가 함께 나타난다. 총 11가지 컬러 출시. 가격 3천원(2개입).

뿔난 아쮸르 타코 하프루어

바늘 끝이 매우 날카로운 문어 에기로 삼발이 형태의 문어 전용 바늘을 채용했다. 문어에게 어필할 수 있도록 몸체를 좀 더 키웠으며 앞쪽에 무게 중심을 두어 이동 시 수중에서 발생할 수 있는 여러 상황 속에서 안정적이고, 밑걸림을 잘 피할 수 있도록 설계되었다. 등침이 있어 털림을 현저히 줄일 수 있고, 베이트피시처럼 머리와 꼬리가 좌우로 뒤뚱거리는 워블링 액션 또한 훌륭해 문어에게 강력하게 어필한다. 도래 끝부터 바늘 끝까지 길이 약 110mm, 무게 11g, 10 컬러. 가격 3천원

아쮸르 반짝이 하프루어

주꾸미, 갑오징어에서 가장 많이 쓰이는 시즌 TOP 10 트렌드 컬러로 출시한 에기다. 평행을 유지하면서 물속에 가라앉는 수평에기로 주꾸미와 갑오징어의 입질 확률을 높인다. 반짝이와 조화돼 놀라운 집어력을 발휘한다. 수백 번의 실험과 테스트를 거쳐 조과가 검증됐다. 고급 회전도래를 장착, 수중액션이 자유롭고 정교한 금형과 사출로 정확한 무게 비율을 실현했다. 강화된 블랙 니켈 훅 채용으로 훅셋 확률을 높였고 거리 최적화로 대상어의 이탈을 방지한다. 반짝이가 듬뿍 묻어 있어 어필 효과가 뛰어나다. 금색과 은색의 반짝이로 주꾸미, 문어, 갑오징어 모두에 어필력이 강하다. 길이 약 100mm, 무게 10.3g, 10 컬러, 가격 2천원.

요즈리 스퀴드 지그 내추럴 원단 2021 컬러 레토피아

'요즈리 스퀴드 지그 내추럴 원단 2021 컬러'는 기본 야광이 가능한 제품으로 원단은 내추럴 컬러를 사용했으며 2021년에 새로운 컬러를 새로 라인업했다. 주꾸미, 갑오징어, 문어, 한치에 모두 사용할 수 있으며 고등어 컬러에는 파란색 야광을 적용했다. 가격 7천원.

하드코어 스팽글 에기SR 레토피아

갑오징어, 무늬오징어, 주꾸미, 문어에 만능으로 사용하는 에기로 보디에 촘촘하게 스팽글이 부착되어 있는 것이 특징이다. 선명하고 깨끗한 눈과 축광띠가 부착된 훅을 적용했으며 강력한 2단훅을 사용해 두족류가 걸렸을 때 빠지는 것을 방지한다. 가격 1천원.

라그나 BG 도요피싱

대물 전용 라인인 'BG 시리즈'의 가성비 모델 '라그나 BG'는 단단한 내구성과 강력한 드랙력을 갖춘, 대물과의 원활한 대치를 위해 최적화 설계된 베이트릴이다. 선상 지깅에 적합한 소재인 일체형 그라파이트로 제작된 보디는 고급스러운 유광 블랙 컬러 베이스에 블루 컬러의 펄이 추가되어, 특히 강렬한 빛 아래에서 눈에 띄는 외관을 선보인다. 최대 드랙력은 9kg으로 문어는 물론이고 부시리, 방어 등 선상낚시에서의 힘겨루기도 수월하게 해낼 수 있다. 기어비는 4.6:1, 5.4:1, 6.5:1로 다양하게 구성되어 있어 대물과의 파이팅에 최적화된 스펙으로 중무장했다는 것을 엿볼 수 있으며 마그네틱 브레이크 시스템(Magnetic Brake System), 8+1 부식 방지 볼 베어링, 초고강도 알루미늄 단조 스풀, 초고력 황동 드라이브 기어를 채용했다. 가격 11만8천원.

파커스SA 리더낚시

롱캐스트 스풀을 채택한 스피닝릴로 줄 풀림이 좋아 가벼운 루어도 멀리 던질 수 있다. 황동 피니언 기어를 사용해 내구성이 좋고 힘이 뛰어나며 정교한 라인 레이 오실레이션 시스템으로 줄이 정교하게 감긴다. 주꾸미, 갑오징어, 무늬오징어, 한치 등을 연안 또는 낚싯배에서 캐스팅으로 노릴 때 쓰기 좋은 제품이다.
규격 1000~6000번. 가격 5만2천~6만8천원.

루어

다키타마 타코 15/20 한국다이와

'다키타마 타코 15/20'는 부력이 있는 소형 알 형태의 루어 소품이다. 채비에 추가로 달아주면 수중에서 하늘하늘 흔들리며 문어를 유혹하며 게 소재 성분의 향을 첨가해 입질을 유도한다. 부력이 있어서 물속에서 잘 흔들거리며 혹이나 전용 리그에 간단하게 부착할 수 있다.
15mm, 20mm, 컬러 5종 출시. 가격 560~740엔.

쾌적 후네 타코에기SS 한국다이와

'쾌적 후네 타코에기SS'는 배에서 문어낚시에 필요한 요소를 집약한 선상 전용 타코에기다. 문어가 에기를 감싸 안기 쉽도록 보디를 작게 설계했으며 커다란 문어도 확실하게 훅에 걸릴 수 있도록 관통력이 높은 'SaqSas' 훅을 채용했다. 어필 능력을 강화하기 위해 보디에는 래틀을 내장하여 소리와 파동을 내게 했으며 꼬리에는 블레이드를 부착해 강력한 플래싱 효과로 시각적으로 문어에게 어필한다.
3호, 2.5호, 무게 15~21.5g 출시. 컬러 11종. 가격 950엔.

릴

솔티가BJ 한국다이와

'솔티가BJ'는 철저하게 내구성을 강화한 베이트릴이다. 고강성 슈퍼 메탈 하우징에 독자적인 정밀 머신컷 가공을 한 견고한 하우징을 채용했으며 녹으로부터 내부를 보호하는 매그실드 볼베어링, 방수 타입의 ATD, 하이퍼 디지기어를 적용했다. 가는 라인에 적합한 싱크로 레벨와인더 탑재. 100P-RM, 100PL-RM, 100SH, 100SHL, 200H, 200HL, 200SH, 200SHL 출시. 가격 4만8천~4만9천엔.

루키나BJ MX 한국다이와

'루키나BJ MX'는 광어다운샷은 물론 문어, 갑오징어, 주꾸미, 타이라바 등 다양한 선상낚시에서 사용할 수 있는 베이트릴이다. 높은 가성비는 물론 성능이 뛰어난 제품으로 라이트게임은 물론 라이트 지깅까지 염두에 두고 제작했다. 높은 드랙력(8kg)과 세 종류의 기어비 및 파워핸들 채용으로 사용자의 다양한 니즈에 부응한다. P100, P100L, P100H, P100HL, P100SH, P100SHL 출시. 가격 9800엔.

카스타니 도요피싱

2022년 신제품 '카스타니'는 프레임을 고급 소재인 일체형 알루미늄으로 제작했고 전체적인 보디는 시크한 느낌의 블랙 컬러 베이스에 펄이 추가되어 은은하고 고급스러운 외관을 선보이는 동시에 견고하고 단단한 내구성을 자랑한다. XDC(Extreme Distance Casting), 고강도 두랄루민 소재의 35mm 스풀, 스피드 노트 기능, 할로우(Hollow) 타입 핸들 노브를 채택해 경량화함과 동시에 파지감을 향상시켰다. 드래그 클릭음 시스템이 장착되어 낚시하는 즐거움을 한층 배가시켜주며 기어비는 4.6:1, 5.6:1, 6.8:1, 7.5:1 네 가지로 구성했다. 9+1 부식 방지 볼 베어링, 외부 조절 원심 브레이크 시스템(EACB: Externally Adjustable Centrifugal Brake System)을 채용. 드라이브 기어는 가볍고 내식성, 내마모성이 강한 초고강도 두랄루민 소재를 사용하였고 클릭음을 이용하여 미세조정이 가능하다. 최대 드랙력은 7kg. 가격 21만원.

시보그200J 한국다이와

'시보그200J'는 가벼움과 감도, 경량 콤팩트&하이파워를 적용한 전동릴이다. 스마트폰으로 간단하게 조작할 수 있는 전동 모바일 세팅이 가능하며 작지만 권상력은 1.1배, 드랙력은 1.3배 강하다. 클러치와 모터 ON/OFF 연동 기능을 적용해 보다 쾌적한 조작이 가능하며 시인성이 뛰어난 도트 액정 카운터, 수심 알람, 전자 드랙 사운드, 수동감시 스피드 표시 등 다양한 기능을 제공한다. 200J, 200JL, 200J-DH, 200JL-DH 4종 출시. 가격 8만1천엔.

우라노 인쇼어 도요피싱

'우라노 인쇼어'는 도요피싱의 베스트셀러 선상 전용 로드로 여러 가지 대상어종에 대응할 수 있도록 부드러운 팁(652MF), 범용 팁(642F), 강한 팁(662LF) 세 가지 휨새를 출시했다. MF 휨새는 갑오징어, 한치, 주꾸미낚시에 적합하고 LF 휨새는 문어낚시에 최적화 되어있으며 F 휨새로는 광어, 우럭 등의 다양한 어종까지 커버가 가능하다. 분리형 트리거 릴시트를 채용하여 중량을 감소시키고 블랭크 터치로 감도를 향상시켰으며 손잡이 절번에는 능직 구조의 우븐 카본을 적용, 유연성 및 강도 그리고 블랭크 파워를 향상시켰다. 가이드는 선상 전용 후지 LC 및 LDB 프레임 'O'링 가이드를 채용하여 선상낚시에서 생기는 줄꼬임을 최소화할 수 있도록 하였다. 팁에는 각기 다른 형광색 도장처리를 하여 시인성을 향상시켰고 중앙분리형 2절 구조로 설계로 이동 시 휴대성 및 보관용이하다. 제품 구매 시, 이동 시 편리함과 낚싯대를 보호하기 위한 삼각 로드 케이스를 함께 제공한다. 가격 8만9천원.

듀라톤 인쇼어-II 도요피싱

도요피싱의 전천후 선상 지깅 로드 '듀라톤 인쇼어-II'는 대상 어종에 따라 선택적으로 사용할 수 있도록 부드러운 팁(672MF), 범용 팁(662F), 강한 팁(652LF) 세 가지로 구성되어 있으며 기본적으로 2가지 톱 절번을 선택할 수 있다. 여기에 추가비용 지불 시 3가지 톱 절번을 모두 구매할 수 있어 모든 어종을 아우르는 낚시가 가능하다. MF 휨새는 갑오징어, 한치, 주꾸미낚시에 적합하고 LF 휨새는 문어낚시에 최적화되어 있으며 F 휨새로는 광어, 우럭 등의 다양한 어종까지 커버가 가능하다. 듀라톤 인쇼어-II는 블랭크 터치형 릴시트를 사용하여 파지감 및 감도를 향상시켰고 선상낚시에서 생기는 줄꼬임을 최소화하기 위해 선상 전용 (LC, LDB) SIC 가이드를 채용하고 팁에는 각기 다른 형광색의 도장처리를 하여 시인성을 향상시켰다. 손잡이에는 카본 테이프 X-Spiral 공법을 적용하여 강도를 보강하고 블랭크 파워를 향상시켰으며 중앙 분리형 2절 구조로 설계하여 이동 시 휴대성 및 보관을 용이하게 하였다. 또한 제품 구매 시, 이동 시 편리함과 낚싯대를 보호하기 위한 삼각 로드케이스를 함께 제공하고 있다. 가격 12만8천원.

씨호크 타코스타2 602 피싱코리아

문어 전용 로드로 파상강도가 19kg이라 소형 문어부터 대형 문어까지 모두 제압할 수 있다. 602HB는 스파이럴가이드를 채용했으며 초리는 M 액션이며 602HB&S는 일반 일자가이드로 초리는 MH 액션이다. 662B는 베이트릴 전용 로드며 초리는 ML 액션이다. 662BS는 베이트릴/스피닝릴 겸용이며 초리는 ML 액션이다. 돌문어, 피문어를 전문으로 상대하며 우럭대로도 사용할 수 있다. 돌문어부터 50kg급 대왕 피문어까지 모든 문어를 걸어낸 로드로 글라스 솔리드팁 탑재로 예민한 입질까지 블랭크를 통해 전해진다. 강력하고 빳빳한. 허리힘으로 대물도 강제집행이 가능하며 9:1의 로드 액션으로 후킹 시 단 지체 없이 대상어를 제압해주는 로드다. 12만3천원.

문어낚시용품 지상전시

낚싯대

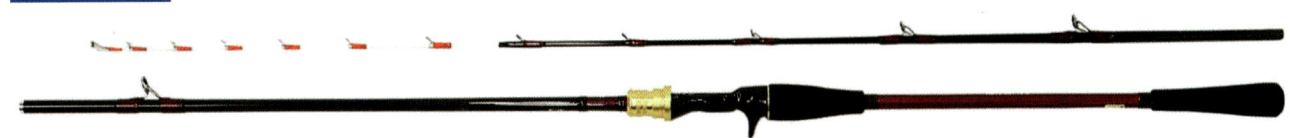

아날리스타 에기타코 한국다이와
'아날리스타 에기타코'는 끈기와 감도가 뛰어난 문어 전용 로드다. 에기로 문어를 노릴 때 텐야보다 높은 감도가 필요하다는 것에 착안해 감도를 높게 설계했으며 부드러우면서도 조작성이 뛰어난 초릿대가 위력을 발휘한다. 추를 바닥에서부터 떨어트리지 않게 바닥 공략 위주로 설계했다. 7:3 휨새. S-185, MH-175 출시. 가격 2만6800엔.

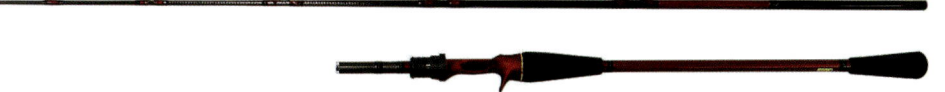

메탈리아 에기타코 한국다이와
'메탈리아 에기타코'는 메탈 특유의 고감도를 추구하며 경량 고감도 AGS 가이드를 장착한 고급 문어 전용대다. 작은 건드림도 표현하는 극히 예민한 초릿대를 채용, 거기에 경량, 감도, 조작성, 챔질을 최적의 밸런스로 구현했다. X45 구조로 비틀림을 줄였으며 조작성과 파워를 향상시켜 바닥 공략에 유리하게 설계했다. 8:2 휨새. S-178, 170 2종 출시. 3만5700~3만7천엔.

참에어 옥터퍼스 BC602M-T 티타늄 톱 제이에스컴퍼니
좀 더 예민한, 좀 더 유연한, 좀 더 밸런스 있는 문어 로드를 추구키 위해 티타늄 팁을 장착한 문어 전용 로드다. 강한 힘에도 부러지지 않고 유연하게 대처하며 휨새 표현이 자유로워 예민한 상태의 건드림도 캐치가 가능하다. 시즌 초~10월 중후반까지의 문어낚시에 최적의 성능을 발휘한다. 길이 1,835mm. 2절. 가격 29만원.

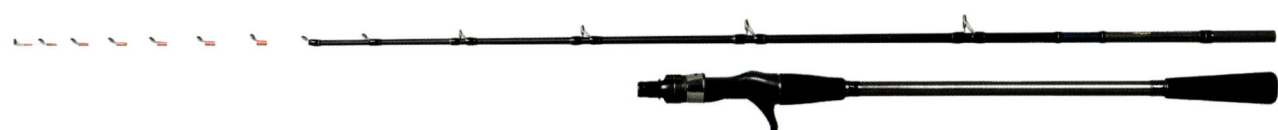

닉스 팝 잉크 BC582MH 제이에스컴퍼니
서, 남해안 전 시즌에 적합한 모델로 전체적으로 강한 휨새의 문어 전용 로드다. 4kg 오버의 문어도 무리 없이 꺼낼 수 있는 스펙. 강한 허리에 초리만 약한 형태의 솔리드 팁을 사용하여 8~12월의 작은 문어부터 큰 문어까지 전체적으로 커버가 가능하다. 무거운 하중을 견디기 쉬운 PLS 릴시트를 사용하여 장시간 무거운 채비를 들고 낚시하는 문어낚시에 적합하다. 길이 1725mm. 2절. 가격 10만5천원.

문어 연안낚시 요령 1(바닥이 밋밋한 곳)

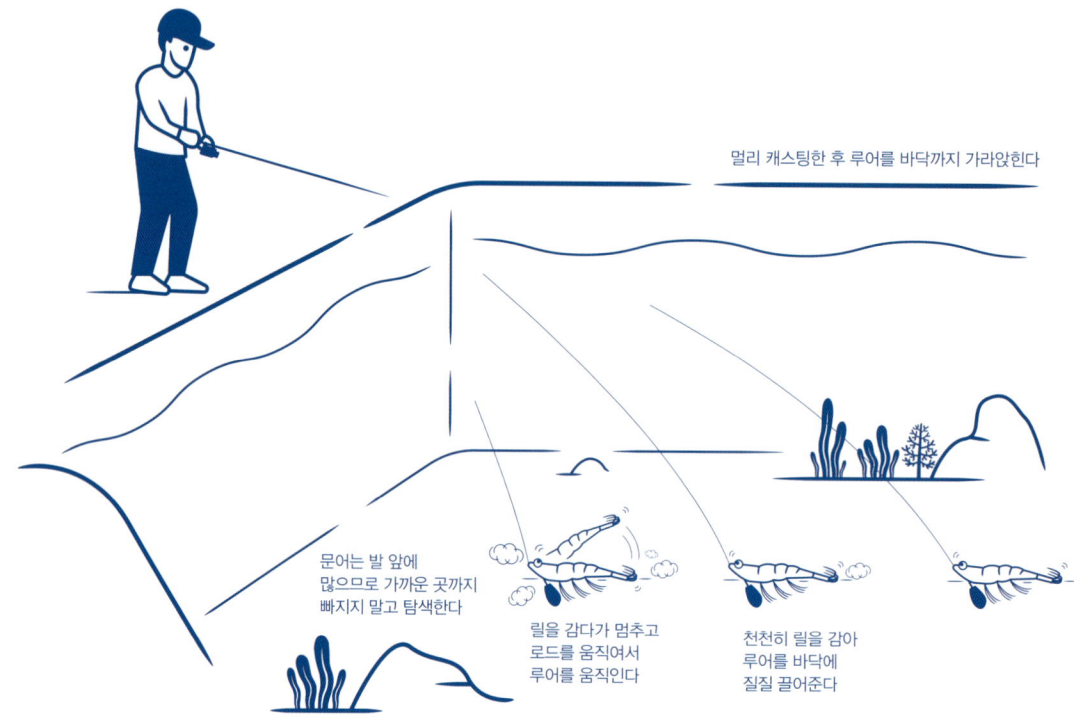

문어 연안낚시 요령 2(암초가 많은 곳)

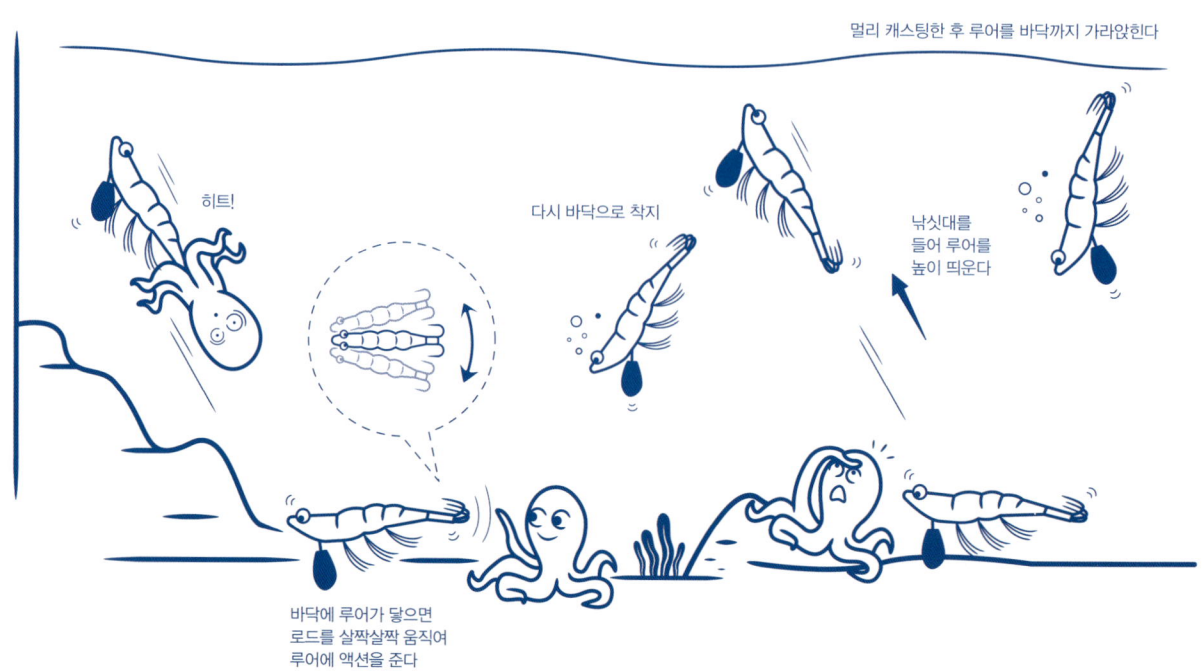

전남 녹동항 일대의 문어 포인트. 수심이 깊고 복잡한 구조물이 많은 곳에 문어가 많다.

므로 밑걸림이 잘 생기지 않는 큼직한 루어로 돌 주변을 천천히 노리는 것이 중요하다. 성급하게 바닥을 빠르게 훑으면 입질을 받기 어렵다. 입질을 받으면 챔질을 해야 한다. 문어가 루어에 올라탄 것을 낚싯대로 감지하고 바로 챔질하면 올리다가 빠질 확률이 높다. 문어가 루어를 덮쳤다는 느낌이 들면 라인에 텐션을 주고 살짝 당겨준다. 그렇게 하면 문어는 루어가 도망가는 줄 알고 더 찰싹 달라붙는다. 그 동작을 해준 후에 강하게 챔질하면 문어가 랜딩 중에 빠질 염려가 없다. 그리고 릴링할 때는 속도를 일정하게 유지해야 문어가 빠지지 않는다.

연안에서 문어 포인트 찾는 법

연안이라면 방파제가 가장 좋다. 남해와 동해라면 방파제 주변 어디든 문어가 있다. 방파제 중에서도 석축과 바닥이 만나는 구간에 가장 문어가 많다. 경계 지점에는 게나 새우 같은 베이트가 많이 서식하고 있어서 문어들이 항상 머문다.
가끔 연안에서 멀리 떨어진 수중여나 모래톱(험프) 지형에 문어가 떼로 몰려들기도 하는데, 그런 곳은 게나 기타 갑각류의 산란터가 되기 때문에 문어도 따라서 그곳으로 모인다. 연안에서 멀리 떨어진 험프 지형은 주로 배낚시 포인트가 된다.
참고로 문어는 야행성으로 알려져 있지만 사실 야행성은 아니다. 낮에도 움직이고 밤에도 움직이는 것이지 밤에 더 활동을 많이 하는 것이 아니라는 얘기다. 그래서 낮에 문어를 노려도 전혀 문제가 없다. 해루질의 경우 주로 밤에 하는데, 밤에는 문어가 방파제 가까이로 접근하기 때문에 야행성으로 보이는 것뿐이다.

문어는 아주 얕은 곳에 산란한다

문어는 주로 3~6월에 산란을 한다고 알려져 있다. 그런데 사실 이것은 지역에 따라 조금 다르다. 동해의 경우 겨울에 '해루질'을 하러 갈 때도 문어를 얕은 연안에서 만날 수 있으며 남해에서는 초여름과 장마 때 더 가까운 방파제 주변에서 쉽게 발견된다. 문어통발어업이 호황을 보이는 시기도 늦은 봄부터이며 여름에도 해루질을 하는 사람들을 쉽게 볼 수 있다.
중요한 것은 문어는 알을 아주 얕은 곳에 낚는다는 사실이다. 수심 1~2m가 아닌 간조선을 기준으로 거의 일치하는 지점에도 산란을 한다. 섬마을의 방파제로 밤낚시를 가보면 방파제 끝에 붙은 문어를 발견하고 뜰채나 가프로 걸어 올리는 것을 종종 볼 수 있다. 이렇듯 낚시보다 손으로 잡는 것이 더 편할 정도로 가까이 접근한다. 이 점을 염두에 두고 포인트를 찾아 낚시를 해보면 문어를 만날 확률을 높일 수 있다.

연안낚시 방법
문어는 발 앞에 있다

문어낚시라고 하면 주로 배낚시를 말하고 연안에서 하는 문어낚시라고 해봤자 게 모양의 커다란 루어를 굵은 라인에 묶어서 일명 '처박기'식으로 던져놓는 수준이라고 생각하는 낚시인들이 많다. 하지만 바다루어 장르로 정착한 뒤로는 많은 것이 바뀌었다.

고급 베이트로드에 합사가 감긴 베이트릴 그리고 전용 루어를 사용한다. 루어는 합사에 바로 직결해서 쓴다. 단 낚싯대는 100g 내외의 문어루어를 캐스팅을 할 수 있어야 하며 허리가 굉장히 빳빳한 것이 특징이다. 그리고 감도를 높이고 무거운 루어에 액션을 주기 쉽게 낚싯대 전체가 빳빳하다. 초리가 낭창한 낚싯대는 무거운 루어를 다루기가 어려워서 연안에서 캐스팅하기에는 맞지 않다.

방파제 석축면 경계지점이 포인트

낚시방법은 캐스팅 후 루어가 바닥에 떨어진 후 천천히 끌어주는 것이다. 밑걸림은 그리 걱정하지 않아도 된다. 2010년대 이후 출시된 문어루어는 밑걸림이 잘 발생하지 않도록 설계되어 있다. 바늘이 두 개 뿐이고 바닥에 걸리지 않도록 위를 향하고 있다. 일부 제품은 루어의 바늘이 아예 바닥에 닿지 않는 것도 있기 때문에 특별히 바닥의 요철이 심한 경우가 아니라면 잘 걸리지 않는다.

문어는 석축과 바닥의 경계지점이나 경계지점을 조금 벗어난 곳에 많기 때문에 무조건 멀리 캐스팅하는 것이 능사가 아니다. 문어가 있을 법한 자리를 노리는 것이 중요하다.

마음에 드는 포인트를 찾았다면 우선 탐색할 곳은 햇빛이 잘 드는 곳이다. 그래서 당연히 발 앞이 최고 포인트가 된다. 가을에는 멀리 채비를 던져서 천천히 끌어오는 방식이 잘 먹히지만 봄부터 여름까지는 그냥 발 앞에 슬쩍 채비를 던지고 조금 움직였다가 기다리기를 반복하는 것이 효율적이다. 만약 해수욕장처럼 수심이 아주 얕은 곳이라면 조금 멀리 던져도 좋지만 갯바위나 방파제에서는 발밑을 집중적으로 노린다. 그러므로 발 앞부터 탐색을 충분히 마친 후 입질이 없으면 서서히 멀리 노려보는 식으로 낚시를 한다.

가까운 곳을 노릴 때는 주의할 점이 있다. 바로 밑걸림이다. 내만의 방파제 중에서도 특히 내항에는 밧줄이나 통발 등이 버려져 있다. 문어들이 그런 곳에 알을 붙이기는 좋지만 채비는 금방 걸려버린다. 따라서 그런 자리는 애초에 피하는 것이 상책이다. 같은 방파제라도 석축이 드러나 보이거나 맨 바닥이 보이는 자리를 노리고 쓰레기가 많거나 바닥이 지저분할 것 같은 곳에는 채비를 던지지 않아야 한다.

입질을 감지하면 라인에 텐션 준 후 챔질

문어의 입질을 놓치지 않으려면 바닥을 잘 읽어야 한다. 바닥이 모래인지, 돌인지 구분하고 그곳에 문어가 있는지 감지하는 것이 중요하다. 문어는 바닥에 붙어서 생활하는 습성이 있으므로 바닥을 빼고는 이야기 할 수 없기 때문에 채비를 띄우거나 너무 빨리 움직이는 것은 아무런 의미가 없다.

따라서 바닥이 모래라면 게나 조개 같은 작은 먹잇감이 많은 곳이므로 그것과 유사한 루어를 사용하고 바닥이 돌이라면 문어가 숨을 곳이 많으

전남 고흥 연안에서 큰 씨알의 문어를 낚은 낚시인.

연안낚시용 문어채비. 큰 바늘에 웜을 꿰어 문어를 유인한다.

큰 씨알의 문어가 올라오자 뜰채를 이용해 올리고 있다.

남해안 근해에서 이뤄지는 돌문어 배낚시.

수 있다. 문어의 씨알이 크면 클수록 이런 현상이 심해지는데, 문어낚시 고수들도 '큰 문어는 입질 받을 확률이 누구나 비슷하고 테크닉보다는 운이 더 크게 작용한다'고 말한다. 그러므로 낚시를 하다가 다소 지루하더라도 자주 낚싯대를 들었다 놓았다를 반복하며 로드로 문어의 무게감이나 입질 순간을 느끼는 것이 중요하다.

특히 중요한 것은 고패질만 하지 말고 채비 무게를 느끼라는 것이다. 잦은 고패질로 문어의 시각을 자극하는 것도 중요하지만 더욱 중요한 것은 채비에 올라탄 문어의 무게를 느끼는 것이기 때문이다. 따라서 고패질만 반복할 게 아니라 낚싯대를 '스윽'하고 위쪽으로 천천히 들어보고 수시로 무게감을 느껴볼 필요가 있다. 방금 전보다 약간이라도 무거울 경우라면 500g 내외의 문어가 올라탔을 확률이 높고 묵직하다면 1kg이 넘는 문어일 수 있다. 가끔 채비가 바위에 걸린 듯 '덜컥'하는 느낌이 들 때도 있는데 이때는 섣불리 채비가 바닥에 걸렸다고 속단하지 말고 큰 문어가 물었거나 작은 문어가 물고 바닥에 붙었음을 감안하고 강하게 챔질을 해야 한다.

테크닉 3 | 채비는 간결하게

현장에 가면 채비를 너무 과하다 싶을 정도로 에기, 스테, 애자를 치렁치렁 달아주는 낚시인들을 볼 수 있는데, 문어를 유인하기에는 좋을지 몰라도 잦은 밑걸림과 채비꼬임의 원인이 된다. 좀 더 효율적으로 낚시를 하기 위해서는 에기 3개에 애자 1개, 웜이나 반짝이가 달린 채비 하나 정도를 달아주는 것이 좋다.

유인력을 높이겠다는 생각에 에기를 대여섯 개 이상 달고, 반짝이 술도 총채처럼 풍성하게 다는 경우가 있는데 좋은 방법이 못 된다. 채비가 거추장스러우면 밑걸림도 늘어나지만 결정적으로 문어의 입질을 감지하기가 어렵기 때문이다. 따라서 채비는 조금 더 간결하게 만들고 문어 전용 루어를 사용하는 것이 좋다. 애자를 함께 다는 이유는 바늘이 크고 튼튼해서 20~40kg 문어를 올릴 때도 안전하기 때문이다.

아이스박스에 낚은 문어를 보관하고 있다. 살아 있는 문어는 금방 도망치기 때문에 문어의 머리를 뒤집어서 죽인 후에 담거나 작은 망에 따로 담아 보관해야 한다.

낚은 문어 보관법

문어는 아주 작은 틈만 있어도 빠져 나가기 때문에 낚은 후 보관이 중요하다. 선상에서는 작은 양파망에 담아 물칸에 보관하기 때문에 문어가 탈출할 확률이 적으므로 크게 걱정할 것이 없지만 연안에서는 문어를 놓치기 쉽기 때문에 주의해야 한다. 가장 흔하게 하는 실수가 낚은 문어를 살림망에 보관하는 것이다. 문어는 살림망의 구멍으로 탈출할 수 있고 아이스박스에 넣어도 작은 틈으로 탈출할 수 있으므로 머리를 뒤집어서 죽인 다음에 아이스박스에 보관하는 것이 좋다. 선도 유지도 잘 되고 문어가 탈출하는지 신경 쓰지 않아도 된다.

배낚시 방법
쉬운 낚시지만 조과 차가 나는 이유는?

문어 배낚시는 어떤 문어를 노리는 가에 따라 방법이 조금 달라진다. 동해에서 큰 씨알의 피문어를 노리는 것과 남해에서 1kg 무게 내외의 돌문어를 노리는 것으로 구분하며 그에 따라 낚시하는 법에 차이가 난다.

기본 낚시방법
낚시하는 방법은 간단하다. 채비를 바닥까지 내린 후 한두 번 살짝 들어주거나 살살 끌어주는 식으로 입질을 기다린다. 그냥 놓아두는 것이 낫다라고 하는 낚시인도 있지만 조류가 약한 곳에선 액션을 주는 것이 효과적이라는 게 통설이다.

대형 피문어를 낚은 낚시인. 이런 큰 문어를 낚는 데는 운이 많이 작용한다.

입질은 묵직한 무게감으로 들어오는데 문어가 바늘에서 빠지지 않도록 챔질을 강하게 한 뒤 끌어내는 게 요령이다. 챔질 후 강하고 빠른 속도로 감아 들이지 않으면 문어가 바닥에 달라붙어 떨어지지 않는다. 간혹 문어가 자기 몸통보다 큰 돌멩이를 끌어안고 올라와 깜짝 놀라게 만들기도 한다.

마릿수가 적은 피문어낚시는 사실 입질을 받는 데 별다른 테크닉은 없다. 테크닉보다 운이 더 작용하는 게 사실이다. 다만 입질을 받았을 때 이를 파악하는 데서 조과 차가 난다. 피문어가 에기에 붙었음에도 저항하지 않아 이 사실을 모르고 있다가 놓치는 경우가 많은 것이다. 그래서 채비가 바닥에 닿은 후엔 고패질을 하다가 한 번쯤 스윽 하고 들어보면서 무게감을 파악할 필요가 있다. 이전보다 무겁다면 문어가 올라탔을 확률이 높다.

문어를 걸었을 때는 낚싯대를 세웠다 내리는 펌핑 동작 없이 전동릴을 최대 힘으로 올리지 않고 중간 속도로 올리되 속도는 일정하게 유지한다. 빠르게 올리거나 펌핑 동작을 하면 올리던 도중 문어가 빠져 버리는 일이 많기 때문이다. 그 외 낚시방법은 피문어와 돌문어에 공통적으로 적용할 수 있다.

테크닉 1 | 메탈톱 낚싯대를 써라

최근 출시되는 문어 전용대를 보면 초리가 메탈(금속)로 만들어진 것이 많다. 메탈로 된 초리를 '메탈톱'이라고 부르며 티타늄을 소재로 만든 형상기억합금으로 구부려도 부러지지 않고 매우 유연하며 카본 초리보다 훨씬 더 감도가 뛰어나다. 이런 장점을 이용해 바닥의 지형을 읽거나 문어가 에기를 잡았다 놓는 순간을 모두 캐치하는 것이다.

루어가 바닥에 닿으면 낚싯줄과 낚싯대를 통해 루어가 바닥에 닿는 느낌을 확실하게 전달 받을 수 있다. 배낚시의 특성상 시시각각 변하는 수심에 맞춰 루어를 쉽게 조작할 수 있으며, 탐색 중에 끈적한 문어의 입질을 느끼면 바로 챔질할 수 있는 것이 장점이다.

테크닉 2 | 낚싯대를 수시로 들어 보아라

낚시를 하다보면 눈에 띄게 조과 차이가 나이는 것을 볼 수 있다. 그러다 보니 조과가 떨어지는 낚시인들은 '내가 무슨 실수라고 하고 있나'라고 생각하지만 사실 문어의 입질을 받을 확률은 대부분 비슷하다. 문어는 의외로 자주 입질을 하지만 낚싯대로 입질 여부를 잘 캐치하지 못하고 챔질 타이밍을 놓치기 때문에 조과 차이가 생긴다.

특히 동해에서 큰 씨알의 피문어낚시를 해보면 대부분의 낚시인들이 장비와 채비를 비슷하게 갖추고 비슷한 확률로 입질을받는 다는 것을 알

1 문어 배낚시 장비와 채비
2 화려하게 장식한 문어낚시 채비. 20~60호 봉돌에 에기와 꼴뚜기 등을 주렁주렁 달아서 문어의 호기심을 자극한다.
3 문어낚시 채비를 만들 때 사용하는 소품.
4 문어 전용 에기. 일반 에기보다 싱커가 무거우며 꼬리에 블레이드가 달렸다. 밑걸림이 쉽게 생기지 않도록 훅은 상향바늘을 사용한다.
5 문어 전용 에기와 꼴뚜기, 타이라바 헤드로 만든 문어채비.

라인을 감은 2500~3000번 스피닝릴을 세팅하면 웬만한 씨알을 끌어낼 수 있다. 좀 더 전문적으로 문어낚시를 하고 싶다면 베이트릴을 세팅할 수 있는 연안낚시용 문어 전용대를 추천한다.

원줄과 연결한 쇼크리더에 에기나 스테, 문어루어를 달면 채비 구성은 끝난다. 문어루어는 우산살 같은 에기용 바늘이 아니라 일반 바늘을 두 개 달고 위로 향하게 만드는 등 밑걸림 없이 바닥층의 문어를 노릴 수 있도록 만들어졌다. 밑걸림이 두렵다면 처음부터 문어루어를 사용하는 것도 좋은 방법이다. 연안낚시용 채비는 딱히 정답이 있는 것이 아니다. 문어의 눈에 잘 띄고 먹잇감으로 보일 수 있도록 스테+문어루어, 문어루어+타코베이트 등으로 조합해 운용해도 좋다.

피문어

피문어는 배낚시로 이뤄진다. 씨알이 크기 때문에 강한 대가 필요하다. 허리힘이 강한 우럭대가 적합하며 여기에 중형 전동릴을 세팅한다. 동해 북부 바다에서 하는 피문어낚시는 100m 가까운 수심에서도 이뤄지기 때문에 전동릴은 필수다.

원줄은 PE라인 5호 이상을 써야 30kg 이상을 끌어낼 수 있다. 또 문어가 바닥에 붙어 있는 상태에서 뜯어내려 할 때도 이 정도 굵기는 써야 마음 놓고 당겨낼 수 있다. 돌문어낚시와 마찬가지로 기둥줄채비를 쓰되 4~6개로 에기를 더 많이 단다. 보통 위쪽에 2개, 아래쪽에 3~4개를 연결하거나 에기 2개를 빼고 애자나 총채처럼 생긴 술 대여섯 가닥을 달아 쓴다. 사용하는 봉돌은 40~100호.

기타

첨가제

웜이나 루어에 첨가제를 바르기도 한다. 고전적인 방법이지만 문어의 활성이 낮을 때는 효과를 발휘하기도 한다.

타코베이트

문어가 작은 문어를 공격한다는 것은 이미 잘 알려진 사실이다. 그래서 '타코베이트라'고 불리며 채비에 스테, 에기 등과 함께 체결해서 사용한다. 문어루어는 반짝이는 효과를 내는 것에서부터 야광 기능까지 다양한 제품이 있다.

| PART 6 | 문어낚시 2

장비와 채비
돌문어는 베이트릴, 피문어는 전동릴 필수

우리나라 바다에서 서식하는 문어는 돌문어와 피문어 두 종류다. 돌문어는 몸 길이 70~80cm에 연안의 얕은 수심에 서식하며 동서남해에 고루 서식하고 있다. 반면 피문어는 참문어보다 훨씬 크고 무게도 많이 나간다. 두족류 중 가장 큰 대형종으로 큰 녀석은 몸길이가 3m, 무게가 30~50kg에 이른다. 100~200m 깊은 수심에서 서식하며 먹이사냥을 위해 얕은 연안으로 나오기 때문에 노리는 문어에 맞는 장비를 선택해야 한다.

돌문어
6ft 길이의 선상문어 전용대나 라이트 지깅대와 같이 약간 뻣뻣한 낚싯대를 사용한다. 이 정도면 1~1.5kg 돌문어를 들어내는 데 충분하며 큰 씨알인 2~3kg도 제압할 수 있다. 파워로 분류하자면 미디엄헤비나 헤비대에 해당한다. 약간 뻣뻣한 대는 로드 전체가 낭창한 대보다 입질을 파악하기도 더 쉽다. 채비를 내리고 올리는 식으로 낚시하고 강한 힘이 필요하기 때문에 베이트릴대가 적합하다.

베이트릴은 바다용이면 어떤 것을 써도 상관없다. 원줄은 PE라인 3~4호를 쓴다.

채비는 에기나 애자 등을 중간에 스냅도래로 연결해 쓸 수 있는 기중둘 채비를 쓴다. 에기는 3~4개, 봉돌은 10~20호를 연결한다.

연안낚시는 미디엄헤비 파워 정도의 에깅대를 쓰면 된다. 1.5~2호 PE

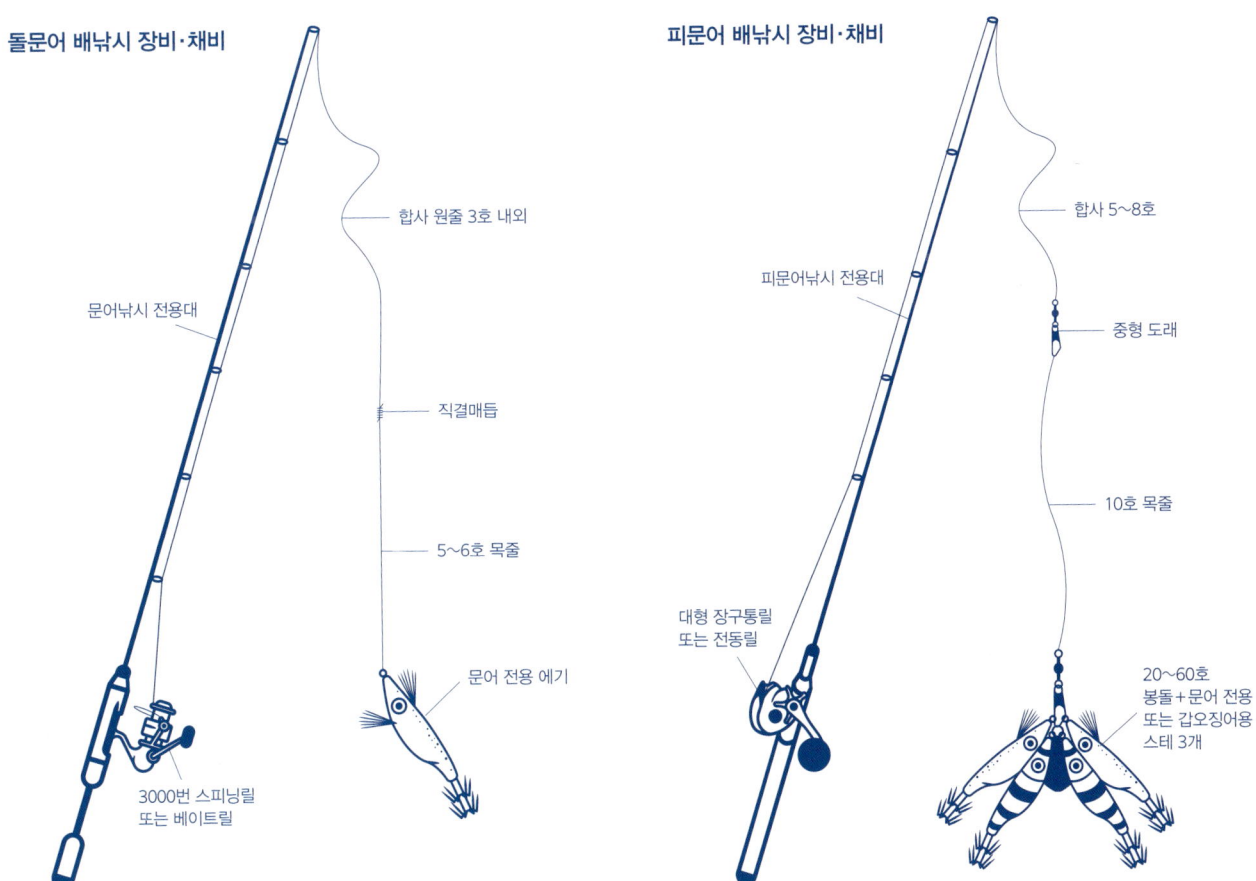

모래에 몸을 숨긴 문어. 문어는 지능이 높고 주변 환경에 맞춰 체색을 바꾸는 능력이 있다.

지로 약 12개월에서 18개월 정도로 알려져 있다.
수컷은 정자주머니를 암컷에게 전해주고 나면 죽음을 맞이하며 암컷은 주머니 형태의 수만~수십만 개의 알을 낳고 부화될 때까지 자리를 지키다 알이 부화하면 수컷과 마찬가지로 죽음을 맞이한다. 알에서 부화한 유생은 45~60일을 플랑크톤 형태로 떠다니다가 저서에 정착하여 성장하는 것으로 알려져 있다.

우리나라에서는 동해에서만 발견되는 피문어는 차가운 물을 좋아하는

남해에서 주로 낚이는 돌문어. 1kg 내외로 대부분 작지만 큰 것은 3kg이 넘는 것도 있다.

종으로 한국, 일본, 북미대륙 등 북태평양에 주로 서식하며, 수명이 3~5년으로 보통의 두족류보다 오래 사는 것으로 알려져 있다. 하지만 산란은 다른 두족류와 마찬가지로 생애 딱 한 번 번식하며 돌문어처럼 암수 모두 번식행동이 완료되면 생을 마감한다.

돌문어, 피문어 모두 가을에 피크

돌문어낚시는 봄부터 초겨울까지 시즌이 이어지지만 가을에 씨알이 굵고 마릿수도 좋다. 진해만은 추석을 전후해서 12월 말까지, 남해도와 여수, 고흥, 완도, 동해남부지역에서는 7월 초부터 11월 말까지가 제철이다. 매년 8~11월에 마릿수 조과를 보인다.

물색이 탁한 서해는 그동안 돌문어낚시 불모지로 남아 있었으나 2007년 군산 앞바다에서 9월부터 3개월 동안 문어가 떼로 낚여 새로운 문어낚시터로 떠올랐다. 2009년 가을에도 군산 앞바다에서 문어가 많이 낚였다. 고군산군도, 십이동파도, 격포 왕등도가 문어의 대량 서식지로 확인되고 있다.

한편, 동해북부에서 이뤄지는 피문어낚시는 4월부터 시즌이 시작되어 7월부터 본격 시즌을 맞아 추석 전후에 피크를 맞다가 10월이면 마무리된다.

해양수산부는 문어 자원의 보호를 위해 돌문어 금어기를 지정하고 있다. 매년 5월 16일부터 6월 30일까지로 이 기간엔 돌문어를 낚을 수 없다. 지역에 따라서는 시도가 자율적으로 별도 지정할 수 있도록 있는데 5월 1일부터 9월 15일 중 46일 이상을 금어기로 지정할 수 있다.

| PART 6 | 문어낚시 1

생태와 시즌
피문어(대문어)와 돌문어(참문어) 두 종이 있다

문어는 남녀노소 모두에게 사랑받는 먹거리다. 서양에서는 문어의 기괴한 모습 때문에 악마에 빗대기도 하고 공포의 대상으로 여기기도 하지만 그들도 문어가 맛있다는 것에 대해서는 이견이 없다. 문어는 호기심이 많고 공격성이 강하기 때문에 낚시 대상으로도 인기몰이를 하고 있는데, 최근에는 여름이면 핫한 루어낚시 장르로 문어를 빼놓지 않는다.

문어는 밀폐된 병마개를 열어 병속의 먹이를 꺼낼 수 있고, 자신의 몸을 보호하는 데 주변 사물을 이용하는 등 상당히 영리한 것으로 유명하다. 그래서인지 예로부터 문어를 '文魚'라 하여, 글을 읽을 줄 아는 물고기라 하였다고 한다.

우리나라를 제외한 다른 나라에선 문어의 외형적 특징에서 이름을 붙였다. 중국에서는 발이 여덟 개라 팔초어(八稍魚), 일본에서는 손이 많다라는 의미로 타코(タコ), 서양에서는 여덟 개의 발을 가지고 있다고 옥토퍼스(octopus)라고 부른다.

대문어, 왜문어, 돌문어, 피문어…

문어라고 하면 머리는 크고 다리가 여덟 개, 다리와 다리 사이는 얇은 피막으로 연결되어 있어 낙지와는 쉽게 구분할 수 있는 비교적 명확한 이미지를 떠올릴 수 있다. 그런데 이 문어라는 이름에 접두어가 붙으면 그 이미지가 흐려진다. 대문어, 왜문어, 돌문어, 피문어, 참문어 등등 다양한 이름이 있어서 각각 그 모양이 다를 것 같은데 구체적인 이미지는 알 수 없다.

위에서 열거한 문어들은 두 종류의 문어를 지칭하는 이름이다. 우리가 보통 먹거리로 접할 수 있고 바닷가에서 만날 수 있는 문어는 돌문어와 피문어다. 돌문어의 정식명칭은 참문어이며 왜문어라고도 부른다.

대문어가 정식명칭인 피문어는 참문어보다 크기가 훨씬 크고, 눈은 다른 문어류에 비해 작으며 다리가 길고 피부가 좀 더 부드럽다고 하는데, 실제로는 서로 비슷한 크기라면 육안으로 구분이 거의 불가능하다. 다만 피문어는 차가운 물에서 서식하는 냉수성이라 우리나라 동해에서만 볼 수 있으며, 돌문어는 다소 따뜻한 물을 선호해 남해에 많이 서식하고 서해에서도 많은 자원이 확인되고 있다. 서식지에 따라 종을 짐작할 수는 있지만 정확하게 그렇다는 것은 아니며 돌문어도 동해안에서 볼 수 있다.

낚시인들은 정식명칭인 참문어, 대문어 대신 대부분 돌문어, 피문어라고 부르고 있는 만큼 이 책에선 돌문어, 피문어라고 통일해 설명하겠다.

돌문어의 수명은 12개월~18개월

낚시 대상으로 이슈가 되고 있는 돌문어는 전 세계 온대 및 열대해역에 넓게 분포하는 것으로 알려져 있다. 우리나라 동해안에서는 잘 보이지 않으며 대신 동해에는 돌문어보다 훨씬 대형으로 자라는 피문어가 주로 발견된다.

돌문어는 오징어와 마찬가지로 수컷의 오른쪽 3번째 팔이 교접기 역할을 하며, 이 교접기의 유무로 암수를 구분할 수 있다. 통상적으로 암컷이 수컷에 비해 크기가 더 크며 돌문어의 수명은 대부분의 두족류와 마찬가

강원 고성에서 펼쳐지는 피문어낚시. 30kg급 대형 문어가 낚이기 때문에 문어낚시 마니아들에게 인기가 높다.

PART 6
문어낚시

더블온 X4 합사라인 하프루어

4Brade 직조로 만든 합사로 시인성이 뛰어나며 5컬러 조합에 고강력 파워로 낚시의 즐거움을 느낄 수 있다. 표준직경에 맞춰 비교적 가느다란 굵기의 합사이며, 깨끗하고 선명한 5가지 멀티 컬러가 10m씩 반복되어 수심 체크 및 입질 파악에도 용이하다(10m마다 흰색 마킹으로 색상 구분). 길이 150m 0.8~4호까지. 가격 9천원.

씨호크 썬더 에큐릿 PE 8합사 피싱코리아

일본 및 미국 합사와 동일한 강도를 가진 고급 대만 합사로 선상낚시에서 조류를 타지 않도록 정 치수로 제대로 만든 합사다. 특수 실리콘 코팅으로 가이드 노이즈를 줄였으며 라인 표면을 부드럽게 가공처리하고, 특수 실리콘 코팅 공정으로 부드러우면서 캐스팅 시 탁월한 비거리를 보여준다. 특수 방적기술(정 치수 적용)로 더욱 가늘고 강하게 제작되어 민감한 입질에도 예민하게 반응한다. 특수 염색 공법을 이용해 탈색에 강하게 제작했으며 낚시인의 눈에 잘 보이는 형광그린 컬러, 일정한 간격으로 수심 체크가 가능한 멀티(5색) 컬러, 물속에서 잘 보이지 않는 블랙 컬러를 출시했다. 가격 2만4천원.

아이스에이지 22리터 아이스박스 하프루어

고품질 ABS 재료를 사용하고 정교한 금형으로 사출해 외관이 매우 깔끔한 제품이다. 유명 메이커의 제품과 동일한 조건에서 같은 중량의 얼음을 넣고 테스트한 결과 비슷한 보냉력을 보였고 일반적인 각얼음이 48시간 이상 잔존한다. 22리터짜리는 주꾸미, 갑오징어, 고등어, 전갱이 등 생활낚시와 민물낚시에 모두 적합하다. 보냉력은 기존 자사 상품 대비 5배이며 6면 단열로 보냉력을 업그레이드하였다. 양문 개폐 방식으로 어느 방향에서든 뚜껑을 열 수 있어 편리하다. 세척 시에는 뚜껑을 아예 분리할 수 있어 더욱 편리하다. 본체 표면제에 항균제를 채용, 세균의 증식을 억제하고 청결하게 사용 가능하다. 모든 사이즈 제품에 사각 접시를 제공하고 있어 미끼, 소품 등을 담아 내용물과 편리하게 분리할 수 있도록 하였다. 멜빵 끈을 기본적으로 제공한다. 색상은 그린, 블루, 레드의 세 가지. 뚜껑은 본체와 압착돼 냉기가 새는 것을 막아준다. 기존 모델에 비해서 개선된 고무 패킹을 채용해 냉기 유출을 막고 있다. 사이즈 53×30×33cm. 가격 5만5천원.

KFM아이스박스 13리터 리더낚시

심플하고 콤팩트한 디자인의 아이스박스로 두족류의 먹물 공격에 대응해 본체를 검은색으로 제작했다. 고강도 와이드 손잡이와 별도 어깨끈 제공으로 편리한 이동성이 강점. 개폐식 구멍과 기포기 거치대로 낚시 후 낚은 고기를 싱싱하게 보관해준다. 바닥에 고무 패킹을 적용해 충격에 의한 파손을 방지한다. 색상 옐로우, 퍼플 2가지. 가격 6만8천원.

구명조끼·아이스박스·낚싯줄·소품

쿨 라인α GU·쿨라인α S 한국다이와

'쿨 라인α'는 다채로운 옵션이 매력적인 소형 쿨러로 주꾸미나 갑오징어와 같은 작은 두족류를 담는데 안성맞춤인 제품이다. 에깅, 아징, 볼락 루어 등 각종 라이트게임에 적합하다. GU 제품은 단열재로 우레탄을 사용하여 높은 수준의 보냉력을 확보하고 있으며 S 제품은 경량 스티로폼을 단열재로 사용해 가벼워서 운반이 편리하다. 로드 받침대 두 개와 소품 수납 부속이 장착되어 있다.
1000X LS, 1500X LS 각 2종 출시. 가격 1만3500~1만8500엔.

DF-9100 자동 팽창식 라이프 재킷 한국다이와

'DF-9100 자동 팽창식 라이프 재킷'은 레일 시스템을 탑재했으며 보다 콤팩트하고 가벼워진 자동 팽창식 구명조끼다. 해양수산부 형식 승인 제품으로 자동, 수동으로 모두 사용할 수 있으며 몸에 잘 맞는 입체 재단으로 설계했다. 조정 폭이 넓은 허리 벨트와 등쪽 조절 벨트를 채용해 다양한 체형에 잘 맞는다. 사이즈 프리. 가격 1만8천엔.

JS-LJ02 착용성 향상형 구명조끼 제이에스컴퍼니

한국해양수산부 착용성 향상용 구명조끼 형식승인 KOSMA 검증품이다. 겉감은 나일론 420D+PU코팅(생활방수)된 제품으로 무게는 620g 내외. 사이즈는 프리로 허리 25~55인치면 누구나 사용 가능하다.
자동/수동 겸용 제품. 색상 블랙, 레드, 오렌지, 카모 4가지. 가격 17만원.

콤팩트 파우치 제이에스컴퍼니

게임 베스트나 허리벨트, 백팩 등에 쉽게 장착할 수 있는 다용도 파우치다. 핸드폰, 열쇠, 지갑 등의 귀중품을 안전하게 보관할 수 있는 넉넉한 사이즈의 제품이다. 타포린(폴리에스테르 100%) 소재이며 오염에 강한 양면 PVC 코팅이 돼 있다.
길이 165mm×너비 100mm×깊이 50mm. 가격 2만5천원.

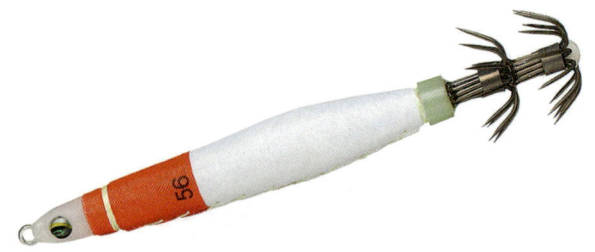

에메랄다스 이카메탈 스테TG SS 한국다이와

'에메랄다스 이카메탈 스테TG SS'는 작은 실루엣과 수평 폴을 적용한 텅스텐 스테다. 오징어가 에기를 감싸 안는 것을 용이하게 하기 위해서 실루엣을 보다 작게 만들었으며 단순히 낙하하는 스피드보다 낙하하는 수평 자세에 더욱 치중해서 제작한 스테다. 10~20호, 무게 38~75g 출시. 컬러 15종. 가격 1850~2900엔.

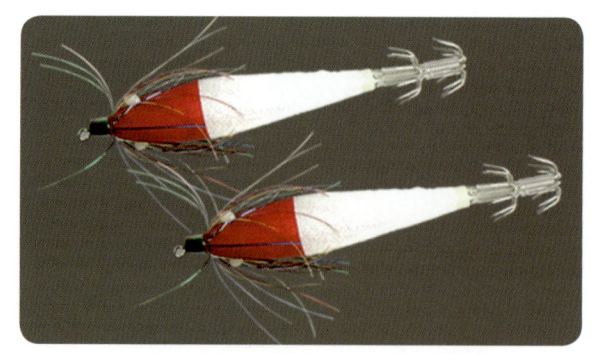

요즈리 플로팅 스퀴드 지그W/레인보우 틴셀 4호 레토피아

'요즈리 플로팅 스퀴드 지그W/레인보우 틴셀 4호'는 헤드에 레인보우 컬러의 틴셀을 부착한 제품이다. 플로팅 타입으로 수중에서 살짝 뜨며 방수 보디를 채용했다. 높은 부력체를 사용해 뛰어난 밸런스를 유지한다. 한치, 문어, 주꾸미 등 다양한 두족류에 사용할 수 있다. 가격 1만원.

아스록 에기 2.2 레토피아

오모리그, 문어채비, 갑오징어채비에 사용하는 2.2호 소형 타입의 에기다. 16가지의 화려한 컬러 스펙을 가지고 있으며 모두 초록색 야광 기능을 기본적으로 가지고 있다. 가격 3천원.

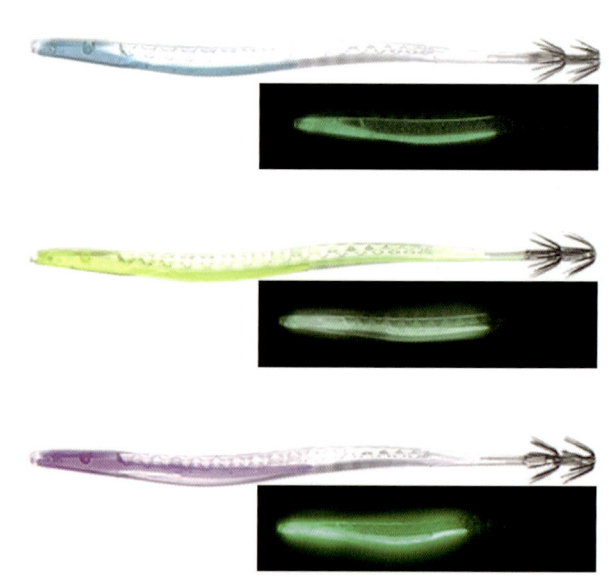

오징어스틱 배서

살오징어, 화살촉오징어, 한치낚시에 사용하는 오징어스틱이다. 2단 바늘을 채용하고 부드러운 모양의 야광 부분을 보디에 삽입해 오징어가 강한 활성 상태로 스틱을 덮치게 한다. 가늘고 유선형의 보디가 부드럽게 액션을 연출해 오징어가 경계심을 낮추고 접근하는 것이 특징이다. 길이 180mm, 9가지 컬러 출시. 가격 3천원.

틴셀 밸런스 3.0 배서

'틴셀 밸런스 3.0'은 무늬오징어와 한치낚시에 사용하는 스테다. 틴셀 밸런스는 야광력이 강하며 수중에서 밸런스가 좋기 때문에 넓은 구간에서 대상어에게 어필할 수 있다. 2단 바늘과 바늘 끝에 야광이 들어 있어 플래싱 효과와 야광 효과를 함께 발휘한다. 총 11가지 컬러 출시. 가격 3천원(2개입)

올터레인 DLC 도요피싱

기존 올터레인이 가지고 있는 장점에 더하여 수심 측정 기능을 포함한 여러 가지 기능이 추가된 디지털 라인 카운터 릴로 한치는 물론, 참돔타이라바, 주꾸미, 갑오징어, 광어, 문어 등의 다양한 바다 어종 낚시에 적합하게 설계되었다. 유광 블랙의 색상을 베이스로 제작된 보디는 디지털 카운터가 탑재되었음에도 안정된 파지감을 위하여 공학적으로 소형화 설계되었다. 릴의 중량은 약 192g으로 동 사이즈 대비 최경량을 자랑하며 오랜 시간의 낚시에서 오는 무게에 대한 피로감을 한껏 덜어준다. 디지털 카운터 기능을 이용하여 대상어의 유영층을 쉽게 파악할 수 있으며, 광역 LED 라이트를 적용하여 이른 아침이나 야간에도 쉽게 수심층 확인 및 옵션 설정을 가능하게 하였다. 그 외 우라노 DLC의 기능을 모두 채용하고 있으며 고강도 알루미늄 프레임, 두랄루민 드라이브 기어, 초고강도 두랄루민 스풀을 채용하였다. 훅 홀더, 9+1 부식 방지용 볼베어링을 장착하고 있으며 최대 드랙력은 7kg. **가격 28만5천원.**

파커스SA 리더낚시

롱캐스트 스풀을 채택한 스피닝릴로 줄 풀림이 좋아 가벼운 루어도 멀리 던질 수 있다. 황동 피니언 기어를 사용해 내구성이 좋고 힘이 뛰어나며 정교한 라인 레이 오실레이션 시스템으로 줄이 정교하게 감긴다. 주꾸미, 갑오징어, 무늬오징어, 한치 등을 연안 또는 낚싯배에서 캐스팅으로 노릴 때 쓰기 좋은 제품이다.
규격 1000~6000번. 가격 5만2천원~6만8천원.

루어

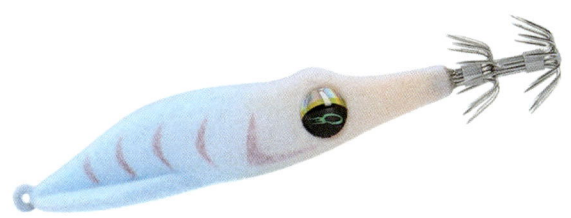

에메랄다스 이카메탈 드로퍼 타입 SQ 한국다이와

'에메랄다스 이카메탈 드로퍼 타입 SQ'는 물에 젖으면 투명한 복숭아 피부를 연출하는 새로운 콘셉트의 오징어 타입 드로퍼. 플로팅 타입이며 오징어가 오징어를 먹는다는 사실에 착안해 개발했다. 독특한 오징어의 지느러미살이 생겨나는 하늘하늘한 액션으로 오징어를 유인한다. 컬러 10종. 1.8호, 2.5호 출시. 가격 1060엔.

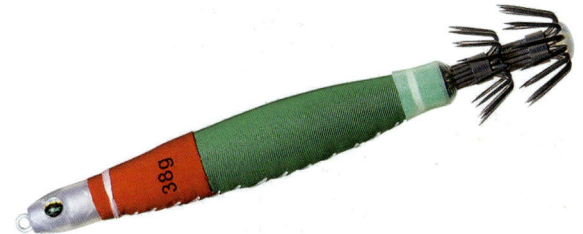

에메랄다스 이카메탈 스테 한국다이와

'에메랄다스 이카메탈 스테'는 금속 스테를 단독으로 사용함으로써 보다 다이렉트하게 오징어의 입질을 감지하는 제품이다. 걸리는 것이 아니라 거는 공격적인 액션 조법으로 오징어를 낚는다. 수평 폴, 작은 보디를 채용했다.
10~40호, 무게 38~150g 출시. 16가지 컬러. 가격 900~1300엔.

릴

스파르탄IC 한국다이와

'스파르탄IC'는 IC카운터를 탑재한 고강성 선상용 소형 베이트릴이다. 다양한 라이트게임에 대응이 가능한 하이 퍼포먼스 모델로 주꾸미, 갑오징어는 물론 한치, 문어, 참돔, 갈치까지 모두 공략할 수 있다. 합사 2호가 200m 감기는 풍부한 권사량을 가지고 있으며 파워, 경량, 콤팩트성을 모두 겸비했다. ATD, 알루미늄 프레임, LED 백라이트, 타이머, 라인 정지 기능 탑재. 150H, 150HL, 200H, 200HL 출시. 가격 2만500~2만4500엔.

솔티가IC 한국다이와

'솔티가IC'는 기존 솔티가 베이트릴에 IC카운터를 탑재한 모델로 높은 기본 성능을 계속 유지시키기 위한 목적으로 모든 기본 성능의 수준을 대폭 업그레이드한 베이트릴이다. 하이퍼드라이브 디자인을 채용했으며 하우징은 머신컷 'Hyper Armd Housing'을 사용해 릴링 시 덜커덕거림이 없으며 콤팩트하지만 아주 강한 내구성을 가지고 있다. 정확한 IC카운터와 수심 알람 기능 채용. 100 사이즈는 라이트 지깅이나 갈치 지깅에 적합하며 300 사이즈는 라이트 지깅 및 근해 지깅, 중간 수심의 슬로우 지깅 및 다양한 선상낚시에 사용할 수 있다. 100P-DH, 100PL-DH, 100, 100L, 300, 300L, 300H-SJ, 300HL-SJ 출시. 가격 6만7천~6만8천엔.

우라노 DLC 도요피싱

'우라노 DLC'는 도요피싱 베스트셀러 모델인 우라노를 베이스로 하여 디지털 카운터를 장착한 수심 측정 베이트릴이다. 한치, 참돔타이라바, 주꾸미, 갑오징어, 광어, 문어 등의 다양한 낚시에 적합하게 설계했으며 시크한 무광 블랙의 색상을 베이스로 제작된 보디는 디지털 카운터가 탑재되었음에도 한 손에 들어오는 안정된 파지감을 가지고 있다. 디지털 카운터 기능을 이용하여 유영층의 깊이를 쉽게 파악할 수 있으며 광역 LED 라이트를 적용하여 이른 아침이나 야간에도 쉽게 수심층 확인 및 옵션 설정이 가능하다. 보다 정확한 유영층을 설정하기 위한 '0.0' 세팅, 입질 받은 수심층을 빠르게 공략하기 위한 수심층 기억 등 사용자 편의를 위한 다양한 기능을 포함하고 있다. 드래그 클릭음 시스템, 할로우(Hollow) 타입 핸들 노브를 채택했고 알루미늄, 하이브리드 등 여러 가지 지깅용 파워 핸들로 교체가 가능하다. 기어비는 4.6:1, 5.6:1, 6.8:1, 7.5:1이며 고강도 알루미늄 프레임, 초고력 황동 드라이브 기어, 고강도 단조 알루미늄 스풀을 적용했다. **최대 드랙력 6kg. 가격 18만7천원**

듀라톤 인쇼어-II 도요피싱

도요피싱의 전천 후 선상 지깅 로드 '듀라톤 인쇼어-II'는 대상 어종에 따라 선택적으로 사용할 수 있도록 부드러운 팁(672MF), 범용 팁(662F), 강한 팁(652LF) 세 가지로 구성되어 있으며 기본적으로 2가지 톱 절번을 선택할 수 있다. 여기에 추가비용 지불 시 3가지 톱 절번을 모두 구매할 수 있어 모든 어종을 아우르는 낚시가 가능하다. MF 휨새는 갑오징어, 한치, 주꾸미낚시에 적합하고 LF 휨새는 문어낚시에 최적화되어 있으며 F 휨새로는 광어, 우럭 등의 다양한 어종까지 커버가 가능하다. 듀라톤 인쇼어-II는 블랭크 터치형 릴 시트를 사용하여 파지감 및 감도를 향상시켰고 선상 낚시에서 생기는 줄꼬임을 최소화하기 위해 선상 전용 (LC, LDB) SIC 가이드를 채용하고 팁에는 각기 다른 형광색의 도장처리를 하여 시인성을 향상시켰다. 손잡이에는 카본 테이프 X-Spiral 공법을 적용하여 강도를 보강하고 블랭크 파워를 향상시켰으며 중앙 분리형 2절 구조로 설계하여 이동 시 휴대성 및 보관을 용이하게 하였다. 또한 제품 구매 시, 이동 시 편리함과 낚싯대를 보호하기 위한 삼각 로드 케이스를 함께 제공하고 있다. **가격 12만8천원.**

우라노 인쇼어 도요피싱

'우라노 인쇼어'는 도요피싱의 베스트셀러 선상 전용 로드로 여러 가지 대상어종에 대응할 수 있도록 부드러운 팁(652MF), 범용 팁(642F), 강한 팁(662LF) 세 가지 휨새로 출시했다. MF 휨새는 갑오징어, 한치, 주꾸미 낚시에 적합하고 LF 휨새는 문어 낚시에 최적화 되어있으며 F 휨새로는 광어, 우럭 등의 다양한 어종까지 커버가 가능하다. 분리형 트리거 릴시트를 채용하여 중량을 감소시키고 블랭크 터치로 감도를 향상시켰으며 손잡이 절번에는 능직 구조의 우븐 카본을 적용, 유연성 및 강도 그리고 블랭크 파워를 향상시켰다. 가이드는 선상 전용 후지 LC 및 LDB 프레임 'O'링 가이드를 채용하여 선상낚시에서 생기는 줄꼬임을 최소화할 수 있도록 하였다. 팁에는 각기 다른 형광색 도장처리를 하여 시인성을 향상시켰고 중앙분리형 2절 구조 설계로 이동 시 휴대성 및 보관이 용이하다. 제품 구매 시, 이동 시 편리함과 낚싯대를 보호하기 위한 삼각 로드 케이스를 함께 제공한다. **가격 8만9천원.**

씨호크 에깅스타2 802M

썬더 블랙 솔리드 632

씨호크 에깅스타2 802M 피싱코리아

'씨호크 에깅스타2 802M'은 무늬오징어, 주꾸미, 갑오징어뿐 아니라 농어를 포함 연안에서 다양한 장르를 소화해내는 극강의 멀티 캐스팅 로드다. 주꾸미, 갑오징어, 무늬오징어, 풀치, 삼치, 고등어, 광어, 우럭, 농어 등을 모두 상대할 수 있는 범용으로 고감도 카본 블랭크와 다양한 에깅 액션에 최적화된 휨새를 가지고 있다. 파상강도 8.5kg의 고강도 낚싯대로 풀치, 무늬오징어, 우럭, 광어, 농어, 삼치 등 다양한 어종의 제압이 가능한 전천후 경량 인쇼어 로드다. **가격 10만원.**

썬더 블랙 솔리드 632 피싱코리아

라이트지깅 로드의 또 다른 진화 '썬더 블랙 솔리드 632'는 주꾸미, 갑오징어, 한치를 주 대상어로 제작한 로드다. 부드럽고 유연한 카본 솔리드로 이상적인 로드 액션을 실현. 한치낚시에서 632UL과 632L은 거치용 및 쉐이킹 액션을 주는 용도로 사용하면 최상의 조과를 낼 수 있으며 참돔 타이라바낚시에도 사용 가능하다. 632ML은 다운샷낚시 또는 갈치 지깅에 사용한다. 내부식성 테스트에서도 검증된 하드크롬 도금 가이드와 높은 경도를 자랑하는 지르코니아 가이드링 채택으로 부식과 가이드링 파손의 염려를 덜어줄 최적의 솔트워터 로드다. **가격 17만8천원.**

한치낚시용품 지상전시

낚싯대

에메랄다스 EX 이카메탈 한국다이와

'에메랄다스 EX 이카메탈'은 이카메탈, 오모리그 플래그십 모델이다. 한치의 예민한 입질을 높은 감도로 잡아내는 것은 물론 복잡한 선상에서 뛰어난 조작성을 보여준다. 모델에 따라 이카메탈, 오모리그에 최적화한 설계를 했으며 전 모델에 메탈톱, 슈퍼메탈톱을 채용해 높은 감도를 유지한다. N65ULB-SMT, N67LB TG, N65ULS-SMT, K60LB0SMT, OR63MLB-SMT, OR63MLS-SMTT, OR70MLS-MSTT 출시. '에메랄다스 AIR AGS 이카메탈'은 EX 이카메탈의 하위 모델이며 메탈톱과 AGS를 탑재해 미세한 입질도 놓치지 않는 초경량 로드다. N60XULM IM, N65ULB IM 출시. 가격 에메랄다스 EX 이카메탈 6만4천~6만8천엔. 에메랄다스 AIR AGS 이카메탈 4만3천~4만4700엔.

에메랄다스 MX 이카메탈 한국다이와

'에메랄다스 MX 이카메탈'은 하이 코스트 퍼포먼스를 기반으로한 이카메탈 전용 로드다. N모델은 레귤러 테이퍼를 중시한 한치 태우기 전용 로드이며 K모델은 패스트 테이퍼를 중시한 걸기 전용 로드다. 고감도, 고강성 메가톱을 채용하고 있으며 시인성을 극대화한 밝은 형광 오렌지색 도장을 눈으로 입질을 감지하기 편하다. N65XULB-S, N56ULB-S, N65ULB-S, N65LB-S, N65MLB-S, K56ULB-S, K60LB-S, N63ULS-S, OR70MLS-S 출시. 가격 2만5300~2만7천엔.

참에어 이카메탈 BC682M-MH SPIRAL 제이에스컴퍼니

더욱 깊은 수심과 75g 이상의 이카메탈 사용에도 최상의 감도를 약속하는 로드다. 주간 및 야간 올라운드 성향의 로드로 특히 겨울 시즌 60m권 수심의 대상종을 공략하기에 적합한 액션과 감도를 가지고 있다. 길이 2030mm. 2절. 가격 30만원.

참에어 이카메탈 S682M 제이에스컴퍼니

스피닝릴과 함께 사용하는 스피닝로드로서 사용자의 선택권을 다변화 시켜 준다. 캐스팅 및 조작 면에서는 베이트 로드보다 수월한 장점을 가지고 있으며 얕은 수심에서 들어오는 입질에 발군의 기량을 발휘한다. 길이 2,040mm. 2절. 가격 28만원

어드바이스

한치용 에기의 선택

한치낚시에 갓 막 입문한 낚시인들이 궁금해 하는 것 중 하나가 한치용 에기의 선택이다. 책자나 인터넷, 유튜브 방송을 보면 한치 전용 에기뿐 아니라 소형 무늬오징어 에기나 갑오징어용 에기들 달고도 곧잘 한치를 낚기 때문이다. 그리고 그 장면을 보면서 '반드시 한치 전용만 먹히는 것은 아니구나'라는 생각하게 된다.
결론부터 얘기하자면, 한치가 전용 에기만 덮치는 건 아니지만 입질 빈도만 놓고 비교하면 한치 전용에 더 잦은 입질이 들어오는 건 부인할 수 없는 사실이다. 한치용 에기를 뜻하는 '이카스테'는 오징어를 뜻하는 이카, 소형 에기를 뜻하는 스테의 합성어다..

꼬리가 아래로 향하는 게 한치 루어의 특징

우선 한치용 에기를 쓰면 다른 에기보다 한치가 잘 낚이는 이유는 재질, 형태보다는 수중에서의 각도 때문이다. 무늬오징어는 위에서 아래로 덮치는 습성을 지녀 에기 바늘도 위쪽을 향한 것이 걸림이 잘 된다. 그래서 에기를 가라앉히면 머리 부위는 바닥에 닿고 꼬리는 들려 있는 형태가 된다.
주로 바닥을 더듬으며 먹잇감을 사냥하는 갑오징어는 수평으로 먹잇감을 공격한다. 그래서 갑오징어용 에기는 바늘이 달린 꼬리가 수평으로 떠 있다. 흔히 말하는 수평에기다. 반면 한치는 밑에서 위를 향해 먹이팔을 뻗어 먹잇감을 사냥한다. 따라서 바늘이 달린 꼬리가 아래를 향해 있을수록 걸림이 잘 된다. 낚시인 중에는 한치용 에기의 꼬리가 아래로 축 늘어지는 것을 보고 불량인 것으로 오인하는 경우가 있는데 지극히 정상인 제품이다. 액션을 주면 자연스럽게 떠올랐다가 스르르 가라앉는다.

호불호가 갈리는 색상과 문양

잘 먹히는 색상과 문양도 호불호가 나뉜다. 색상에 대해선 정답은 없다고 본다. 시즌, 시간대, 물색 등에 따라 잘 먹히는 패턴이 달라지기 때문이다. 다만 분명한 것은 이러한 패턴 변화를 자주 느끼는 낚시인일수록 늘 좋은 조과를 거둔다는 점이다. 이 얘기는 곧 그 낚시인은 입질이 없을 때마다 수시로 색상과 문양을 교체해 잘 먹히는 패턴을 찾아냈다는 얘기이므로 '부지런한 낚시인이 많이 낚는다'는 결론에 도달한다.
그래도 낚시인들 사이에는 흰색, 빨강, 녹색, 보라가 우선 꼽히는 색상들인데 이 색상들을 기본으로 다양한 루어 로테이션을 해가면 생각보다 쉽고 빠르게 그날의 입질 패턴을 찾아낼 수 있을 것으로 생각한다.

동시에 두 마리 낚이는 경우는 거의 없어

3단채비를 달 쓸 것이냐, 2단 채비를 쓸 것이냐도 적잖은 고민거리다. 결론부터 얘기하자면 3단보다는 2단이 효과적이며, 2단만 써도 3단보다 못 잡는 경우는 없다는 것이다. 이유는 한치의 공격 습성 때문이다. 모든 포식성 동물들이 그렇듯 한치도 서열에서 가장 앞서 있는 놈이 공격의 우선권을 갖는다. 그런데 한 놈이 먹잇감을 덮치고 있는 와중에 다른 한치가 달려들어 나머지 루어를 공격하는 경우는 거의 보기 드물다.
일단 한치는 색맹이라 색을 구분하지 못한다. 그래도 색상에 따른 명암이나 심도 차이는 미세하게 느낄 수 있을 것이지만 그 차이가 사냥 본능을 절대적으로 좌우한다고는 보지 않는다. 즉 얼마나 한치의 공격성을 자극하는 액션을 주고, 미세한 입질을 잘 간파하느냐가 최우선이며, 색상과 문양은 미세한 양념 역할을 할 뿐이다.

다양한 한치용 루어들. 사진은 배서사의 오징어스틱(가운데)과 틴셀 밸런스 3.0

방파제 한치 포인트

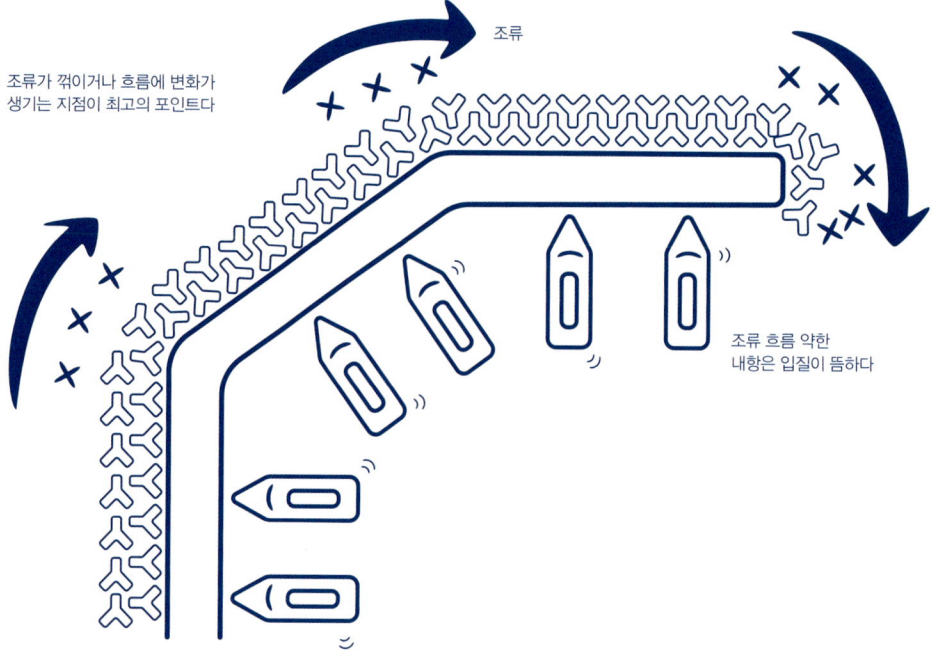

낚시가 성행하는 제주도 동부두방파제의 경우 바닥 수심은 25m 내외이나 찌밑 수심은 8~10m로 맞춰 낚시를 한다. 한치가 상층으로 뜨면 채비 수심을 좀 더 얕게 줄이고 입질이 없으면 좀 더 깊은 곳을 노리면 식으로 낚시하고 있다.

루어는 에기, 스테 등 한치를 노릴 때 쓰는 어떤 제품을 써도 무방하며 에기 등 쪽에 학꽁치 포나 생선살을 얹어 쓰는 살삼봉의 인기도 높다. 배낚시는 집어등 불빛이 한치를 유인하지만 연안낚시는 고작 해봐야 작은 집어등과 에기뿐이다 보니 생선살을 이용하면 유인효과를 더 높일 수 있는 것이다.

전자찌는 가급적 비자립을 쓰는 게 좋다. 대부분의 입질이 막대찌가 쑥 끌려가는 형태로 나타나지만 가끔은 바늘에 걸린 한치가 위로 올라오거나, 바늘에 걸린 후 가만히 멈출 수도 있기 때문이다. 이 경우 막대찌가 수면에 완전히 눕거나 절반만 기우는 등의 모습으로 나타나 입질 확인이 용이한 장점이 있다.

만약 입질인지 아닌지 애매한 어신이 찌에 나타난다면 한 번씩 가볍게 챔질해주면 된다. 입질이라면 바늘에 걸린 한치가 도주하면서 바로 찌가 잠길 것이기 때문이다.

동해 한치 대다수는 화살오징어

한치 연안낚시 하면 제주를 떠올리지만 2020년대 들어 동해에서도 한치가 잘 낚여 화제가 되고 있다. 한치 조황이 가장 뛰어난 지역은 경북 울진군 후포항, 죽변항을 비롯 영덕군의 축산항, 대진항, 사진항 등이다. 2021년 가을에는 강원도 강릉까지 어군이 확산됐다. 이들 지역에서는 이듬해 3월 초까지 한치가 낚시에 걸려들었다.

동해안에서 낚이고 있는 한치는 제주도에서 낚이는 창오징어(켄사키이카)보다는 화살오징어(야리이카)의 비율이 높다. 화살오징어는 주로 일본에서 낚이고 국내에서는 매우 보기 드문 종이다. 둘 다 다리가 '한 치' 정도로 짧고 몸통이 길며 지느러미는 화살 모양이다.

어릴 때는 두 종 모두 비슷하게 생겨 구분이 어렵고 성체가 되면 특징이 두드러진다. 제주에서 흔히 보는 창오징어는 날개지느러미가 약간 둥근 스페이드 형태인 반면 화살오징어는 마름모꼴로 각이 져 있다. 성체의 경우 화살오징어가 훨씬 크고 길어서 쉽게 구분이 된다. 과거 동해안에는 화살촉오징어(살오징어)와 화살오징어가 섞여 낚였지만 시간이 갈수록 화살오징어의 비율이 높아지고 있다.

동해안에서 주로 낚이는 화살오징어(야리이카).

| PART 5 | 한치낚시 4

연안낚시 낚시방법
조류 빠르고 수심 깊은 곳을 찾아라

한치 연안낚시는 배낚시보다 마릿수 조황은 뒤지지만 배를 타지 않아 경제적이고 운이 좋으면 밤새 20~30마리도 올릴 수 있다. 특히 배낚시 조황이 시들해지는 8월부터 12월 무렵까지는 한치가 육지권 갯바위와 방파제로도 올라붙기 때문에 누구나 쉽게 손맛을 볼 수 있다. 한치 연안낚시는 크게 루어낚시와 찌낚시로 나뉜다.

루어낚시
방파제나 갯바위에서 가장 쉽게 즐길 수 있는 낚시방법이 루어낚시다. 장비가 간단하고 루어도 무늬오징어낚시 때 쓰던 에기면 충분하다. 기본 장비와 채비는 무늬오징어 에깅 때와 거의 동일하다. 낚싯대는 8.5ft 정도 길이의 에깅대에 원줄은 PE라인 0.6~0.8호를 쓴다. 쇼크리더는 2호를 쓰며 길이는 1.5m 정도면 충분하다.
에기는 2.5~3.5호를 쓴다. 한치의 활성이 좋을 때는 3~3.5호의 노멀 타입 에기나 샐로우 타입이면 충분하다. 특히 조류가 적당한 속도로 흐를 때는 서서히 가라앉는 과정에서도 입질이 들어온다. 다만 이때는 에기 캐스팅 후 원줄과 초리에 들어오는 미약한 입질을 잘 캐치해야한다. 먹이(에기)를 움켜쥔 한치는 물고기처럼 빠르게 어디론가 이동하는 게 아니라 그 자리에서 오물오물 먹이를 먹기 때문에 초리를 세게 당기는 듯한 시원스러운 입질은 나타나지 않기 때문이다.
따라서 낚싯줄이 갑자기 느슨해지거나 약간 팽팽해지는 순간을 잘 살펴야 하며 에기를 가라앉히는 도중에도 한번 씩 가볍게 트위칭을 해주어 입질 여부를 파악해야 한다.

방파제 난간에 세워 놓은 한치용 찌낚시 장비와 채비.

방파제 끝 또는 중간에 꺾이는 지점이 명당
한치 연안낚시에서 가장 중요한 것은 포인트의 선정이다. 대체로 한치는 수심이 깊고 조류 소통이 좋은 곳을 선호한다. 한치가 원활하게 흐르는 조류를 타고 다니며 먹이활동을 하기 때문이다. 갯바위라면 곶부리 지형이 될 것이며 방파제라면 등대가 있는 끝이나 방파제가 꺾이는 중간 지점 등이 최고의 포인트다. 이런 곳에서는 한치가 활발히 먹이활동 중일 확률이 높기 때문에 굳이 깊이 가라앉지 않고 중상층만 노려도 쉽게 입질을 받을 수 있다. 두세 번의 저킹 후에는 원줄의 텐션을 유지한 채 움직임에 변화가 있는지 살펴야 한다.
조류가 빠르거나 수심이 아주 깊은 곳의 바닥을 노릴 때는 3~3.5호의 딥 타입 에기를 쓰는 것도 좋은 방법이다. 대체로 조류나 수심 등의 여건이 좋은데 중상층에서 입질이 없을 때는 거의 바닥권에서 입질한다고 보면 된다. 따라서 밑걸림 때문에 바닥층까지 루어를 내리는 것을 두려워 하지 말고 적극적으로 노려볼 필요가 있다.
배낚시는 본격적으로 집어등을 밝힌 늦은 밤부터 입질이 활발하지만 연안에서는 해질 무렵이 최고의 피딩타임이다. 이 시간대는 모든 어종들이 활발히 먹이활동하는 시간대인데 한치도 다를 바 없다. 따라서 이 시간대에는 반드시 포인트에 도착해 낚시 준비를 끝내야 한다. 다만 이때도 가장 입질이 활발한 구간은 바닥권이며 완전히 어두워진 후에나 중층 이상에서 한치가 잘 낚이게 된다.

찌낚시
제주도의 각 방파제와 선착장, 갯바위 등에서 유행하는 채비로. 5.3m 길이의 릴찌낚시 장비에 막대찌나 구멍찌를 달고 도래 부근에 소형 집어등을 단 뒤 목줄 끝에는 에기를 달아 쓰는 방식이다.
낚싯대는 2.5~3호가 알맞다. 물을 머금고 있는 한치는 그 자체만으로 무겁기도 하지만 발판이 높은 방파제 테트라포드나 갯바위에서는 한치를 그대로 들어올려야 하기 때문에 강한 낚싯대가 필수로 요구된다. 원줄은 3~5호, 목줄 역시 3~5호 중 낚시터 여건에 맞춰 쓰면 된다. 발판이 높고 험하다면 5호, 낮고 편하다면 3호면 충분하다. 단 채비를 굵게 쓰면 '들어뽕(낚은 물고기를 그대로 들어 올린다는 뜻의 낚시용어)'하기는 안전하지만 원투력이 떨어지고 반대로 채비를 가늘게 쓰면 원투력은 좋아져도 한치를 올릴 때 채비가 터질 수 있다는 점을 고려해야 한다.

막대찌는 비자립이 입질 파악에 유리
입질 수심은 장소에 따라 다르지만 보통은 중층 이하를 노린다. 한치 찌

한치 배낚시에서 공략 수심의 중요성

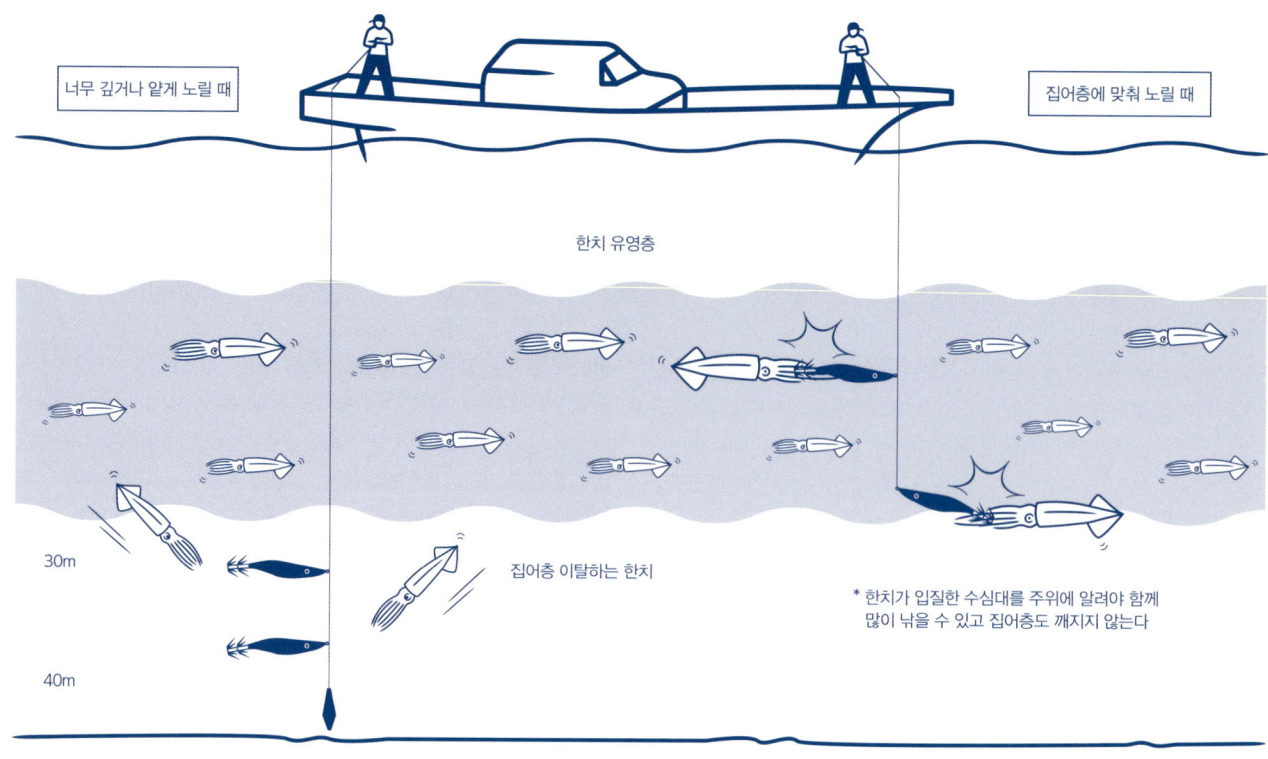

이카메탈과 스테를 단 2단 채비로 한치(위)와 살오징어(아래)를 동시에 올린 낚시인.

오모리그를 쓸 때는 베이트릴 장비보다 스피닝릴 장비가 유리하다. 다단채비(이카메탈채비)는 채비를 수직으로 바로 내리지만 오모리그는 짧은 거리로 던져 다양한 지점을 노리기 때문이다. 스피닝릴이 원줄 풀림도 빨라서 채비를 빨리 가라앉힐 수 있는 장점도 있다.

스피닝릴은 수심측정용 카운터가 없기 때문에 10m 단위로 원줄에 매듭을 묶어 놓으면 대략적인 수심을 파악할 수 있어 편리하다. 2022년부터 액션용으로 오모리그, 거치용으로 다단채비를 사용하는 낚시인들이 부쩍 늘었다.

한편 오모리그채비 사용 이전에는 2.5호 크기 에기에 2~3호 도래봉돌을 달아 한치를 낚기도 했다. 주로 제주도에서 2000년 무렵 몇몇 낚시인들이 재미를 보던 채비로 한치가 상층까지 떴을 때 놀라운 위력을 발휘했다. 2.5호 에기의 무게로는 약간 깊이 내리기 어렵다 보니 2~3호 도래봉돌을 단 것이다.

이 정도 무게면 수면 아래 20~30m까지 떠오른 한치를 노리는 데는 무리가 없었다. 오모리그는 20~30g 봉돌을 쓰기 때문에 주로 고패질을 해 올릴 때 손에 걸린 느낌이 나지만 도래봉돌 결합 채비는 채비가 아주 자연스럽게, 천천히 내려가기 때문에 입질이 즉각적으로 전달된다.

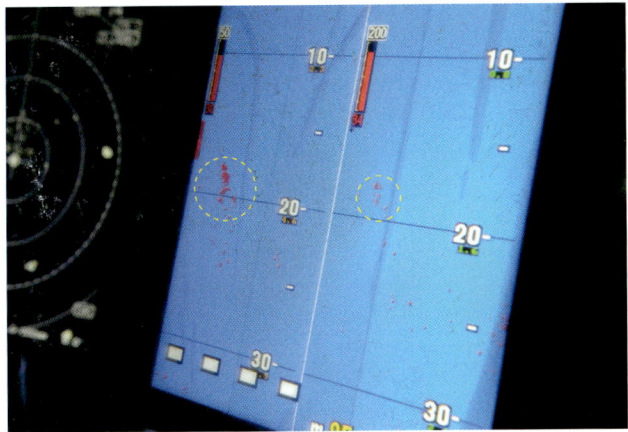
어탐기에 나타난 한치 어군(수심 20m 지점의 빨간 점들).

수면으로 끌려나온 한치. 에기와 스테는 미늘이 없기 때문에 일정한 속도로 릴을 감아야 바늘이 빠지지 않는다.

낚싯대의 탄력으로 한치를 배 위로 들어내는 낚시인. 한치 낚싯대는 초리는 부드럽고 허리는 강한 게 좋다.

집했던 한치 집어층이 자칫 깨질 수 있기 때문이다. 수심뿐 아니라 루어의 색상과 무늬 등의 패턴에 대해서도 공유하면 더욱 도움이 될 것이다. 한편 모든 오징어낚시와 동일하게 한치를 끌어낼 때는 일정한 속도로 릴링하는 것이 중요하다. 오징어류의 살점은 약하고 바늘에 미늘이 없기 때문에 펌핑을 하거나 릴링 속도에 변화가 오면 자칫 살점에 얕게 박힌 바늘이 빠지기 때문이다.

한편, 낚시 도중 입질이 뜸하거나 가끔씩 살오징어가 낚일 때는 루어를 바꿔보는 것도 좋은 방법이다. 에기나 스테 대신 길쭉한 오징어스틱으로 교체해보는 것이다. 만약 살오징어가 득세한 상황이라면 어김없이 달려들 것이다. 한치와 살오징어는 루어를 가릴 때가 많기 때문이다.

그런데 살오징어는 싫고 한치만 낚고 싶다면? 그때는 수심층을 크게 바꿔 공략해보거나 아예 포인트를 이동하는 게 낫다. 대체로 살오징어가 한치보다 포악하고 공격력이 강해서 한치 무리가 살오징어 무리에 밀리는 경향이 크다.

오모리그

오모리그의 가장 큰 장점은 스테의 자연스러운 움직임이라고 할 수 있다. 다단채비는 기둥줄에 스테가 고정식으로 연결되어 있지만 오모리그는 1~1.5m 길이의 긴 목줄에 스테를 연결하기 때문이다. 또한 스테를 하나만 연결한다는 점에서 2단 또는 3단식으로 루어를 다는 다단채비보다 감도도 뛰어나다.

살삼봉

살삼봉이란 에기 등 쪽에 학꽁치 포나 각종 생선살을 묶어놓고 쓰는 루어다. 생미끼 효과가 가미된 만큼 한치의 활성이 약한 상황, 어군 밀집도가 떨어지는 시즌 초반 등에 사용하면 매우 효과가 뛰어나다. 한치를 비롯한 오징어류는 먹이에 대한 욕구가 강해 한 번 생미끼에 달려들면 떨어지질 않는다.

살삼봉은 여러 방식으로 쓸 수 있다. 다단채비에서 스테 대신 달아 써도 된다. 3단채비라면 하나는 스테, 하나는 살삼봉을 달아 한치가 어떤 루어에 반응하는지를 살펴볼 수도 있다. 살삼봉을 선호하는 낚시인 중에는 두 개의 스테를 모두 떼어내고 살삼봉만 다는 낚시인도 많다.

다단채비를 흔들어 루어에 생동감을 불어넣고 있는 낚시인.

집어등 켜지면 본격적인 입질 타이밍 돌입

본격적인 낚시 시작은 집어등을 밝힐 때부터다. 간혹 해가 지기 전에도 입질이 올 때가 있지만 그 경우는 거의 낱마리 수준이다. 또한 이때는 한치가 바닥에 있어 암반을 공략하다보면 채비가 뜯기는 경우가 종종 있으니 주의해야 한다. 만약 해지기 전에 바닥층을 노리고 싶다면 바늘이 달린 이카메탈 대신 봉돌을 달아주는 것이 밑걸림을 방지하는 방법이다(제주도에서는 해지기 전에 바닥층을 노리는 낚시가 성행한다).

집어등이 완전히 불을 밝히면 본격적인 집어낚시가 시작된다. 수심이 깊어도 한치는 집어등 불빛 있는 곳으로 떠오르는 습성이 있어 보통은 깊어야 50m 안쪽에 포인트가 형성된다. 대체로 7월 초를 기준할 경우 밤 9시까지는 입질이 드문드문 들어오다가 완전히 어두워진 밤 10시경부터 본격적인 피딩이 시작된다. 그래서 밤 10시부터 새벽 3시 무렵까지를 본격적인 입질시간대로 보면 된다.

한치의 입질은 크게 두 가지 유형으로 나타난다. 거치용을 기준할 경우, 첫째 초릿대가 처박히는 경우는 바늘에 걸린 한치가 깊은 수심으로 도주하는 상황이며, 둘째 아래로 약간 쳐져있던 초리대가 펴지는 경우는 역시 바늘에 걸린 한치가 위쪽으로 올라오는 상황으로 볼 수 있다. 어떤 상황에 챔질해도 걸림이 된다. 낚싯대를 들고 계속 액션을 주는 경우는 손에 묵직한 느낌이 오기 때문에 곧바로 히트 여부를 알 수 있다.

입질 수심 공유가 매우 중요하다

한치낚시는 입질 수심을 공유하는 게 매우 중요하다. 그래서 누구라도 한치를 낚으면 입질이 온 수심을 크게 소리쳐 알려줘야 한다. 예를 들어 30m 수심에서 입질이 왔으면 "30미터"라고 알려줘야 다른 낚시인들도 빨리 수심을 조절해 입질을 받아낼 수 있다.

반대로 혼자서만 전혀 다른 수심층(20m 또는 50m)을 공략하면 입질도 받기 어렵지만 다른 낚시인들에게 민폐를 끼치게 된다. 30m 수심에 군

이카메탈, 스테의 색상 선택

이카메탈과 스테의 색상, 무늬는 천차만별일 정도로 다양하다. 그리고 낚시 당일의 물속 여건에 따라서도 잘 먹히는 색상과 무늬가 달라진다. 따라서 이카메탈과 스테는 다양한 색상과 무늬의 제품을 고루 구비할 필요가 있다. 낚시 시작 전에 선장이 최근에 잘 먹힌 색상과 무늬를 대충 알려주기 때문에 선택에 대한 고민은 현장에 도착해서 해도 된다.

| PART 5 | 한치낚시 3

배낚시 낚시방법
다단채비와 오모리그를 마스터하라

한치 배낚시의 가장 대표적인 낚시방법은 다단채비를 사용하는 것이다. 이카메탈, 즉 봉돌 역할을 겸하는 바늘 달린 금속형 메탈스테와 한두 개의 스테를 더 달아 한치를 낚는 것이다. 흔히 이카메탈 채비로도 부른다. 그 외에 긴 목줄에 스테를 하나만 달아 쓰는 오모리그도 유행하고 있다.

다단채비(이카메탈채비)
이카메탈이란 한치 채비의 맨 아래에 다는 일종의 봉돌 겸 루어다. 과거에는 단순히 봉돌만 달아 채비를 가라앉히는 데 썼지만 한치 배낚시 기법이 발전하면서 봉돌을 에기 형태로 제작해 바늘까지 달고 화려한 색상도 입혔다.

다단채비는 일단 한치낚시의 기둥줄 채비 맨 아래에 이카메탈을 장착한다. 이카메탈의 무게는 30~150g까지 다양한데 입질층의 수심과 조류 세기에 따라 무게를 선택하면 된다. 예를 들어 조류가 아주 약한 상황에서 한치가 수면 아래 30m에서 입질한다면 40~50g의 이카메탈만 달아도 낚시를 할 수 있다.

반면 동일 수심인데 조류가 세서 자꾸 채비가 밀리고 옆 사람과 엉킨다면? 그때는 70g 이상으로 무게를 올려야만 그런 불편을 방지할 수 있다. 그러나 이렇게 이카메탈의 무게가 올라가면 그만큼 한치가 입질했을 때 전해지는 감도는 조금씩 둔해질 수밖에 없다. 즉 이카메탈은 최대한 가볍게 쓰면서 채비 트러블은 생기지 않도록 하는 게 최선의 방법인 셈이다. 보통은 낚시 전에 선장이 조류의 강약, 예상 입질층을 파악해 적합 무게를 알려준다.

2단 또는 3단채비가 기본
이카메탈 장착이 끝났으면 스테를 연결한다(이카메탈과 스테를 다는 순서가 정해져 있지는 않다. 다면 스테는 가볍기 때문에 기둥줄채비의 중간에 먼저 달면 바람에 날리는 단점이 있어 아래쪽에 무거운 이카메탈부터 다는 게 편리하다).

스테는 한 개 내지 두 개를 단다. 보통은 이카메탈과 스테 1개를 단 채비는 2단채비, 이카메탈과 스테 2개를 단 채비는 3단채비라고 부른다. 스테가 많이 달리면 그만큼 조류 저항이 커져 채비가 밀리는 각도도 커지고 입질도 약간 둔해진다. 활성이 좋을 때는 상관없지만 활성이 약할 때는 스테를 1개만 다는 것이 좋다. 아무튼 가장 보편적인 세팅은 이카메탈 1개+스테 2개인 3단 채비다.

보통은 이런 식으로 두 벌의 채비를 준비해 한 대는 받침대에 꽂아놓는 거치용으로, 또 한 대는 계속 손에 들고 흔드는 액션용으로 활용한다. 거치용은 입질이 예상되는 수심에 채비를 내려놓고 저절로 걸려드는 놈을 노리고 액션용은 수시로 수심을 바꿔가며 입질층을 찾는 용도다. 만약 액션용으로 30m에서 입질을 받았다면, 거치용도 빨리 입질 수심을 조절해 30m에 채비를 위치시킨다.

한치 배낚시는 보통 2벌의 장비를 사용한다. 1벌은 액션용, 1벌은 특정 수심에 채비를 고정해놓는 거치용으로 사용한다.

집어등이 밝게 켜진 배 위에서 한치를 노리는 낚시인들.

채비1_이카메탈채비
기둥줄채비의 맨 아래에 추와 봉돌 역할을 겸하는 이카메탈을 달고 그 위에 약 50cm 간격으로 스테를 한 개 또는 두 개 다는 채비다. 이카메탈은 무게에 따라 30g~140g까지 다양하며 수심, 조류에 맞춰 선택하면 된다. 이카메탈에도 바늘이 달려있어 루어 역할을 겸한다.

채비2_오모리그
오모리(おもり)는 일본어로 봉돌, 리그(rig)는 영어로 채비를 뜻한다. 단순히 봉돌과 에기만 단다는 의미로 오모리리그 또는 줄여서 오모리그로 부른다. 채비 형태는 원줄과 기둥줄을 연결하는 도래 부위에 봉돌을 연결하고, 도래의 한쪽 끝에 별도의 목줄을 1~1.5m 길이로 연결한 뒤 그 끝에 스테나 에기를 다는 형태다. 목줄이 긴 만큼 스테가 자연스럽게 움직여 유인효과가 뛰어나다. 오모리그에서는 봉돌의 역할도 매우 중요하다. 어두운 물속에서 빛을 발하는 축광 기능의 봉돌을 쓸수록 입질 확률도 높은 편이다.

루어1_이카스테
한치 전용 스테를 말한다. 이카스테는 겉면이 천으로 되어 있다. 한치가 촉수로 이카스테를 잡았을 때 물고기의 겉면과 비슷한 느낌을 주기 위해서다. 색상과 문양이 다양하므로 잦은 교체를 통해 잘 먹히는 이카스테를 찾아낼 필요가 있다. 이카스테는 구조상 바다에 들어가면 꼬리 쪽이 아래로 축 늘어진다. 그 이유는 한치는 아래에서 위쪽으로 촉수를 뻗어 먹이를 사냥하기 때문에 이 각도를 유지하고 있어야 걸림이 잘 된다. 대체로 이카스테는 액션을 주면 자연스럽게 떠올랐다가 스르르 가라앉는다. 색상과 무늬는 먹잇감과 비슷한 게 가장 좋다.

루어2_살삼봉
살삼봉이란 에기의 등 쪽에 학꽁치 포 또는 각종 생선살을 덧대어 쓸 수 있는 에기를 말한다(제주도에서는 예전부터 오징어용 에기를 삼봉에기로 불렀는데 등에 생선 살점을 덧대어 쓴다는 뜻에서 살삼봉이라는 명칭이 붙었다). 살삼봉은 루어+생미끼 형태이며 이카메탈채비에 스테 대신 달아 쓰는 경우가 많다.

연안낚시
루어낚시와 찌낚시로 나뉜다. 두 낚시 모두 한치용 스테나 살삼봉을 달아 쓴다. 채비의 형태는 배낚시와는 약간 다르다.

찌낚시
5.3m 2.5~3호 릴대에 3~5호 원줄을 감은 3000~4000번 스피닝릴을 사용한다. 원줄에는 5호 내외의 전자찌를 단 뒤 도래 부근에 -5호 수중찌(또는 수중봉돌)를 채워준다. 도래 하단에는 목줄 5호를 약 1.5m 길이로 연결한 뒤 스테 또는 살삼봉을 연결한다.

루어낚시
방파제나 선착장, 갯바위에서 루어낚시를 할 때는 원투 능력이 매우 중요하다. 8.5ft(약 2.5m) 전후의 에깅대가 적합하며 원줄은 PE라인 0.6~0.8호가 적당하다. 원줄에는 약 2m 길이의 쇼크리더를 연결하고 그 끝에 에기를 단다. 에기는 한치의 활성이 좋을 땐 3호 노멀 타입이나 3.5호 섈로우 타입을 쓴다.

DIY
파이프 이용한 자작 오모리그

준비물
전용에기(쯔리켄 미루드래곤 2.5호), 4호 쇼크리더, 삼각도래, 오모리그용 봉돌, 파이프, 찌멈춤고무, 스냅도래

1 삼각도래. 일반 도래를 사용하면 원줄과 쇼크리더, 봉돌 간 엉킴이 심하다. 삼각도래를 사용하면 회전력이 좋아 엉킴을 방지할 수 있다.

2 쇼크리더와 파이프 연결. 도래에 쇼크리더를 1~1.5m 길이로 연결한 후 파이프를 끼워 도래 쪽으로 밀어준다.

3 찌멈춤고무로 고정. 쇼크리더에 찌멈춤고무를 끼워 파이프가 흘러내리지 않도록 고정한다.

4 스냅도래 연결. 쇼크리더 끝에 에기를 교체하기 쉽도록 스냅도래를 달아준다.

5 원줄 연결용 도래 달기. 채비가 묶인 반대편 도래에 짧은 길이의 쇼크리더를 연결하고 원줄 연결용 도래를 달아준다. 도래에 PE라인을 바로 연결하면 봉돌 부위와 꼬일 수 있다.

6 완성. 수심에 맞춰 삼각도래에 오모리 전용 봉돌을 달고 에기를 연결하면 완성.

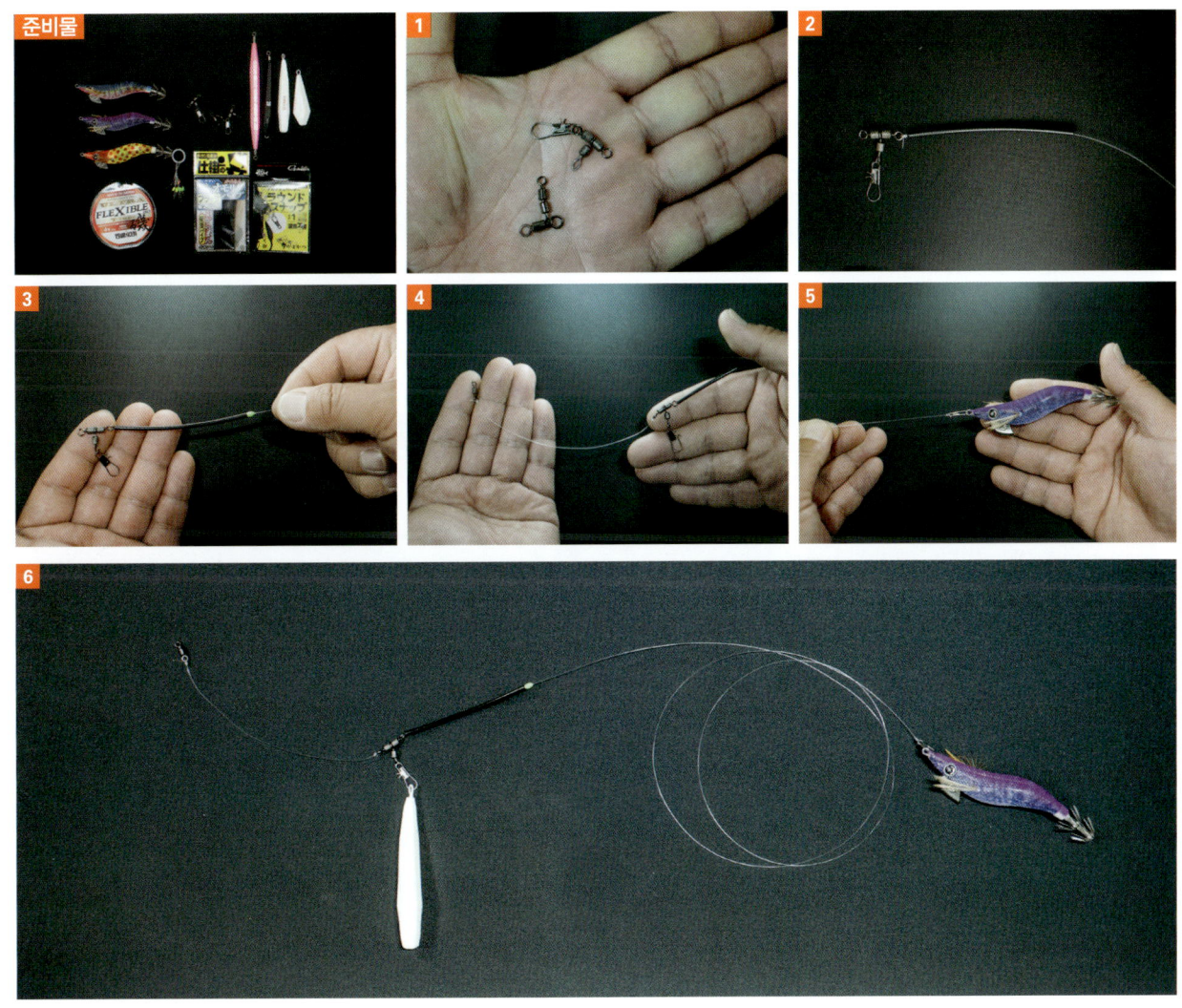

이카메탈(오른쪽 빨간머리 루어)과 스테(왼쪽 흰색 루어)를 단 2단채비.

스테 대신 살삼봉을 목줄에 연결한 오모리그. 사진 촬영을 위해 가까이 놓았을 뿐 실제 봉돌과 루어의 간격은 1m 이상이다. 장비도 베이트 장비보다는 스피닝 장비가 더 편리하다.

낚싯줄

한치낚시용 원줄은 PE라인을 쓰며 가장 인기 있는 호수는 0.8~1호다. 50~60m 수심까지 깊이 노리는 낚시 특성상 그 이상 굵기를 쓰면 조류를 많이 타면서 옆 사람 채비와 엉킬 위험이 높다. 고수들은 0.4~0.6호까지도 쓰지만 0.8호 정도가 가장 무난한 호수다.

다양한 무게와 색상, 디자인의 이카메칼. 무거운 몸체에 바늘이 달려있어 봉돌과 루어 역할을 겸한다.

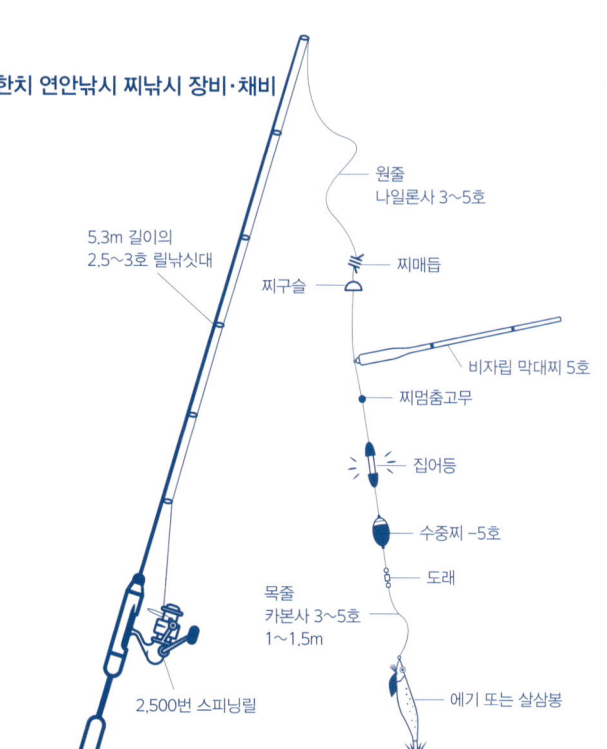

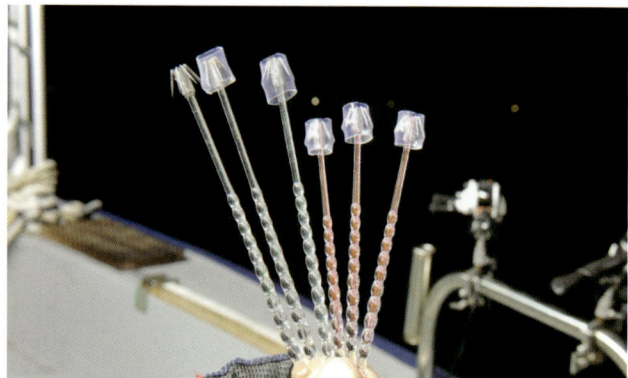
살오징어에 특효인 오징어 스틱. 활성이 좋을 땐 오징어 종류를 가리지 않고 잘 먹힌다.

에기 등 쪽에 생미끼를 달아 쓰는 살삼봉.

| PART 5 | 한치낚시 2

장비와 채비
조과 좌우할 새로운 채비들 속속 등장

맛이 뛰어난 한치는 배낚시와 연안낚시가 활발하게 이뤄진다. 배낚시 채비는 한치를 잡던 어부들의 어구가 낚시도구로 발전한 것들이 많다.

배낚시
낚싯대
한치 배낚시는 베이트 장비를 주로 쓴다. 낚싯대는 짧고 가벼우며 초리는 유연하지만 허리는 빳빳한 제품이 좋다. 유연한 초리는 한치의 미약한 입질을 읽어내고 빳빳한 허리는 무거운 이카메탈(또는 봉돌)을 흔들 때 유리하기 때문이다.

보통 이카메탈채비(다단채비)를 쓰는 한치낚시에서는 낚싯대를 두 대 쓰는데 한 대는 액션용, 한 대는 거치용으로 쓴다. 즉 1대는 손에 들고 지속적으로 흔들며 입질을 유도하고 나머지 1대는 입질이 예상되는 수심에 채비를 내린 뒤 받침대에 거치해 놓는 용도다.

액션용은 손잡이 뒤쪽 길이가 짧은 제품이 좋다. 그래야만 액션을 줄 때 손잡이 끝이 낚시인의 몸에 닿지 않기 때문이다. 반대로 거치용은 손잡이 뒤쪽이 길어야 받침대에 고정하기 좋다.

길이는 1.8~2m로 짧은 대가 공간이 좁은 선상에서 쓰기에 적당하다. 한치는 물고기처럼 좌우로 빠르고 강하게 도망치지 않고 수직으로 곧장 끌려 올라온다. 오로지 묵직한 느낌만 들기 때문에 굳이 길고 강한 낚싯대는 불필요하다.

만약 보유 중인 선상낚싯대 중 길이가 짧고 허리가 적당히 강한 바다루어대가 있다면 한치용으로 써도 큰 문제는 없는 편이다.

릴
베이트릴을 주로 쓴다. 기존에 쓰던 바다루어용 소형 베이트릴 중 가벼운 제품이라면 어떤 것이든 상관은 없다. 다만 중요한 것은 반드시 수심측정이 가능한 카운터가 달린 제품이어야 한다는 것이다.

한치는 떼로 몰려다니고 유영층도 수시로 바뀌는 습성을 갖고 있기 때문이다. 만약 옆 사람이 30m 수심에서 입질을 받았다면 곧바로 30m 수심에 내 채비를 위치시켜야 입질을 받을 수 있다.

만약 수심측정용 카운터가 없다면 오로지 감으로 수심을 측정해서 채비를 내려야 하는데 문제는 2~3m만 공략 수심이 달라도 입질 확률이 크게 떨어진다는 점이다. 따라서 수심측정용 카운터가 달린 릴은 선택이 아닌 필수라고 할 수 있다. 기어비는 5:1 정도가 적당하다.

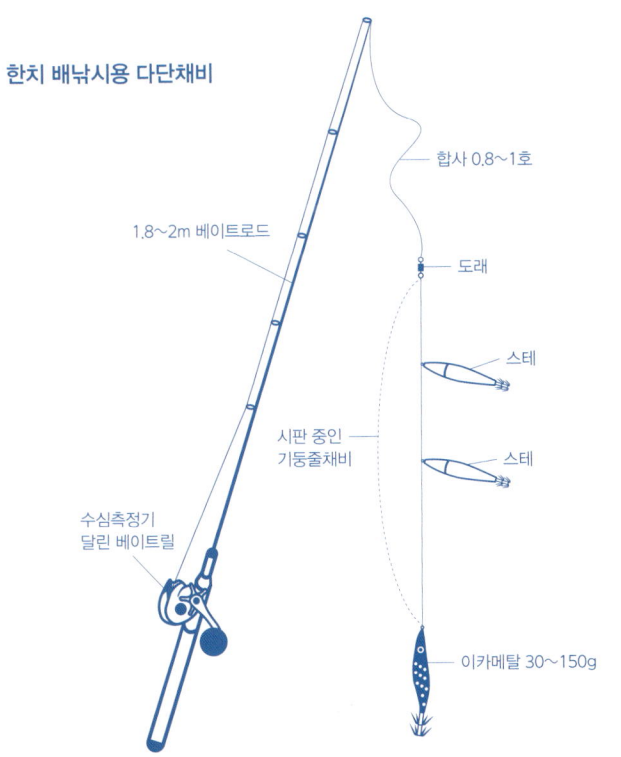

한치 배낚시용 다단채비
- 1.8~2m 베이트로드
- 합사 0.8~1호
- 도래
- 시판 중인 기둥줄채비
- 스테
- 스테
- 수심측정기 달린 베이트릴
- 이카메탈 30~150g

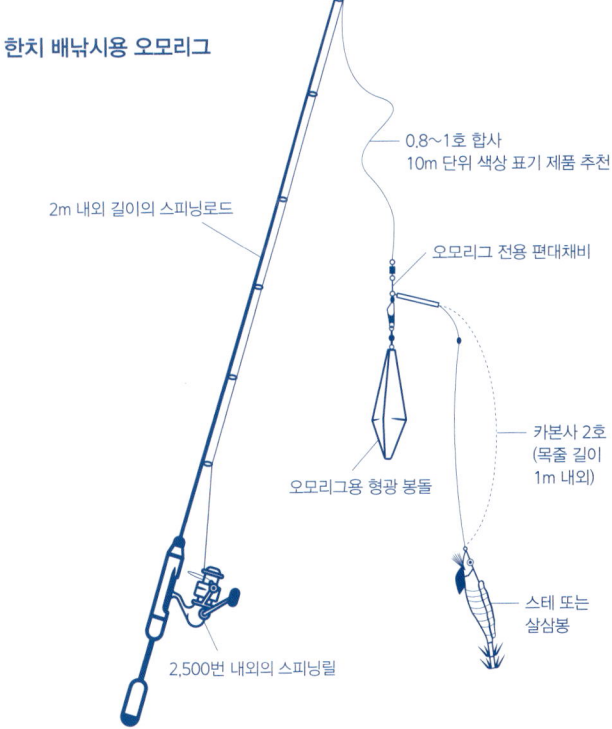

한치 배낚시용 오모리그
- 2m 내외 길이의 스피닝로드
- 0.8~1호 합사 10m 단위 색상 표기 제품 추천
- 오모리그 전용 편대채비
- 오모리그용 형광 봉돌
- 카본사 2호 (목줄 길이 1m 내외)
- 2,500번 내외의 스피닝릴
- 스테 또는 살삼봉

한치의 수중유영 모습. 날렵한 체형만큼 민첩한 몸놀림으로 빠르게 먹잇감을 잡아먹는다.

| PART 5 | 한치낚시 1

생태와 시즌
맛에서 으뜸인 오징어의 귀족

한치는 무늬오징어와 더불어 맛에서 1, 2위를 다툴 정도로 인기가 많은 오징어. 무늬오징어가 단단하게 씹히는 식감과 단맛으로 대표된다면 한치는 식감이 부드럽고 달며 깊은 감칠맛까지 보유해 오징어류의 귀족이라고 할 수 있다. 2015년 무렵부터 국내에 이카메탈게임이라는 선상낚시 장르가 유행하면서 초여름 배낚시의 최고 인기장르로 성장했다. 제주도와 남해에서 여름에 잘 낚이는 한치의 대부분은 창오징어. 한치라는 이름은 다리 길이가 유난히 짧아 한 치 길이 밖에 안 된다는 뜻에서 붙여졌다. 창오징어와 닮은 녀석으로 한치낚시 도중 유난히 크고 끝이 날카로운 녀석이 있는데 우리가 화살오징어라고 부르는 종이다.

6~7월 두 달 배낚시 최고 피크
한치는 수온이 18도 이상으로 오를 때 어군이 형성된다. 보통 빠르면 5월 초부터 시즌이 열리며 수온이 21도 수준으로 상승하는 7월까지가 한치 배낚시의 피크다. 그러나 수온이 22도 이상으로 올라 고수온이 형성되면 한치 어군이 좀 더 수온이 낮은 육지 쪽으로 올라붙으며 배낚시 조황은 크게 떨어진다.
그래서 부산, 포항, 영덕 등지 갯바위에서 밤에 한치가 잘 낚인다는 소문이 들리면 남해의 배낚시 피크는 끝물이라고 봐도 무방하다. 아울러 이때와 맞물려 남해안에 갈치 어군이 형성되는데 갈치는 한치의 천적이다 보니 한치 어군이 멀리 이동하는 요인도 빼놓을 수 없다. 5월은 개막기인 만큼 조황 기복이 심하고 6~7월 두 달이 최고의 피크라고 보면 맞다.

제주, 부산, 통영, 진해, 여수, 완도 등 출조항 다양
한치낚시 출항지는 매우 다양하다. 크게는 제주도와 남해로 구분되며 남해는 다시 부산, 통영, 진해, 거제, 여수, 완도 등으로 세분할 수 있다.
일반적으로 제주도가 수온이 따뜻하니 가장 먼저 한치낚시가 시작될 것 같지만 의외로 그렇지는 않다. 가장 먼저 시즌이 시작되는 곳은 부산과 대마도 사이 해역이다. 보통 5월 초중순이면 낚시가 시작된다. 따라서 이때는 가급적 부산 또는 부산과 가까운 출항지에서 배를 타는 게 좋다. 활황기에 부산에서는 나무섬과 형제섬 일대로, 통영과 진해, 거제 등지에서는 안경섬과 홍도 부근 해역에서 한치가 잘 낚인다.
5월 말~6월 초에는 전남 여수권에서도 출조가 시작되는데 이때는 여서도와 제주 우도 사이의 깊은 해역으로 출조한다. 여수에서는 약 2시간30분이 걸리는 거리다. 이후 6월로 접어들면 제주도 근해에서도 출조가 활발하게 이루어진다. 활황기에는 출항지에서 고작 20분 거리의 근해에서 낚시가 이루어진다. 제주도는 5월 말까지도 참돔, 갑오징어 출조에 나서는 영향으로 한치낚시가 늦게 시작되는 경향도 있다.

살상봉 에기에 낚여 올라온 살오징어. 한치 배낚시 도중 섞여 낚이는 종이다.

PART 5
한치낚시

피쉬그립(물고기집게) 다솔낚시마트
미끈한 두족류를 깔끔하게 집을 수 있는 그립이다. ABS 플라스틱 소재로 녹이 슬지 않으며 가볍고 강도가 뛰어나다. 내마모성과 내구성이 우수하며 집게 끝 부분은 일반 립그립 기능으로 사용할 수 있다. 두족류 외에 갈치, 고등어, 전갱이 같은 고기를 집을 때도 편리하다. 고기를 집는 부분은 물고기가 빠지지 않도록 적당한 이빨을 가지고 있으며 날카롭지는 않아 두족류나 물고기가 다치지 않는다. 바늘을 빼거나 아이스박스에 넣는 등 후처리에서 편리하게 사용할 수 있다. 길이 205mm. 가격 3천8백원.

피싱 팬츠&레깅스 제이에스컴퍼니
동양인의 평균 체형에 맞춰 제작한 낚시복으로 강한 자외선으로부터 피부를 보호한다. 팬츠는 비치웨어 기능성 원단, 레깅스는 DTY 싱글 스판 원단을 사용했다. 독특한 횡단면 구조의 아스킨 원단으로 제작해 피부와의 접촉면이 넓어 열을 빠르게 방출한다. 소프트한 텐션으로 장시간 낚시해도 피로감이 덜하다. 팬츠 단독, 레깅스 단독으로 착용할 수 있으며 두 제품을 동시에 착용해도 활동성이 뛰어나다. 가격 3만9천원.

메쉬 버프 제이에스컴퍼니
강한 햇살을 막아주어 얼굴이 타는 것을 방지한다. 메쉬(폴리에스테르 91%+폴리우레탄 9%) 스타일이라 통기성이 좋고 덥지 않다. 신축성이 좋아 갑갑함이 느껴지지 않는 것이 특징. 색상 블랙, 화이트 두 가지. 가격 2만원

피쉬리그 글로우맥스 다솔낚시마트
무늬오징어 및 오징어류를 타깃으로 하는 집어제로 축광 재료를 추가한 제품이다. 맛과 빛이라는 두 가지 자극제로 오징어류의 먹이욕구를 자극하는 제품이다. 스프레이로 뿌린 에기에 UV랜턴이나 플래시 등 강한 빛을 비추면 야간이나 빛이 없는 곳에서 강력한 축광 효과를 발휘한다. 야간 에깅이나 깊은 수심층 공략 때 매우 위력적인 제품. 내용량 80m. 가격 1만5천원.

버블에어 기포기 리더낚시
휴대가 간편하고 방수처리까지 된 기포기다. 강력하면서 단순한 구조여서 고장이 적고 안정적으로 사용이 가능한 가성비 뛰어난 제품이다. 크기가 작아 라이브웰 또는 주머니가 달린 밑밥통 측면 주머니에 쏙 들어간다. 가격 1만원.

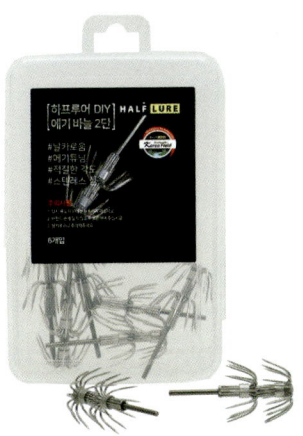

DIY 에기바늘 2단　하프루어

에기 바늘 끝이 닳았을 때 튜닝이 가능한 DIY용 바늘이다. 스테인리스 심이 적절한 각도로 두족류를 상대로 최상의 후킹이 가능하도록 설계한 2단 바늘로 후킹력을 2배로 늘려줘 조과를 높여준다. 사이즈 가로 16mm×세로 32mm, 수량 6개, 가격 4천원.

요즈리 아오리Q 롱캐스트 슬로우　레토피아

무늬오징어 전용 에기로 수직 꼬리 날개의 역할을 하는 안전핀이 부착되어 있다. 롤링을 제어하면서 입질 유무를 확인할 수 있는 마커 역할도 한다. 얕은 암벽에 부딪혀도 납의 변형을 막아주는 범퍼 싱커를 채용했으며 뒤꽂이 회수율이 높은 스트레이트 트릭 훅으로 바늘에 걸린 무늬오징어가 빠져나가기 힘들다. 허리 부분을 약간 통통하게 만들어 조류의 영향을 잘 받고 안정된 폴링 자세를 유지한다. 가격 9500원.

구명조끼·아이스박스·낚싯줄·소품

LQ 듀엘 렌즈 에기　레토피아

무늬오징어 전용 에기로 보디에 투명 원단을 채용한 제품이다. 원단이 투명해서 내부가 보이고 클리어 컬러 느낌을 살려 물속에서도 자연스러운 어체 컬러를 표현한다. 2.5호, 3호, 3.5호 출시. 보디는 렌즈 형태의 굴곡을 가지고 있으며 투명 천을 사용해 집어 효과에 탁월하며 내부 시트의 반사광이 렌즈를 통해 발산되어 오징어를 유혹한다. 약간의 조류에도 진동을 일으켜 마치 물고기가 움직이는 것과 같은 액션을 연출할 수 있으며 헤드 맨 앞에 달린 톱핀은 정류 효과가 향상되어 액션이 가볍고 흔들림이 없다. 트릭훅 케이무라 사양이며 한 눈에 보디 컬러의 특성을 알 수 있게 꼬리 부분에 표기를 한 것이 특징. 가격 1만원.

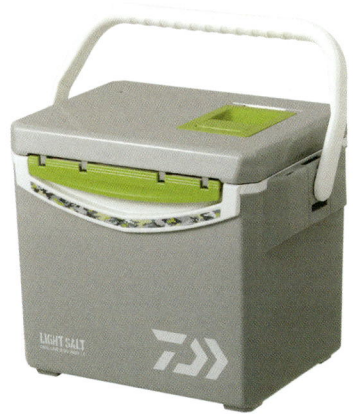

쿨 라인αGU·쿨라인αS　한국다이와

'쿨 라인α'는 다채로운 옵션이 매력적인 소형 쿨러로 주꾸미나 갑오징어와 같은 작은 두족류를 담는데 안성맞춤인 제품이다. 에깅, 아징, 볼락루어 등 각종 라이트게임에 적합하다. GU 제품은 단열재로 우레탄을 사용하여 높은 수준의 보냉력을 확보하고 있으며 S 제품은 경량 스티로폼을 단열재로 사용해 가벼워서 운반이 편리하다. 로드받침대 두 개와 소품 수납 부속이 장착되어 있다. 1000X LS, 1500X LS 각 2종 출시. 가격 1만3500〜1만8500엔.

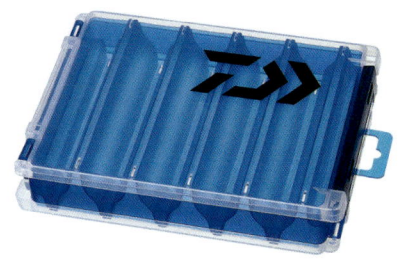

리버 시 블루 케이스 RC86/100/120/140/165　한국다이와

'리버 시 블루 케이스 RC86/100/120/140/165'는 에기, 미노우, 지그를 효율적으로 수납 가능한 케이스다. 대면 트라이얼 구조로 효율적으로 루어를 수납할 수 있으며 에기, 미노우, 지그 사이즈에 맞춰 5가지 케이스를 선택할 수 있다. 물빠짐 덕트 장착으로 통세척이 가능하여 번거롭지 않고 사용이 편리하다. 퍼플, 블루, 그린, 스모크 컬러. 가격 1천〜1800엔.

이그지스트 한국다이와

'이그지스트'는 소형 스피닝릴에 요구되는 기능을 다이와의 장신 정신으로 만들어낸 최종 단계의 제품이다. 에어드라이브 디자인을 채용해 사용자가 원하는 대로 루어를 조작할 수 있도록 설계한 차세대 스피닝릴. 에어드라이브 디자인은 에어드라이브 로터, 모노코크 보디, 터프 디지기어, 매그실드를 기본으로 장착하고 있으며 ATD 특성을 그대로 두고 최초 챔질 시 반응 능력을 향상시켜 가는 라인을 사용하더라도 안심하고 파이팅을 할 수 있다. 쇼어, 오프쇼어를 불문하고 모든 필드에서 최고의 성능을 발휘한다. LT2000S-P, LT2000S-H, LT2500S, LT2500S-H, LT2500S-XH, LT2500S-DH, PC LT2500, LT3000S, PC LT3000, PC LT3000-XH, LT4000, LT4000-XH, LT5000-C, LT5000-CXH 출시. 가격 10만~10만8천엔.

파커스SA 리더낚시

롱캐스트 스풀을 채택한 스피닝릴로 줄 풀림이 좋아 가벼운 루어도 멀리 던질 수 있다. 황동 피니언 기어를 사용해 내구성이 좋고 힘이 뛰어나며 정교한 라인 레이 오실레이션 시스템으로 줄이 정교하게 감긴다. 주꾸미, 갑오징어, 무늬오징어, 한치 등을 연안 또는 낚싯배에서 캐스팅으로 노릴 때 쓰기 좋은 제품이다.
규격 1000~6000번. 가격 5만2천원~6만8천원.

루어

에메랄다스 피크 한국다이와

야마다 히로히토가 감수한 다트 계열 에기의 완성형 제품. 무게 밸런스와 각 부위의 형상을 연구하여, 비행자세의 안정감을 높인 에기다. 좌우 다트 액션은 물론 적당히 튀어 오르는 경쾌한 액션의 연출은 누구라도 가능하다. 싱커에 의한 적당한 저항감으로 조류에 반응해 입질을 받을 수 있는 구간을 쉽게 유지한다.
3호, 3.5호, 4호 출시. 16가지 컬러. 가격 1050~1150엔.

에메랄다스 보트Ⅱ 한국다이와

'에메랄다스 보트Ⅱ'는 팁런 에깅에 필요한 기본 성능을 담은 전용 에기다. 폴의 부드러움과 속도, 바닥에서의 조작 시 감도와 고패질 시의 반응성이 모두 뛰어나다. 팁런은 물론 일반 선상 에깅에서도 사용할 수 있으며 무게를 늘려서 더욱 깊은 곳까지 공략할 수 있다.
3호~3.5호, 25~35g, 8가지 컬러. 가격 1240엔.

다이와 주피터 에깅 832M 쇼어 피싱코리아

입문자부터 중급자까지 부담 없이 사용 가능한 쇼어 에깅 로드다. 카본 86%, 글라스 섬유 14%의 믹스카본 블랭크와 버트섹션 X-BRAIDING 공법으로 조작성과 캐스팅 파워를 향상시킨 제품이다. 샤크리 액션에 부담이 없는 중량감과 에깅 게임에 최적화된 8.3ft 길이, 누구나 부담 없이 쇼어 에깅 게임에 입문할 수 있는 최적의 아이템이다. 아울러 X-BRAIDING 기술은 릴시트부터 가이드부까지 이어지는 블랭크 외층에 카본테이퍼를 X자로 감아 올린 것으로 로드를 조작할 때마다 손실되는 힘의 양을 줄여주는 강화구조다. 따라서 조작성, 캐스팅 파워 향상에 기여한다. 가격 14만6천원.

다이와 주피터 팁런 702L/MH-S 보트에깅 로드 피싱코리아

섬세한 팁과 MH의 허리강도를 결합한 액션으로 다양한 상황에 대응할 수 있는 멀티 보트에깅(TIP-RUN) 로드. 시인성이 좋은 화이트컬러의 카본 솔리드 팁으로 예민한 촉수질 및 입질까지 파악이 가능하며 강한 허리힘을 바탕으로 저킹에서 제압, 랜딩까지 팁런 장르의 장점을 모두 집약시킨 범용성까지 갖춘 제품이다. 누구나 부담 없이 보트 에깅 게임에 입문할 수 있는 최적의 아이템. 블랭크에 X-BRAIDING 공법을 적용해 조작성, 캐스팅 파워를 향상시켰다. 가격 13만4천원.

릴

에메랄다스 에어 한국다이와

'에메랄다스 에어'는 다이와의 에메랄다스 시리즈 중 가장 가벼운 에깅 전용 스피닝릴이다. 에깅에 요구되는 가벼운 조작성과 강한 샤크리에도 문제없는 내구성을 가지고 있다. 자이온제 모노코크 보디를 채용했으며 시즌을 가리지 않고 사용하는 에깅 올라운드 모델. 새로 출시한 피네스커스텀(FC) 모델은 2.5호~3호 에기를 사용해 얕은 곳을 빠르게 탐색할 수 있도록 특화해서 개발한 제품으로 무엇보다 가벼움을 우선시하며 한 사이즈 작은 보디를 채용해 캐스팅 시 비약적인 비거리를 실현했다. FC LT2500S, FC LT2500S-DH, LT2500-XH, LT2500_DH 출시. 가격 4만9300~5만1900엔.

무늬오징어낚시용품 지상전시

낚싯대

에메랄다스 AIR 보트 한국다이와
'에메랄다스 AIR 보트'는 팁런과 선상 에깅 전용 모델이다. 511LS-S, 65LS-S, 511MLS-S, 65MLS-S, 70MLS-S, 68MS-S 출시. 제품에 따라 최소 50g부터 최대 90g의 에기를 사용할 수 있으며 팁런 전용 모델은 AGS, 메가톱을 장착해 경량, 고감도의 낚시를 즐길 수 있다. 가격 4만5500엔.

에메랄다스 스토이스트 RT IL

에메랄다스 스토이스트 RT IL 한국다이와
'에메랄다스 스토이스트 RT(IL)'는 일본 에깅 명인 야마다 히로히토의 에깅 이론을 구현한 최고 사양의 에깅 전용 로드다. 가벼움과 감도를 최대한으로 증폭한 제품으로 기존 스토이스트 모델을 베이스로 더욱 과감한 액션을 펼칠 수 있도록 제작했다. 76MMH, 84M, 82MH, 88MI 출시. IL 모델은 인터라인 사양의 에깅 전용대로 아웃가이드보다 조작성과 감도가 더욱 뛰어난 레이싱 모델이다. 79MMH, 81M 출시. 가격 7만7천엔.

빅쏘드 N 에깅 S812L-ML 제이에스컴퍼니
2.5호~3호 소형 에기의 섬세한 저킹이 가능한 모델이다. 부드러운 초리와 짧은 로드 길이에서 나오는 뛰어난 조작성으로 에기 액션을 마음대로 컨트롤할 수 있는 매력이 있다. 길이 2460mm. 가격 47만원.

닉스 팝 에깅 S862ML-M 제이에스컴퍼니
롱캐스팅과 조작성을 위한 최상의 파워 분배와 강한 허리에서 나오는 강력한 비거리와 토크가 장점이다. 부드러운 팁은 멀리서 들어오는 갑오징어의 예민한 촉수질도 생생하게 느낄 수 있는 모델이다. 길이 2585mm. 가격 14만5천원.

돌채에 담기고 있는 무늬오징어. 주변에 무늬오징어가 더 있을 수 있으므로 랜딩할 때 무늬오징어가 먹물을 쏘지 않도록 하는 것이 좋다.

이 깊은 먼 곳으로 캐스팅한 후 수심이 얕은 곳으로 에기를 끌어오며 낚시를 한다. 에기가 얕은 곳으로 끌려오면 올수록 수심은 얕아지고 주변이 조용하기 때문에 예민한 무늬오징어가 있다면 액션을 살살 하는 것이 맞다. 특히 해초 주변에 에기를 던졌다면 에기가 해초에 걸리지 않도록 섬세한 액션을 해주어야 한다.

하지만 선상 에깅은 반대다. 얕은 곳에 캐스팅한 후 낚싯배가 있는 수심 깊은 곳으로 에기를 끌어오며 낚시하기 때문에 액션을 너무 예민하게 또는 천천히 할 필요가 없는 것이다. 일반적으로 해초군락이 있는 곳에 캐스팅을 하면 에기가 착수하면서 물을 튀기고 소리를 낸다. 그때가 가장 시끄럽기 때문에 그 순간 무늬오징어의 관심을 끌었다면 짧고 강한 액션으로 무늬오징어를 유혹해야 한다. 예민해서 도망갈 무늬오징어는 어떻게 해도 도망간다는 것이 대부분의 에깅 마니아들의 의견이므로 에기가 착수한 후 액션을 망설이는 것은 무늬오징어를 도망가게 두는 것과 같다고 할 수 있다.

또 한 가지 염두에 둘 것은 해초군락 주변에 에기를 캐스팅하면 에기가 가라앉으면서 금방 해초에 걸리기 때문에 액션을 주지 않으면 안 되는 상황이 많다. 노련한 낚시인들은 에기를 마치 미노우 끌어오듯 리트리브로 천천히 끌어주기도 하고 10초에 1m 정도 아주 천천히 가라앉는 에기를 준비해서 해초 상층을 공략한다. 이때 너무 약한 액션은 무늬오징어의 관심을 끌지 못할 수 있기 때문에 리트리브를 하다가도 짧고 강한 액션을 주어 에기가 30~50cm 튀어 오르게 해준다. 그런 동작을 반복하면 무늬오징어가 입질을 할 수도 있고 반대로 도망갈 수도 있다.

편광안경을 쓰고 해초군락 주변을 주시하면 몸통이 하얗게 변해서 해초군락을 빠져나가는 무늬오징어를 볼 수 있는데 이런 녀석들은 에기의 액션에 놀라서 빠져나가는 것일 확률이 높고, 해초 색과 비슷하게 노란색, 갈색을 띠는 놈들은 에기를 공격할 확률이 높다. 이미 짝짓기를 마치고 알자리를 찾는 무늬오징어는 자리를 지키기 위해 침입자를 공격하기도 하므로 육안으로 상황을 파악할 수 있는 곳이라면 낚싯배 맨 앞에 서서 상황을 지켜보며 낚시하는 것이 좋다.

하이테크닉_무늬오징어는 방파제 테트라포드 아래에 산란한다

낚시인들이 흔히 '연안으로 어떤 어종이 산란을 하러 들어온다'고 하면 그 최종 목적지를 으레 해초로 잡는 경우가 많다. 해초에 산란하는 것이 틀렸다는 것이 아니라 해초가 어디에 자라는지 곰곰이 생각해보는 낚시인은 적다는 말을 하고 싶다.

해초는 어디에 자랄까? 단적으로 해변에서는 해초가 잘 자라지 못한다. 해초는 해초씨앗(종패)이 돌에 뿌리를 내리기 때문에 모래나 진흙에서는 해초가 자랄 수 없다. 흔히 볼 수 있는 미역이나 청각은 싹을 띄운 후 돌에 뿌리를 흡착해서 살아간다. 그래서 연안에서 볼 수 있는 수중여 주변은 당연히 포인트가 되고 그 다음은 방파제 주변의 석축과 테트라포드다.

모래에서 자라는 해초도 있다. 흔히 말하는 잘피(거머리말)가 그 종류다. 그런데 낚시인들이 오해를 하는 것 중 하나는 잘피가 마치 벼처럼 흙에 제각각 뿌리를 내리고 사는 것으로 생각하지만 잘피는 서로서로 뿌리가 연결되어 있는 공동체다. 그래서 모래에 서식하는 것처럼 보이는데 사실 잘피 역시 일부는 돌이나 바위 주변에 뿌리를 붙이고 군락을 이룬다. 참고로 뿌리를 돌에 흡착하는 미역 등을 해조류라 부르고 잘피와 같은 말 종류는 해초류라고 부르며 해초류는 물속에서 꽃도 피우고 광합성이 필수다.

이런 복잡한 이야기를 하는 이유는 단순하다. 해초류가 있는 곳이라면 해초류 주변을 공략하는 것이 우선이지만 해초류가 없는 곳이라면 해조류를 찾는 것이 우선이다. 따라서 해조류를 쉽게 볼 수 있는 방파제 테트라포드 주변을 공략하는 것이 산란철 무늬오징어의 큰 팁이 될 수 있다.

하지만 방파제 테트라포드 위에 서서 무늬오징어를 노릴 수 없다. 바로 앞에 자란 해초 주변을 에깅으로 노리기도 어렵지만 사람이 접근하면 무늬오징어가 가만히 있을 리도 없기 때문이다. 이런 곳을 공략하기 위해서는 선상 에깅이 필수며 앞서 말한 테크닉을 가미해 공략하면 의외로 많은 포인트를 찾을 수 있다는 의미다. 참고로 갯바위에서 테트라포드를 노릴 수 있는 곳도 더러 있는데, 이런 곳은 지나치지 말고 노릴 필요가 있다.

수심이 얕은 방파제를 낀 연안. 물속 지형이 복잡하고 해초가 많은 곳에 산란하는 무늬오징어가 많다.

색으로 교체하는 것이 좋다.
에기 컬러가 조과에 미치는 영향은 수심과 햇빛의 투과량이 결정한다고 해도 과언이 아니기 때문에 무늬오징어 산란철에는 자극적인 컬러가 우선이다. 에깅 초창기 때는 검은색, 남색, 자주색 에기가 산란철에 잘 먹히는 컬러로 크게 히트한 적이 있으며 빨간색과 무지개색 역시 잘 먹히므로 얕은 곳에서 눈에 잘 띄는 컬러를 준비할 필요가 있다.

포인트 선택 기준_수심 얕은 해초밭이 1순위

무늬오징어 포인트를 찾는 방법은 쉽다. 감성돔 포인트나 벵에돔 포인트라면 거의 99.9% 무늬오징어가 낚인다. 그런 곳들은 대개 근해에서는 좀 멀고 조류 소통이 좋으며 전갱이나 용치놀래기 같은 먹잇감이 수중여 주변에 많이 산다. 그런 포인트는 남해와 동해 전역에 산재해 있고 서해 먼 바다에도 많다.
하지만 산란철이라면 이야기가 달라진다. 무늬오징어는 봄부터 여름까지 짝짓기를 하고 알을 해초에 붙이는 작업을 하기 때문에 특정 요건이 갖춰진 포인트가 아니라면 무늬오징어가 들어오지 않는다. 무늬오징어의 산란터가 되는 장소는 우선 얕아야 한다. 햇빛이 바닥까지 골고루 투과되는 얕은 곳이라야 알이 부화할 수 있기 때문에 되도록 얕은 곳이 좋다. 길이 2m 내외의 잘피나 청각 같은 해초가 간조 때에도 드러나지 않을 정도의 수심은 유지하되 너무 깊지 않아야 한다. 만조 기준으로 보통 수심 5m가 적당하며 깊어도 8m가 넘지 않아야 한다.
그리고 알에 풍부한 산소를 공급하기 위해서는 조류 소통이 잘 되어야 하지만 태풍이나 강한 파도에 의해 해초에 붙은 알이 떨어지지 않도록 어느 정도 내만에 위치해야 한다. 무늬오징어는 문어처럼 큰 돌 아래에 있는 해초에 알을 붙이기도 하며 항구의 로프, 그물 등에도 알을 붙이는데 굳이 해초가 아니더라도 알맞은 수심에 알이 오랫동안 잘 붙을 수 있는 곳을 선호한다.
이런 곳은 보통 근해에 있는 항구인 경우가 많다. 배가 드나드는 곳은 큰 파도를 피할 수 있지만 조류 소통은 좋은 곳이 대부분이다. 그리고 얕고 해초 외에도 복잡한 구조물이 많아 알을 붙일 곳이 많다.

액션_얕은 곳이라도 간결하고 강하게

산란철 무늬오징어는 예민하기 때문에 액션을 살살해야 한다는 상식은 선상 에깅에서는 적용하지 않는 것이 좋다. 연안에서 에깅을 하면 수심

여름에 대물 무늬오징어를 낚는 방법
몬스터 선상 에깅

봄부터 여름까지는 근해에서 성장하는 무늬오징어의 산란기로 알려져 있다. 연중 가장 큰 씨알을 낚을 수 있는 시기지만 현실은 그리 녹록치 않다. 큰 무늬오징어를 만나기도 힘들뿐더러 낚기는 더 어렵다. 그런 문제를 해결하기 위해 나온 방법이 여름에 무늬오징어 산란터를 노리는 선상 에깅이며 몬스터(monster)는 대물 무늬오징어를 뜻한다.

선상 에깅은 생소한 장르가 아니다. 팁런이 유행하기 전에는 가을에 대부분 선상 에깅을 했었다. 부산의 경우 2006년부터 부산 근해에서 선상 에깅이 이뤄졌지만 그때와 비교해 2020년 이후의 낚시 방식은 많이 다르다. 예전엔 단순히 큰 무늬오징어를 많이 낚기 위해 연안에서 조금 더 멀리 출조하는 개념이었지만 지금은 얕은 곳을 노린다. 수심이 얕고 햇빛 투과량이 많은 산란장을 직접 노리는 것이다. 산란장 특성상 바닥에 해초가 많기 때문에 단순히 던지고 감는 에깅이 아니라 그게 맞는 테크닉이 필요하다.

장비 선택_8ft ML대가 좋다

연안낚시 장비와 선상낚시 장비는 다르다. 산란철에 연안낚시를 할 때는 큰 씨알의 무늬오징어를 놓치지 않기 위해 미디엄헤비급으로 강한 로드를 사용하고 길이 역시 롱캐스팅을 하기 위해 8.7ft 내외를 쓴다. 예전에는 장타를 위해 9ft 에깅대가 유행한 적도 있다. 길고 강한 낚싯대가 기본이지만 선상에서는 다르다.

선상에서는 포인트에 근접하기 때문에 캐스팅 거리를 크게 고려하지 않아도 되고 비좁은 낚싯배에서 긴 낚싯대는 거치적거리므로 길이는 8ft 내외가 좋다. 7.9ft나 8ft를 많이 쓴다. 액션은 ML 정도면 충분한데 씨알이 커도 ML 정도면 충분히 끌어올 수 있고, 뱃전으로 끌고 와서는 뜰채로 올리기 때문에 낚싯대의 강도가 아주 강하지 않아도 된다. 더구나 얕은 곳을 노리고 짧고 가벼운 액션을 하기 때문에 길이 8ft 내외의 미디엄라이트 로드를 쓰고 좀 더 예민하게 사용한다면 라이트 로드를 써도 된다. 그 외 릴, 합사, 쇼크리더는 같다. 릴은 2500~3000번, 합사는 0.6~0.8호를 쓴다. 단 쇼크리더는 2호만 사용해도 터지는 일이 드물기 때문에 2호를 쓰면 된다. 큰 무늬오징어가 입질할 것을 예상해 3호 이상 굵은 쇼크리더를 묶으면 얕은 곳에서 에기의 움직임이 어색해질 뿐 아니라 얕은 곳에서 굵은 라인은 무늬오징어가 감지할 수 있기 때문에 추천하지 않는다.

에기 선택_강렬한 어필 컬러로 승부

몇 년간 에깅 시장에는 보라색 에기가 큰 인기를 끌었다. 특히 팁런을 할 때는 보라색 에기가 없으면 안 된다는 강박이 생길 정도로 인기가 대단했는데 산란철 선상 에깅에서는 그런 강박을 우선 지우길 당부한다.

보라색 에기가 먹히는 이유로 몇 가지를 꼽을 수 있다. 보라색은 빛(가시광선)의 스펙트럼 7가지 컬러(빨주노초파남보)에서 가장 파장이 짧다. 그래서 물속으로 에기가 내려가면 햇빛이 잘 들지 않는 구간에서부터 파장이 긴 빨간색을 시작으로 물에 흡수가 되기 시작하는데, 가장 마지막까지 남는 빛이 보라색이라 신뢰하는 것이다. 보라색 에기에는 그 외에도 야광이나 자외선 방출 기능을 추가해 수심 깊은 곳에서도 무늬오징어가 에기를 잘 감지할 수 있게 해준다.

하지만 산란철 에깅은 수심 3~5m, 깊어도 수심 7~8m에서 이뤄지기 때문에 에기 컬러로 인한 빛의 파장 같은 것을 신경 쓸 필요가 없다. 햇빛이 바닥까지 투과되는 곳이 대부분이라 천연색이 그대로 보이기 때문이다. 따라서 무늬오징어의 활성에 맞춰 잘 보이는 컬러를 사용하는 것이 올바른 전략이라고 할 수 있으며 예전부터 어필컬러로 주목을 받은 오렌지, 빨강, 주황, 분홍색을 먼저 사용하고 입질이 없으면 초록, 파랑, 보라

선상 에깅에 유리한 길이가 짧은 로드. 7.9ft나 8ft를 사용한다.

는 것이 좋다.

많은 낚시인들이 무늬오징어가 전광석화처럼 움직이며 먹이를 사냥할 것이라고 생각하는데 그것은 조류가 센 물골 지역에서나 가능한 말이다. 제주도나 포항처럼 얕은 여밭이 넓게 펼쳐진 곳이라면 상황이 다르다. 통상적으로 무늬오징어는 먹잇감과 거의 일직선 상태를 유지하며 천천히 접근해서 촉수를 뻗어 먹이를 잡는다. 특히 조류가 없는 곳이라면 무늬오징어가 거의 물속에 떠 있는 서스펜딩(suspending) 상태로 암초 주변에 붙어서 매우 소극적으로 먹이사냥을 하기 때문에 과도한 액션은 예민한 입질을 만드는 원인이 될 수 있다. 따라서 낚싯배가 흘러가면서 생기는 자연스러운 유영 액션을 100% 활용하는 것이 팁런의 기본 테크닉이라고 할 수 있다.

자연스러운 상태로 에기를 수평으로 유지하며 흘리는 시간은 짧게는 10초, 길게는 20초가 적당하다. 그 후 입질이 없으면 다시 에기를 바닥으로 내렸다가 위와 같은 동작을 반복하면 된다. 간혹 낮에 무늬오징어들이 중층까지 떠 있는 경우가 있는데 이럴 때는 가벼운 에기를 써야 한다. 에기로 바닥을 찍기보다는 조류에 에기가 날리는 식으로 바닥층보다는 약간 상층을 유영하게 해주고 바닥을 공략할 때와는 달리 액션의 폭도 크게 해준다. 의외로 무늬오징어가 바닥에 있을 때보다 떠 있을 때 낚기 어려운데, 사실 모든 고기들은 떠 있을 때가 더 낚기 어렵다.

야간 팁런은 오로지 바닥에만 집중

일본과는 달리 국내에서는 야간에도 팁런을 즐겨 한다. 팁런은 낮에 수심이 깊은 곳을 노리는 방식으로 소개되었지만 우리나라 남해와 동해에서는 주간보다는 야간에 팁런을 하는 것이 유행하고 있다. 남해의 거제, 통영에서는 10월과 11월에 거의 밤에 출조하며 동해도 주로 오후에 출조해 밤까지 팁런을 하는 추세다. 밤에 팁런을 하는 이유는 무늬오징어가 바닥에 집중적으로 모여 있어서 조과가 더 좋기 때문이다.

밤에 팁런을 할 때는 피딩이 큰 의미가 없고 물때가 더 중요하다. 중들물 이후부터 중썰물까지가 좋고 간조 땐 조황이 시들해진다. 낚시하는 방법은 간단하다. 선장이 포인트에 접근해 신호를 울리면 에기를 바닥까지 내린 후 릴을 두세 바퀴 감고 그대로 기다리면 된다. 운이 좋으면 내려가는 에기를 무늬오징어가 바로 덮칠 수도 있고 바닥에 닿는 순간 입질이 들어오기도 한다. 하지만 대부분 바닥에 에기가 닿은 후 2~3회 액션을 주고 잠시 기다리면 입질이 들어오는 식이다. 야간 팁런은 낮보다 액션을 많이 주지 않아도 된다.

무늬오징어가 에기를 잡으면 초리가 묵직하게 힘을 받으며 휘어지는 입질이 오는데 그때 강하게 챔질하면 에기에 무늬오징어가 걸린다. 활성이 좋은 경우에는 초리가 '쭉~' 빨려 들어가는 강한 입질이 오기 때문에 입질을 놓칠 걱정도 없고 에기 바늘이 오징어의 입 주변에 깊이 박히기 때문에 랜딩 중에 떨어질 염려도 없다.

참고로 남해 먼 바다의 섬들은 제주도와 포항과는 달리 조류가 아주 강하고 수심이 20m가 넘기 때문에 야간에 팁런을 할 때는 에기는 보통 40g을 넘게 쓴다. 조류가 빠른 섬 주변에서는 50~60g을 쓰기도 한다.

팁런으로 낚은 큰 씨알의 무늬오징어.

팁런 중 고려해야 할 사항들

① 수심이 깊은 곳이라도 에기 컬러 선택이 중요하다. 물색이 맑을 때는 내추럴 계열, 탁할 때는 어필 계열 색을 쓴다.
② 시즌 초반에 오징어 크기가 작을 때나 낚시 중 오징어 활성이 떨어졌을 때는 작은 크기의 에기가 효과적이다.
③ 큰 호수의 에기가 반드시 빨리 가라앉은 것은 아니다. 침강 속도는 섈로우, 노멀, 딥 등 에기 타입에 따라 결정되는 것이다.
④ 에기의 크기는 공략하는 오징어 크기나 해당 포인트에서 낚이는 오징어 평균 씨알에 따라 선택한다. 큰 에기를 쓸수록 큰 오징어가 낚인다.
⑤ 오징어는 에기에 대한 학습효과가 있다. 그러므로 한 가지 색상의 에기에 반응을 하다가 갑자기 입질이 끊어지면 다른 색상의 에기를 써야 한다.
⑥ 에기의 축광(縮光, 에기에 빛을 쏘여 자체적으로 발광하게 만드는 것)은 선택사항일 뿐 필수사항은 아니다.
⑦ 활성도가 높을 때는 어떤 색을 써도 잘 먹히나 활성도가 낮을 때는 내추럴 색상의 에기를 쓰는 것이 예민한 오징어를 유혹하는 데 좋다.

팁런 전용 에기(위)와 깊은 수심에서 사용하는 갑오징어용 팁런 에기. 수심이 20m 내외라면 위의 것이 좋으며 더 깊고 조류가 빠른 곳에선 아래의 갑오징어용 팁런 에기를 사용한다.

팁런 전용대를 이용해 무늬오징어를 낚은 낚시인. 팁런 로드는 허리힘이 강해 작은 무늬오징어는 곧바로 들어 올릴 수 있다.

팁런 요령

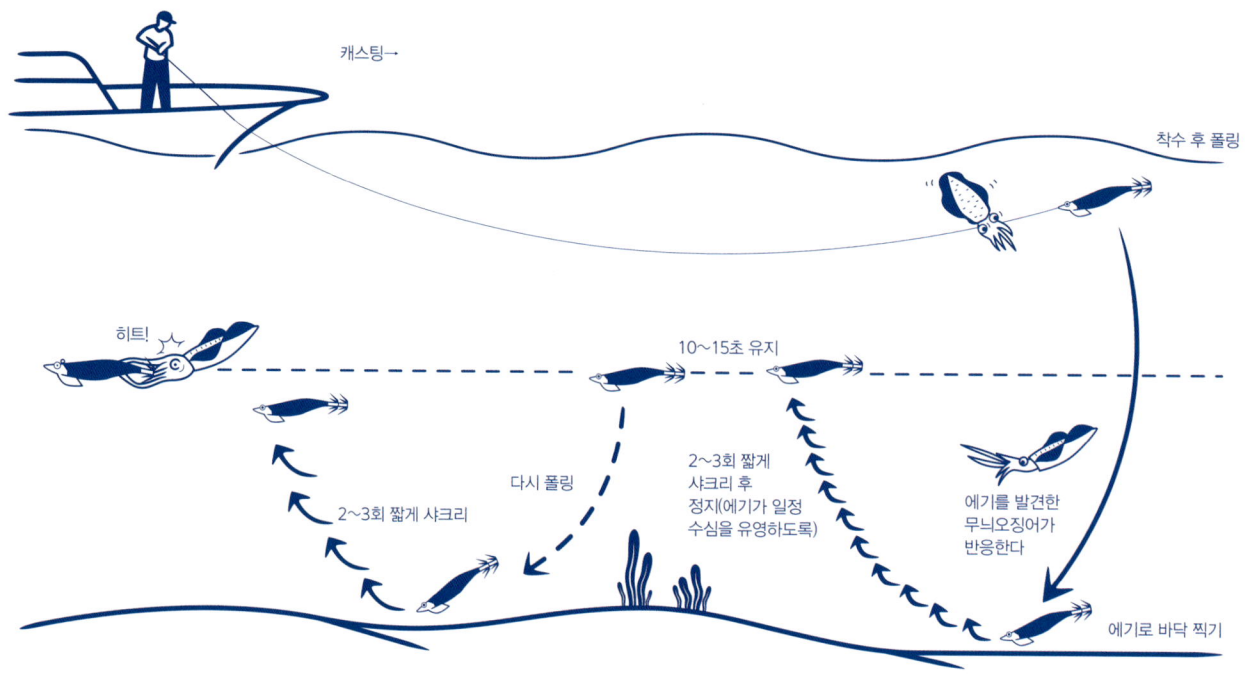

→내추럴의 순서로 입질이 올 때까지 교체하는 것이 대부분이다. 정상적인 상황에서 에기의 로테이션은 기본적으로 오렌지 색상의 에기를 먼저 사용한다. 입질이 없다면 같은 오렌지 색상의 배 쪽 무늬가 다른 에기로 교체한다. 이처럼 한 색상의 에기를 쓸 때는 배면 색상과 패턴만 다른 같은 색상의 에기로 2~3회 교체한 다음 입질이 없을 때 비로소 다른 색상의 에기를 쓸 것을 권한다.

오징어의 눈은 편광기능이 있어서 잡다한 빛의 산란을 다 걸러서 명확한 칼라만을 인지하게 되어 있다. 따라서 명암 차이가 분명한 컬러의 에기를 로테이션하는 것이 효과적이다. 그러나 이 같은 효과는 색상을 충분히 구분할 수 있는 낮에 나타난다. 색상 구분이 거의 불가능한 밤에는 결국 에기 사용자의 에기에 대한 신뢰나 액션에 따라 에기 선호도가 정해진다.

팁런 입질 파악하는 법

팁런은 낚시인보단 선장의 역할이 크다. 선장은 포인트에 도착하면 채비를 내린 후 배 시동을 끄고 조류에 배를 흘리는데 이때 낚싯배의 방향을 잘 잡아야 포인트로 진입하며 낚시인들이 낚시를 하기 수월해진다. 가끔 조류가 약해서 채비가 엉뚱한 방향으로 흘러갈 때도 있는데 그런 경우라도 입질을 받는 데 큰 문제는 없다. 낚시인은 에기로 바닥만 꾸준히 훑어주면 되기 때문이다. 조류가 전혀 흐르지 않을 때는 배를 아주 저속으로 몰아서 에기를 끌어줄 수도 있으며 아주 깊은 곳을 노리기도 한다.

입질은 에기(초리)를 '쭉'하고 당기는 식으로 제법 강하게 들어오는 경우가 많다. 깊은 바닥에 있는 오징어들은 덩치가 크고 활성도 좋기 때문이다. 입질이 약한 경우라면 초리가 부드러운 낚싯대를 사용해 초리에 걸리는 무게가 변하는지 잘 살펴봐야 한다.

액션은 가끔 초리를 들어주는 정도로 약한 액션을 주는 것도 좋다. 가장 좋은 액션은 에기기 바닥에 닿은 후 재빨리 2~3회 저킹을 하고 그대로 낚싯대의 액션을 멈추는 것이다. 느리게 슬쩍슬쩍 챔질하지 말고 재빠르게 2~3회 저킹을 하고 낚싯대를 수평인 상태에 '딱' 멈추면 주변의 무늬오징어를 유혹할 수 있다. 입질 후엔 챔질을 해주어야 걸린 오징어가 빠지지 않는다. 입질을 받은 상태 그대로 감아올리면 바늘에 살짝 걸린 오징어가 도중에 떨어지기 쉽다.

하이 테크닉

앞서 설명한 방식의 팁런 테크닉은 일반적인 상황에서 적용 가능한 기본적인 낚시방법이다. 그런데 바다는 일기가 항상 변화무쌍하며 무늬오징어의 활성도 시시각각 바뀐다. 그럴 때는 어떤 테크닉을 익혀야 조과에 도움이 될까?

팁런에서 가장 중요하게 생각하는 것은 바로 바닥에서 에기를 수평으로 유지하는 것이다. 팁런에서 만큼은 액션과 폴링이 크게 중요하지 않다고 말하는데, 그 이유는 바로 바람과 조류에 의해 배가 흘러가면서 에기도 함께 유영하기 때문이다. 물고기처럼 물속에서 움직이고 있는 에기에게 필요 이상의 액션을 주는 것은 오히려 포식자의 입질을 더디게 할 뿐이므로 무늬오징어의 활성도가 낮다면 평소와는 반대로 액션을 약하게 주

일반 에기를 팁런용으로 튜닝한 제품. 싱커에 추가로 봉돌을 달거나 머리에 마스크 형태의 싱커를 추가로 장착해서 사용한다.

팁런 전용 에기. 무게를 늘이기 위해 싱커 외에 머리도 금속으로 제작했다.

일반 에기의 헤드에 씌우는 팁런용 싱커. 에기 머리에 씌운다.

에서 멀어지기 시작하는데, 그렇다고 해서 무늬오징어가 연안을 완전히 벗어난 것은 아니며 깊은 곳과 얕은 곳을 오가는 어중간한 상태가 된다. 그때 연안에서 조금 떨어진 깊은 곳을 노리면 큰 무늬오징어를 낚을 수 있다. 보통 수심 15m부터 25m까지가 주요 타깃이 되며 때로는 더 깊은 곳도 노려볼 수 있다.

깊은 곳으로 빠진 무늬오징어들은 한동안 군집을 이루고 있는 경우가 많아 이런 자리를 찾으면 폭발적인 마릿수 조과를 보이기도 한다. 갑오징어도 잘 낚이기 때문에 12월을 전후해서는 같은 자리에서 무늬오징어와 갑오징어를 동시에 노릴 수 있다.

팁런 에기의 컬러 선택

팁런에서는 에기의 컬러 선택이 중요하다. 에기의 색상은 크게 내추럴 계열과 어필 계열로 나눈다. 내추럴 계열은 말 그대로 자연 상태에서 볼 수 있는 눈에 잘 띄지 않는 색상이며, 어필 계열은 이와 반대로 눈에 잘 띄는 원색 계통을 말한다. 대개 눈에 잘 띄는 어필 계열부터 사용해보고 입질이 없으면 내추럴 계열을 선택하는 경우가 많다.

에기의 기본 색상은 핑크, 오렌지, 올리브(그린) 세 가지다. 이 세 가지 색상을 기본으로 또다시 속지 색상과 패턴(무늬)으로 분류한다. 예를 들어 등 쪽의 기본 색상이 핑크인 에기 중에서도 배 쪽의 속지 패턴이 금색, 은색, 레인보우로 나뉘며, 그 위에 겉지 무늬도 바뀌기도 한다. 따라서 한 가지 색상의 에기를 선택하는 데도 패턴에 따라서 모두 갖추려면 색상당 5~6개 정도가 필요하다.

이처럼 다양한 컬러의 에기가 필요한 이유는 에기 로테이션 때문이다. 일반적으로 에기를 사용할 때 어필→내추럴→어필, 혹은 내추럴→어필

낚싯대와 라인의 각도는 100~120° 유지

에기를 분류하는 기준은 침강속도다. 에기의 침강속도가 중요한 이유는 무늬오징어는 대개 에기가 떨어질 때 입질을 하기 때문에 가급적 천천히 폴링할수록 입질을 받을 기회가 늘어나기 때문이다. 이런 점은 팁런도 마찬가지기 때문에 수심에 맞는 타입의 에기를 고르는 것이 좋고 무조건 무거운 에기를 쓰는 것은 좋지 않다.

수심이 15m 내외라면 25~30g을 사용하고 에기가 빨리 떠내려간다면 에기의 무게를 조금씩 늘려나간다. 팁런은 낚싯대와 낚싯줄의 각도를 유지하는 것이 중요한데, 낚싯대를 기준으로 100~120°정도 벌어지게 유지하는 것이 좋다. 라인이 180°로 쭉 뻗어나가면 에기를 무겁게 교체해 낚싯대와 라인이 100~120°를 유지하게 바꿔야하며, 완전 수직이면 에기가 너무 무거운 것이므로 에기의 무게를 줄여 조금 빨리 떠내려가게 한다.

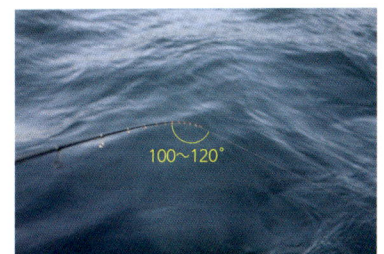

팁런을 할 때 초리와 라인의 이상적인 각도는 100~120°다. 조류의 세기에 맞춰 에기의 무게를 가감해서 각도를 유지한다.

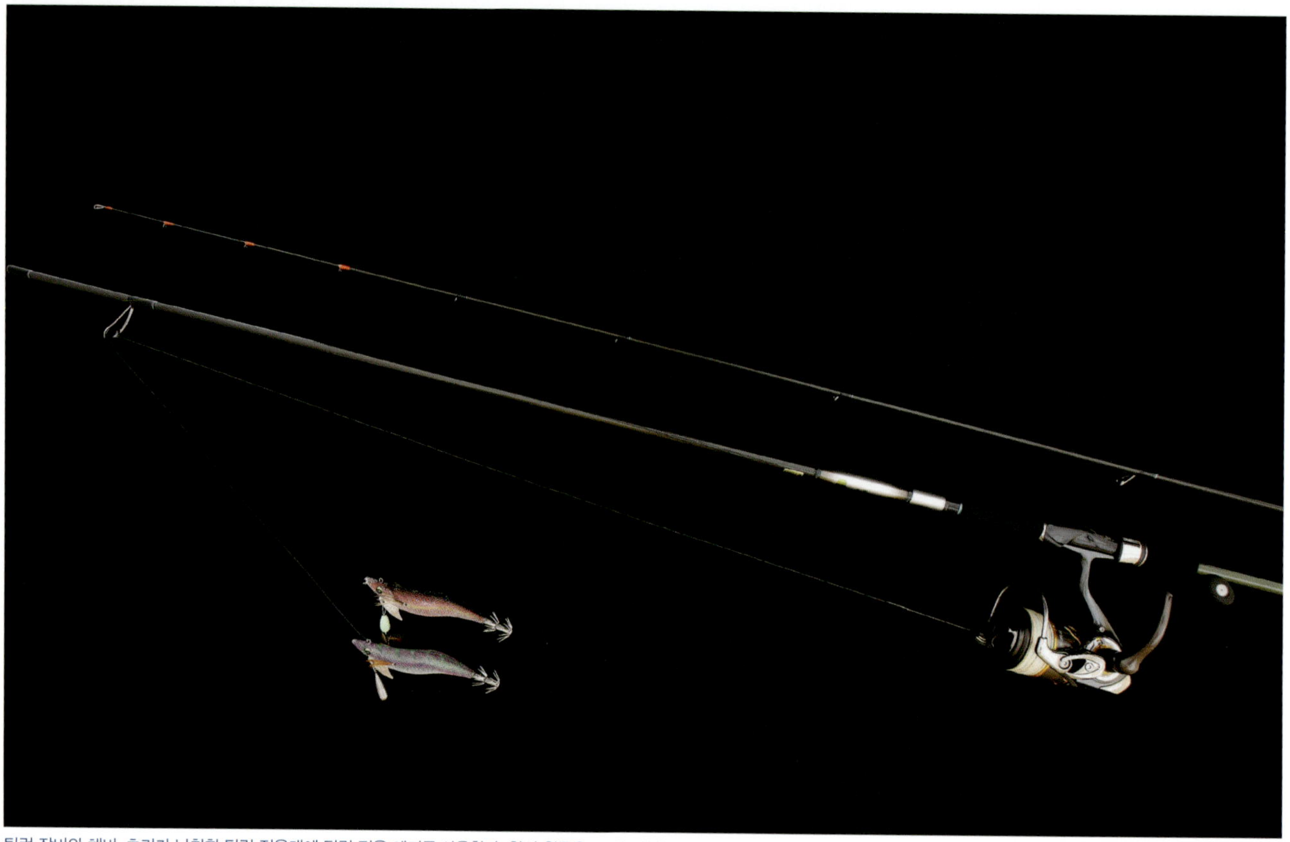

팁런 장비와 채비. 초리가 낭창한 팁런 전용대에 팁런 전용 에기를 사용한다. 합사 원줄은 0.4호 내외로 가늘게 쓰며 쇼크리더는 2.5호를 1m 정도 사용한다.

팁런으로 무늬오징어를 낚은 낚시인들. 가을 이후에는 깊은 곳을 노려 큰 씨알을 낚을 수 있고 마릿수 조과 또한 가능하다.

| PART 4 | 무늬오징어낚시 ④

배낚시 방법
쉽고 잘 낚이는 '팁런'을 배워보자

2011년부터 일본에서 유행하기 시작한 선상 에깅 테크닉인 '팁런'은 영어로 초리를 의미하는 'tip'과 달린다는 의미의 'run'을 합성해 만든 말이다. 캐스팅을 하는 연안낚시와 달리 에기를 바닥층에서 끌어주는 방식으로 무늬오징어를 낚아내는 기술이다. 낚싯배에서 에기를 바닥층까지 내린 후 가만히 라인을 팽팽하게 잡고 있으면 조류에 따라 낚싯배가 흘러가면서 오징어가 걸려든다.

에깅의 기본은 '롱캐스팅→바닥 찍기→액션' 순으로 이뤄진다. 배낚시에도 이것은 크게 다르지 않았는데, 팁런은 에깅의 그런 공식을 바꾸어 놓았다. 이 낚시법은 별다른 액션을 취하지 않아도 오징어를 낚을 수 있다. 팁런 요령을 간단히 정리하면 다음과 같다. 우선 배 위에서 30~40g 팁런 전용 에기(싱커를 부착한 것도 가능)를 바닥까지 내린다. 살짝 캐스팅해도 되고, 배 밑으로 바로 내려도 된다. 에기가 바닥에 닿으면 빠르게 풀려나가던 원줄이 천천히 풀려나가는데 그 시점에서 릴을 두어 바퀴 감은 후 에기가 바닥에서 조금 뜬 상태로 헤엄치게 놓아둔다. 그렇게 하면 배가 조류에 밀려 떠내려가면서 채비가 정렬되는데, 배가 떠다니며 여러 곳을 훑고 지나가게 되고 그 과정에서 오징어가 입질하는 것이 바로 팁런이다.

팁런이란?
이 낚시는 제주도 어부들이 무늬오징어를 낚을 때 사용하는 끌낚과 흡사하다. 끌낚 조업(일명 끄심바리)은 4~5호 에기(제주에서는 '돔보'라고 부른다)를 대나무 낚싯대에 달아 낚싯배에 매달고 천천히 달리면서 에기로 중하층을 훑어주게 되는데, 아무런 액션을 취하지 않아도 여기에 무늬오징어가 낚인다. 끌낚과 마찬가지로 팁런 역시 에기를 바닥 가까이 끌어주기만 하면 오징어가 걸려든다는 원리인데, 사실 끌낚이나 팁런이나 큰 차이가 없다. 차이가 있다면 팁런은 낚싯대를 들고 액션을 줄 수 있고, 초리로 입질을 파악해 타이밍에 맞춰 제때 챔질할 수 있다는 것이다.

팁런에는 무늬오징어만 낚이는 게 아니라 갑오징어, 한치도 잘 낚인다. 오징어들은 유영층이 크게 차이나지 않으며 활성이 강할 때에는 적극적으로 중하층을 오가기 때문에 중하층만 꾸준히 노리면 대부분의 오징어를 낚을 수 있다. 특별한 테크닉이 없어 재미가 없을 수 있지만, 초보자들이나 여성 어린이도 쉽게 오징어를 낚을 수 있어서 팁런의 인기는 점점 높아질 것으로 보인다.

35~48g 팁런 전용 에기 사용
팁런에 도전해보려면 먼저 팁런에 맞는 에기를 준비해야 한다. 팁런 전용 에기가 시판되고 있으며, 기존 에기에 싱커를 달아 팁런용으로 개조할 수도 있다.

팁런 전용 에기는 무게가 35~48g으로 기존 에기(15~24g)에 비하면 상당히 무거운 편이다. 수심 20m 내외의 깊은 곳을 노릴 수 있도록 만들어졌다. 팁런 전용 에기는 머리에 무거운 싱커가 달려 있는데 간혹 꼬리에 싱커가 달려 있는 에기도 있다.

기존 에기에 싱커를 달아서 쓸 수도 있다. 에기 제조사는 대부분 에기용 싱커를 판매하고 있으며 탈부착이 간편한 봉돌이거나 머리에 씌우는 형태다. 싱커의 무게는 10~25g으로 수심과 조류의 세기에 맞춰 사용할 수 있으며 둘 중 어떤 것을 사용해도 좋다.

팁런 장비는 일반 에깅 장비와 조금 다르다. 팁런 전용대가 출시되고 있으며 에깅 전용대 중에서 낚싯대의 강도가 H급으로 강한 것 중 초리가 부드러운 것이라고 생각하면 된다. 무거운 팁런 전용 에기를 쓰고 수심이 깊은 곳을 노리기 때문에 허리가 많이 휘어지는 미디엄 파워급은 사용하기 어려우며 초리로 입질을 파악해야 하기 때문에 초리는 무조건 부드러운 것이 좋다. 팁런 전용 장비에 원줄은 합사 0.6호~1호를 사용하며 목줄은 2호 내외로 굵은 것을 쓴다.

갑자기 깊어지는 브레이크라인 타깃
팁런은 오징어가 연안 가까이 붙는 6~9월에 해도 좋지만, 진짜 위력은 무늬오징어가 브레이크라인(break line, 수심이 갑자기 깊어지는 곳)으로 빠지는 11월경에 만끽할 수 있다. 11월이 되면 무늬오징어들이 연안

낚싯배에서 팁런 방식으로 무늬오징어를 노리고 있는 낚시인들.

낚은 무늬오징어의 머리를 찔러 즉사시키고 있다. 이렇게 하면 무늬오징어가 하얗게 변하고 육질이 싱싱하게 보존된다.

마을을 이동하려면 꽤나 긴 시간이 걸린다는 것이다. 제주도의 경우 해안선이 낮아서 주변 마을까지 해안로가 나 있는 곳은 10분이면 이동할 수 있지만 마을과 마을이 멀어서 큰 도로를 타야하는 경우라면 30~40분씩이 소요되기도 한다. 동해안이나 거제권 역시 마을과 산길의 고도가 10~100m 이상 차이나는 곳이 많기 때문에 마을과 마을 이동하려면 가까운 곳도 20~30분이 걸린다. 조금 멀리 가려면 한 시간씩 걸리기도 하기 때문에 차선으로 이동할 포인트의 거리와 특징을 잘 알아두고 오가는 시간도 계산을 해야 한다.

조류가 흐를 시간대에 맞춰 낚시 집중

찾아간 포인트가 낚시가 될지 안 될지는 낚시를 해보는 것이 가장 빨리 답을 얻을 수 있는 방법이다. 그러나 낚시에 적합한 물때인지는 알 수 없다. 찾아간 포인트가 썰물 포인트인데 만약 들물에 도착했고 낚시를 해서 대상어가 낚이지 않는다면 이곳은 낚시가 되지 않는 포인트라고 말할 것이다. 그런 실수를 하지 않기 위해서는 항상 조류가 움직일 시점에 포인트에 진입한다. 방파제처럼 내항으로 조류가 잘 흘러들지 않는 곳이라면 만조에서 초썰물이 시작될 무렵이 좋고 갯바위 콧부리나 수중여가 많은 곳은 썰물에 발판이 다 드러나는 끝썰물에 진입해 중들물까지 낚시를 하는 것이 좋다.

조류가 흐르는 상황에 낚시를 집중적으로 해야 조과를 확인할 수 있다. 그런데 분명히 조류가 흐를 시간대임에도 조류가 흐를 기미가 보이지 않는다면 미련 없이 포인트를 옮기는 것이 좋다. 가까운 곳에 찍어둔 포인트로 먼저 가보고 돌아와도 되며 주변 상황도 비슷하다면 전혀 다른 먼 곳의 포인트로 이동해야 한다.

그러나 만약 조류가 흐르지 않는 상황이라도 바닥 지형이 마음에 들고 수심이나 물색이 좋다면 본인의 선택을 믿고 피딩타임까지 꾸준히 낚시를 하고 밤낚시까지 해보는 것도 좋은 방법이다. 운이 좋으면 특정 시간대에 입질을 받을 수 있기 때문이다. 이렇게 전혀 입질이 없던 곳에서 특정 물때나 조류의 흐름에 입질을 받는다면 그것만으로도 큰 이득이 될 수 있고 자신만의 포인트를 만들 수 있다. 하지만 현실적으로 많은 비용을 들여 원정낚시를 갔는데 한 곳에서만 시간을 허비하는 것이 쉬운 일은 아니므로 결국 최종 선택은 본인의 몫이라 하겠다.

깊은 곳에서의 에기 액션

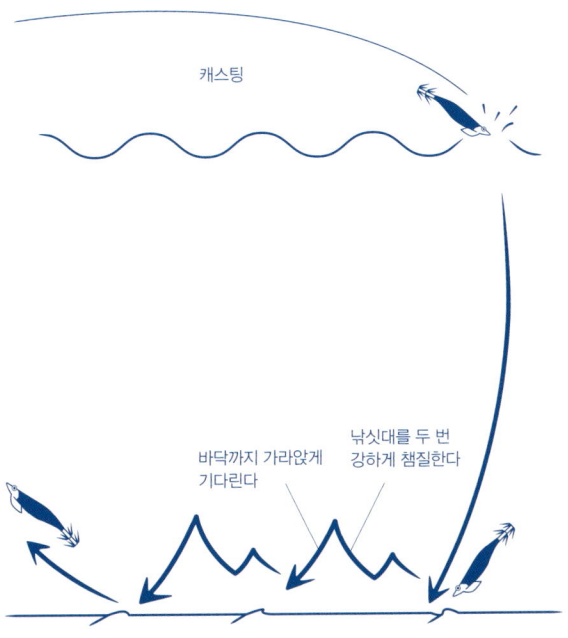

얕은 곳에서의 에기 액션

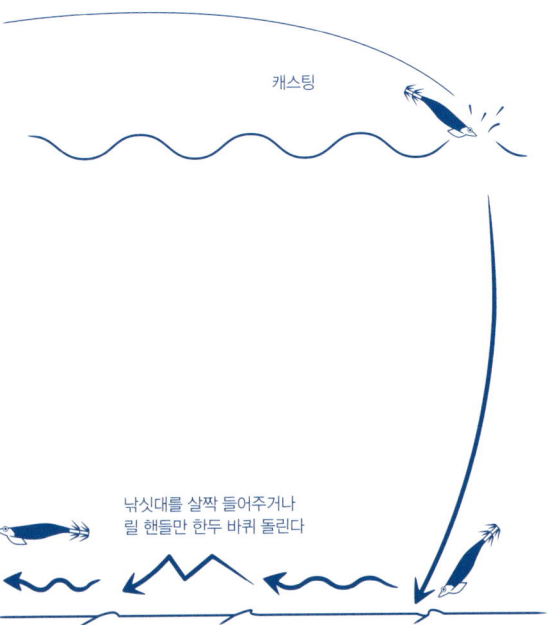

없다.
생자리를 찾아 나설 때는 좋은 기상을 선택하는 것이 가장 중요하다. 에깅 출조를 하기 위해서는 적어도 한두 달 전에 계획을 잡아 놓는데 막상 출조하는 당일에 날씨가 좋지 않다면 과감하게 포기하는 것이 좋다. 그런 날에는 어디를 가나 결과는 뻔하다. 그래서 첫째도 날씨, 둘째도 날씨가 중요하다.

깊은 수심 공략법

여름에는 해수온의 변화가 크기 때문에 무늬오징어들이 연안보다는 깊은 곳을 선호한다. 비가 많이 내리면 연안수가 바다로 유입되어 물색이 탁해지고 베이트피시들이 외각으로 빠지기 때문이기도 하다. 그래서 여름에는 다소 깊은 곳이 무늬오징어 포인트가 되는데, 깊은 곳을 노리기 위해서는 불가피하게 급심용 에기를 써야 한다.
깊은 곳을 노릴 때는 에기를 바닥까지 완전히 가라앉힌 후 액션을 크게 해야 한다. 조류가 빠른 곳에서는 조류에 낚싯줄이 흘러가서 여윳줄이 많이 생기게 되므로 액션을 약하게 하면 여윳줄만 당겨지는 수준으로 액션이 끝나므로 이에 주의해야 한다. 조류나 깊은 수심에 의해 낚싯줄이 얼마나 흘러갔는지 알기 어렵다면 에기를 가라앉힐 때 라인의 텐션을 유지한 상태로 내려주는 것이 좋다.

다음은 위성지도를 보고 포인트를 가늠하는 눈을 키워야 한다. 위성지도를 보고 포인트의 형태를 살핀 후 직접 찾아가면 되는데, 최근에는 그 반대로 별로 포인트처럼 보이지 않는 곳을 타깃으로 출조를 다니는 것이 유리할 수 있다. 이미 10여년 이상 '좋아 보이는 포인트'는 누군가에 의해 개발되었을 가능성이 크기 때문이다. 일종의 역발상으로 내가 좋아 보이는 자리는 다른 사람 눈에도 좋아 보일 것이므로 선택하지 않는다는 논리다. 반대로 별 볼일 없을 것처럼 보이는 곳에 가서 낚시를 해보고 정말 별 볼일이 없으면 그 주변 포인트를 탐색하는 식으로 낚시를 한다.
참고로 지도를 이용할 때는 보다 정확한 정보를 찾아야 한다. 일반 2D 위성지도보다는 하늘지도나 구글어스처럼 3D를 지원하는 위성지도가 좋다. 이런 위성지도는 지형을 3차원으로 디스플레이하기 때문에 지형의 높낮이를 쉽게 파악할 수 있고 가까운 연안은 수심까지 예측할 수 있을 정도로 정밀하게 촬영이 되어 있다. 일반 위성지도의 경우 항공촬영을 통해 제작되었고 3D 위성지도는 진짜 위성에서 촬영한 사진이기 때문에 더 높은 해상도를 지원한다. 그리고 이동하는 거리를 정확하게 잴 수 있을 뿐 아니라 다양한 각도에서 지형을 관찰할 수 있기 때문에 실제로 가본 것 같은 느낌을 받는다. 따라서 남들이 잘 찾지 않을 B급 포인트를 3D 위성지도를 활용해 세세하게 탐색해 보는 것이 포인트를 찾는 첫 과정이다.
후보지를 선정했다면 그 주변 포인트를 탐색하는 것은 필수다. 에깅 포인트의 특징은 주로 마을의 방파제나 주변 갯바위로 형성이 되며 마을과

큰 무늬오징어를 걸자 함께 출조한 낚시인이 가프를 이용해 무늬오징어를 올리고 있다. 무늬오징어가 꽤 무겁기 때문에 가프는 필수다.

큰 씨알의 무늬오징어를 보여주는 낚시인. 봄과 늦은 가을에는 1kg이 넘는 무늬오징어가 곧잘 낚인다.

하이 테크닉

에기를 중층에 오래 머물게 하는 것이 최고의 테크닉 중 하나다. 에기가 중층에 오래 머물면(정지해 있는 것은 아니다) 무늬오징어가 공격할 시간적 여유가 생겨서 입질을 받을 찬스도 그만큼 길어진다. 저킹을 해서 떠오른 에기가 하강하기 시작하면 무늬오징어는 공격할 타이밍을 노리고 에기 주위를 맴도는데, 그 시간을 자유롭게 조절할 수 있는 테크니션이야 말로 진정한 에깅 고수라고 할 수 있다.

간혹 훌륭한 저킹 솜씨를 지녔지만 제대로 무늬오징어를 낚아내지 못하는 낚시인들이 있다. 바로 저킹에만 중점을 두고 폴링이나 스테이 등 다른 동작은 소홀히 하기 때문이다. 저킹한 뒤 곧바로 낚싯대를 낮추면 얕은 곳에서는 에기가 너무 빨리 바닥에 닿아 무늬오징어가 공격할 타이밍을 놓치고 뒤로 물러나게 된다. 수중에 오래 머문다는 것이 아무런 움직임 없이 그냥 둥둥거리며 떠 있는 것을 의미하지는 않는다. 미세하지만 조금씩 움직이며 무늬오징어의 호기심을 자극할 수 있어야 한다. 그러기 위해서는 저킹 방법을 '2~3단 저킹' 또는 '하이피치 롱저킹(빠르고 폭이 긴 저킹)' 이후 '하이스피드 숏저킹(빠르고 폭이 짧은 저킹)'을 적절히 섞어서 사용해야 한다. 즉 '하이피치' 이후 어느 정도 가라앉았을 때 '숏저킹'을 사용하면 일정 수심층을 유지하며 유영하는 것이 가능하다. 또 매 순간 라인의 텐션을 유지해 스테이에 가까운 정지동작을 연출하면 효과는 배가 된다.

숏저킹 외에 에기를 수평 이동 시키는 방법으로는 로드를 수직으로 천천히 들어주는 것이 있다. 폴링하고 있는 에기를 어느 수심에서 수평이동 시키기 위해서는 내려놓았던 낚싯대를 천천히 수직으로 들어주면 된다. 낚싯대를 빨리 들면 에기가 위로 부상을 하므로 조류와 수심을 감안해 그 정도를 잘 감지하는 것이 중요하다. 그리고 너무 천천히 들면 에기가 다시 가라앉으므로 그것에도 유의해야 한다. 이 기술은 처음에는 조류가 전혀 없는 곳에서 연습을 해본다. 에기가 눈에 보일 정도로 맑은 물이면 더 좋다. 눈으로 보고 에기의 움직임을 익히고 그 후 조류가 흐르는 곳으로 가면 더 쉽게 적응할 것이다. 필자가 생각하는 최고 난이도의 테크닉은 물 속 장애물 위에 에기를 걸쳐놓고 천천히 움직이며 그 주변의 무늬오징어를 유혹하는 것이다. 불가능하다고 생각할 수도 있겠으나 에기가 가지고 있는 밸런스와 침강속도를 이해하고 조절하면 충분히 가능한 테크닉이다.

STEP 3 | 포인트 찾기

기본 테크닉을 숙지했다면 마지막 남은 단계는 스스로 생자리를 찾아나서는 것이다. 언제까지고 남들이 갔던 자리를 찾아가서는 고수가 될 수

로케티어 채비. 쇼크리더에 구슬을 하나 꿴 후 훅 하나를 펴서 구슬을 꿰면 사진처럼 에기가 거꾸로 된다. 이런 상태로 캐스팅을 하면 납이 달린 머리 부분이 앞을 향해 날아가 비거리가 늘어나며 구슬은 착수할 때 빠져 에기가 자세를 잡는다.

에기 눈의 컬러에 따른 올바른 공략 수심층

무늬오징어를 낚아내기 위해서는 에기를 실제 먹잇감과 유사하게 움직여야 한다. 그러나 그 전에 필요한 것은 에기의 모양이 제대로 먹잇감다워야 한다는 것이다. 에깅를 하면 에기에 달린 눈의 유무와 색상에 따라 입질이 큰 차이를 보이는 것을 경험할 수 있다. 극단적으로 눈이 떨어져 나간 에기는 무늬오징어가 거의 달려들지 않는다. 싱싱한 먹잇감처럼 보이게 하기 위해서는 에기의 눈을 항상 반짝일 수 있게 관리하는 것이 중요하다.

에기의 눈을 보면 색상이 저마다 다르다. 흰색 바탕에 검정색 눈동자를 한 것이 많으며 고급 제품일수록 색상이 더욱 다양하고 또렷하다. 검정색뿐 아니라 붉은색과 파란색 또는 녹색 등도 있다.

수심 얕은 곳을 타깃으로 하는 에기는 녹색이나 파란색이 많다. 빨리 가라앉혀 바닥을 노리게 만든 에기는 붉은색을 많이 사용한다(제조사 별로 침강속도를 구분하기 위해 눈의 색깔을 다르게 하는 경우도 있지만 수심층에 맞는 컬러를 적용하는 경우가 대부분이다). 무늬오징어뿐 아니라 바닥에 있는 갑오징어를 낚기 위한 스테도 눈이 빨간색인 것이 대부분이다. 그리고 수심의 깊고 얕음과는 상관없이 야간 에깅 또는 낮 시간이라도 바닥을 노릴 때는 붉은색 눈을, 주간 에깅 또는 상층을 노릴 때는 파란색 계열의 눈을 가진 에기를 사용하는 것이 보다 생동감 있어 보이고 조과에 도움이 된다.

조류 강한 곳에서는 3초만 더 기다리자

에깅이 보급되기 시작하던 초창기에는 조류가 빠른 곳과 10m 이상으로 수심 깊은 곳에는 무늬오징어가 없다고 생각했다. 그러나 해가 거듭되면서 많은 꾼들의 시행착오와 도전으로 이제는 무늬오징어가 다양한 환경에서 먹이활동 한다는 것을 알게 되었다.

예를 들면 수심 40m 지역에서 메탈지그로 부시리를 노리 던 중 메탈지그의 움직임을 따라 무늬오징어가 수면까지 부상하는 것을 종종 목격하기도 한다. 그런 경험으로 먹잇감을 노리는 무늬오징어의 활동범위가 우리의 상상보다 훨씬 넓다는 것을 알 수 있으며 그런 경험들로 인해 포인트를 가리는 것은 사실 큰 의미가 없다고 할 수 있다. 특히 시즌 중에는 어디라도 무늬오징어가 있다고 믿는 것이 좋다.

그러나 아직까지 쉽게 접근하지 못하는 곳은 조류가 빠르고 변화가 심한 곳이다. 수심이 깊은 곳과 조류가 빠른 곳은 봉돌 또는 에깅 전용 싱커를 장착해서 사용하면 극복이 된다. 하지만 조류의 방향과 유속의 변화가 심한 곳은 채비를 조작하기 힘들고 에기의 위치를 파악하기 힘들다. 또 이런 곳에서는 에기가 바닥까지 가라앉기 힘들므로 입질 받을 확률도 낮다.

가장 공략하기 까다로운 곳은 상층과 하층의 조류 방향이 반대인 곳이다. 이런 곳은 원줄을 곧게 펴려고 뒷줄을 잡으면 에기가 바닥에서 떠올라버린다. 뒷줄을 잡지 않고 충분히 원줄을 풀어주면 상층 조류에 밀려 라인이 계속 흘러가 버린다.

이런 곳에서 무늬오징어를 노릴 때는 뒷줄을 잡고만 있는 것이 아니라 낚싯대를 들어서 상층이든 하층이든 어느 한 곳의 라인을 먼저 펴준다. 그런 뒤 원줄을 풀어주면서 조금씩 낚싯줄이 일직선이 되도록 조절해 가야 한다. 한 번의 시도로 바닥을 찍지 못하면 두 번, 세 번 반복해서 원줄을 당겼다가 놓기를 반복한다. 그리고 반드시 바닥을 찍는다는 느낌으로 낚시를 해야 무늬오징어를 만날 수 있다. 현장에서 보면 낚시인들은 조류에 떠내려간 낚싯줄을 계산하지 않고 '이쯤이면 에기가 바닥에 닿았겠지'라고 생각한 뒤 저킹을 시작한다. 그러므로 3초만 더 기다렸다가 저킹을 해보자. 확실한 조과 차이를 경험할 수 있을 것이다.

에기 선택은 컬러보단 조류와 수심에 맞춘다

에기는 수심과 액션 형태를 먼저 고려해서 선택한다. 깊고 조류가 빠른 곳은 빨리 가라앉는 것을 쓰고, 얕은 곳에서는 샐로우 타입을 쓴다. 중요한 것은 바다가 어떤 조건이든 에기가 1m 가라앉는데 4~5초를 유지하는 것이 좋다는 것이다. 적어도 물속에서 10~20초는 무늬오징어에게 보이게 하는 것이 중요하며 무늬오징어가 에기를 덮칠 타이밍을 만들어 주어야 한다. 따라서 조류와 수심을 먼저 고려해서 에기를 선택한다.

에기 컬러는 내추럴 계열이 인기 있다. 빨주노초파남보 7가지 컬러 중에 보라색과 파랑색이 빛의 파장이 제일 짧아서 깊은 곳에서도 잘 보인다. 물색이 탁한 경우가 아니라면 자연스러운 컬러를 선택하는 것이 좋다.

해가 뜨는 바다를 바라보며 호쾌한 캐스팅을 날리는 낚시인. 에기를 멀리 던져야 더 넓은 곳을 탐색할 수 있으므로 에깅에서는 캐스팅이 중요하다.

많은 낚시인들은 무늬오징어가 에기의 뒤쪽에서 접근해 공격하는 것으로 알고 있다. 그리고 저킹으로 바닥에서 높이 솟아 오른 에기가 다시 가라앉기 시작할 때 촉수를 뻗는다고 알고 있다. 이것은 틀린 것은 아니지만 정확히 말하면 맞는 것도 아니다.

에기가 솟아 오른 후 가라앉을 때 촉수를 뻗는 것은 무늬오징어의 공격 패턴 중 하나이며 에기가 움직이다가 멈추는 순간 공격을 받을 확률이 높은 것뿐이다. 무늬오징어는 빠르게 헤엄치는 베이트를 쫓아가서 순식간에 덮치기도 하고, 바닥에서 죽어가는 먹잇감을 슬며시 집어 들이기도 하며, 조류가 빠른 암반 뒤에 매복해 있다가 지나가는 것을 덮치거나 심지어는 수면으로 급상승하는 먹잇감을 쫓아 수면까지 튀어 오르는 등 아주 다양한 사냥 패턴을 구사한다. 또 먹잇감의 밑이나 뒤에서 접근하는 것이 아니라 뒤쪽 측면에서 접근해 먹잇감의 옆구리에 촉수를 뻗는 비율이 높은 것으로 알려져 있다. 어떤 경우에는 정면에서 촉수를 뻗기도 하는데, 문제는 무늬오징어의 공격 포지션에 따라 입질파악이 전혀 안 되는 경우가 있다는 것이다.

긴장한 상태에서 미세한 입질을 느껴야

무늬오징어의 측면 공격은 우리가 흔히 느끼는 그 입질이다. 그러나 앞쪽(정면)에서 에기의 머리를 당기는 경우에는 입질을 파악하기가 매우 어려워진다. 무늬오징어가 정면에서 공격하는 경우는 수온에 갑작스런 변화가 왔을 때나 한 포인트에서 여러 마리가 낚인 뒤 스트레스를 받은 상태로 무늬오징어의 활성이 정상이 아닐 때 주로 나타난다.

정면에서 이뤄지는 입질은 극히 짧게 이뤄지기 때문에 수면에 라인이 늘어진 상태라면 거의 파악이 불가능하다. 그래서 항상 원줄의 텐션을 유지하고 있는 것이 중요하다. 무늬오징어의 나쁜 입질이 갑자기 시원해지거나 하지는 않는다. 초반에 좋지 못한 입질은 대개 낚시가 끝날 때까지 계속되는데, 이를 극복하는 방법은 낚시인 스스로 초감각을 발휘하는 수밖에 없다. 즉 극도로 긴장한 상태에서 미세한 입질을 느끼려고 최선을 다해야 한다는 것이다. 감도 전달을 방해하는 장갑은 되도록 끼지 말고, 로드를 파지할 때는 손바닥이 손잡이대에 밀착되도록 감싸듯 쥐어야 약한 입질을 파악하는 데 도움이 된다.

더불어 무늬오징어가 활성에 따라 촉수를 뻗는 강도가 다르다는 것은 대부분 잘 알 것이다. 먹잇감이라고 판단하면 그 주변으로 접근했다가 긴 촉수로 한두 번 건드려 본 후 잡아당기는 식이다. 그러나 먹잇감이 아니라고 판단하면 감았던 촉수를 풀고 달아나는 데 그 타이밍을 놓치지 않아야 한다. 한번 무늬오징어에게 외면 받은 에기는 또 외면당할 확률이 높으므로 교체하는 것이 좋다.

| PART 4 | 무늬오징어낚시 3

낚시방법
연안낚시 마스터하기 STEP 3

STEP 1 　 원투와 폴링

장비를 구입했다면 바로 실전이다. 에깅은 채비를 꾸리기 쉽고 다른 장르처럼 자질구레한 것들을 준비하지 않아도 되기 때문에 곧바로 낚시를 할 수 있다. 낚싯대에 릴을 결합한 후 원줄에 2호 목줄을 1m 정도 묶으면 된다. 목줄에 스냅을 묶은 후 에기를 연결하면 끝. 스냅을 이용하는 이유는 에기를 빨리 교체하기 위해서다. 현장 상황에 맞춰 물색, 조류, 수심에 따라 다양한 에기를 사용한다.

에깅 낚시방법의 기본은 원투와 폴링이다. 멀리 캐스팅해야 더 먼 곳에 있는 무늬오징어를 불러 모을 수 있고 착수 후 바닥까지 천천히 가라앉혔다가 액션을 주면 입질을 받을 수 있다.

여기에는 요령이 있는데 우선 캐스팅을 할 때는 로드를 뒤로 젖혔을 때 루어를 약간 늘어뜨리고 자세를 잡는다. 그 후 낚싯대의 회전 반경을 크게 해서 낚싯대를 후려치듯 캐스팅한다. 버트 파워를 이용한다고 해서 '버트 캐스팅(butt casting)'이라고 부르는데, 이렇게 해야 무거운 에기를 더 멀리 날릴 수 있다. 몇 번만 연습하면 가능한 어렵지 않다. 어떤 낚시인은 목줄을 30cm 정도로 짧게 써서 일반 루어낚시와 같이 편하게 캐스팅하기도 하는데 개인 취향 차이므로 어떻게 하든 상관은 없다. 목적은 에기를 멀리 날리는 것이므로 어떤 방법을 쓰든 멀리 날리기만 하면 된다.

커플 낚시인이 차에서 내린 후 에깅 장비를 준비하고 있다. 연안 에깅은 이처럼 간단하게 준비할 수 있어서 출조하기 수월하다.

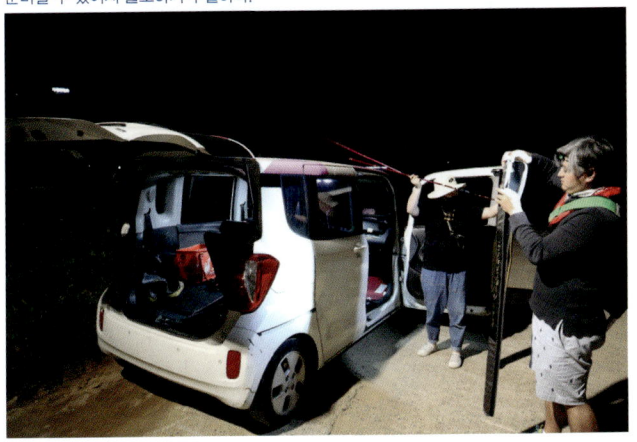

에기 폴링 때 입질

캐스팅을 했다면 그 후에 집중을 해야 한다. 에깅은 첫 캐스팅 후 첫 폴링과 액션이 가장 중요하다. 앞서 말했지만 에깅은 에기를 바닥까지 가라앉힌 후 액션을 줘서 멀리 있는 무늬오징어를 유인해서 잡는 것이다. 꼭 명심해야 할 사실은 반드시 한 번은 에기로 바닥을 찍어야(반드시 바닥을 찍지 않더라도 해초가 걸리는 바닥층까지 내려가야 한다) 하며 무늬오징어는 에기가 뜰 때가 아니라 가라앉는 도중이나 바닥에 닿는 순간 입질한다는 것이다. 충분히 가라앉히지 않고 액션만 주다보면 무늬오징어가 에기를 따라올 뿐 덮치지 않는 경우가 많다.

바닥을 찍은 후엔 액션을 시작한다. 보통은 저킹 액션이라고 부르는데, 저킹은 원래 지깅에서 쓰는 용어이며 에깅은 '샤크리'라는 용어를 주로 쓴다. 액션을 주는 요령은 낚싯대를 빠르게 위로 젖혔다가 내리기를 2~3회 반복하는 것이다. 그렇게 하면 물속의 에기가 튀어 올랐다가 액션을 멈추면 다시 천천히 가라앉는다.

액션에도 유행이 있는데 에깅을 처음 시작했을 때는 강하고 빠른 액션이 유행했다. 하지만 최근에는 되도록 천천히 하는 것이 더 효과적이라고 확신하는 낚시인들이 많다. 액션을 천천히 하는 방법은 에기를 바닥으로 가라앉힌 후 낚싯대를 강하게 휘두르는 것이 아니라 낚싯대를 슬쩍 들어주는 정도로 액션을 주고 더 활성도가 낮을 때는 릴을 한두 바퀴 감아주는 것으로 끝낸다. 에기로 바닥을 슬슬 짚고 다닌다고 생각하면 된다. 느린 액션은 밑걸림이 많은 곳이나 깊고 조류가 빠른 곳에서는 쓰기 어렵지만 얕은 곳, 무늬오징어의 활성이 낮은 시기에 효과적인 방법이다.

일반적으로 느린 액션은 4~6월 산란철이나 12월 이후 무늬오징어의 활성이 극히 낮을 때 사용하고 여름과 가을처럼 무늬오징어의 활성이 높을 때는 강하고 빠른 액션이 잘 먹히는 경우도 있다. 무늬오징어의 활성이 시시각각 변하므로 빠른 액션과 느린 액션을 적절히 병행하는 것이 요령이다. 예를 들어 처음에는 강한 액션으로 무늬오징어의 활성을 체크하고 반응이 없으면 천천히 바닥을 노리는 식으로 변화를 주면 된다.

STEP 2 　 입질 파악하기

무늬오징어의 습성을 파악하다보면 사람이 생각하는 것과는 전혀 다른 것이 너무 많다는 것을 알게 된다. 예를 들면 오징어 중에서는 몸의 빛깔을 빠르게 바꾸어 먹잇감에게 최면을 걸어 사냥하는 놈들도 있다고 하는데, 무늬오징어도 그렇지 않다고 결론내릴 만한 근거는 없는 것이 사실이다.

1 로드와 릴
2 에기
3 쇼크리더
4 가프
5 캐스팅 장갑
6 낚시용 백팩
　(또는 웨이스트백)

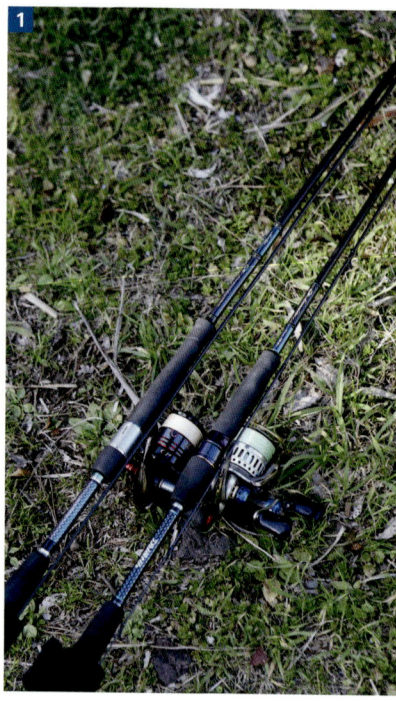

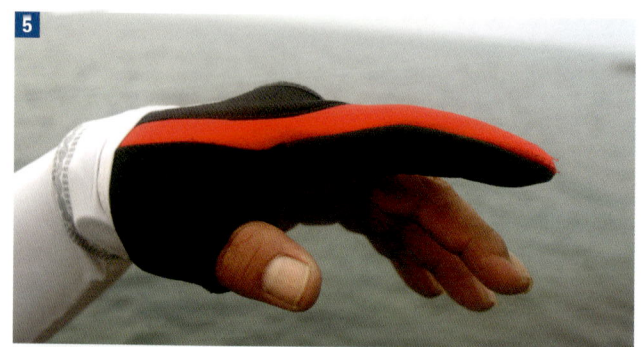

합사가 수중 구조물에 쓸려서 터지지 않도록 해준다. 나일론사 혹은 카본사를 사용하며 에깅에서는 1m 내외로 합사에 연결한다. 보통 카본이나 나일론사 2호 내외면 무난하다. 일부 낚시인들은 카본사가 너무 빳빳하여 에기의 액션에 안 좋은 영향을 준다고 생각해 부드러운 나일론사를 선호하기도 한다. 바닥이 거친 곳이라면 같은 굵기라도 강도가 더 높은 카본사를 쓴다. 길이는 조금 짧아도 상관 없지만 대개 1m 내외를 쓰며 너무 길게 연결하면 매듭이 가이드에 걸려서 낚시하기가 불편하다.

가프 또는 뜰채
1kg 이상의 무늬오징어는 무겁기 때문에 끌어낼 때엔 가프나 뜰채가 필수다. '가프(gaff)'란 큰 물고기를 걸어 올릴 때 사용하는 갈고리를 말한다. 에깅 마니아들은 가프를 선호하는 편이다. 뜰채는 파도가 치는 곳에서 파도에 많이 밀리고 오징어를 담은 후 에기 바늘을 망에서 빼내기 불편하다. 3~4m 길이의 가프는 낚싯대처럼 접고 펼 수 있는데 끝에 우산살 형태의 갈고리가 달려 있다. 평소엔 양산 길이의 대롱에 접혀 있다가 필요할 때 손잡이의 버튼을 누르고 앞으로 튕겨주면 갈고리가 앞쪽으로 튀어나가는 구조다.

캐스팅장갑
캐스팅할 때 원줄에 손가락이 쓸려 상처를 입는 것을 막아준다. 잦은 캐스팅을 할 때 유용하며 로드로 액션을 줄 때도 피로감이 덜하다.

에기 전용 가방
에기를 수납할 수 있는 공간이 칸칸이 있어 에기를 수납하기 편하다.

에기 스냅
에기를 교체하기 편하게끔 쇼크리더에 달아서 쓴다.

장비와 채비
전용 장비가 클래스를 가른다

두족류낚시에서 가장 먼저 전문 장비가 보급된 장르가 바로 무늬오징어 에깅이다. 에깅이 국내에 도입된 초기만 해도 배스낚싯대나 원투낚싯대에 에기를 달아서 즐기는 낚시인들이 있었지만 지금은 '무늬오징어 에깅은 전용 장비를 써야 제대로 낚시할 수 있다'는 인식이 정착되었다.

낚싯대
시중에 나와 있는 에깅 전용대는 매우 다양하다. 많이 사용하는 낚싯대는 8.4~8.6ft 길이의 미디엄라이트 파워 제품이다. 에깅 전용대는 에기의 무게가 20g 전후로 비슷하여 루어 무게에 따른 스펙보다는 길이, 휨새에 따라 여러 가지로 나뉘어 출시하고 있는데, 스펙이 다양해도 기본적인 역할은 모두 같다. 에기를 멀리 캐스팅하고 가볍게 액션을 줄 수 있어야 하고 큼직한 무늬오징어를 끌어낼 수 있도록 충분한 힘을 발휘할 수 있어야 한다.

하지만 가볍고 부드러운 낚싯대는 감도가 좋고 빠른 액션을 주기 편하며 낚시하는 데 피로감이 덜하지만 캐스팅 거리가 짧고 빠르고 강한 액션을 구사하기에는 부족함이 있다. 따라서 본인이 즐겨 다니는 낚시터의 특성을 파악한 후 낚싯대를 구입하는 것이 좋다. 2~3대의 낚싯대를 구입한 후 상황에 맞는 제품을 선택해 사용하는 것도 한 가지 방법이다. 얕은 연안, 깊고 조류가 빠른 외해, 팁런 이렇게 세 가지 구성을 갖추고 다니면 되겠다.

무늬오징어 연안낚시 장비·채비

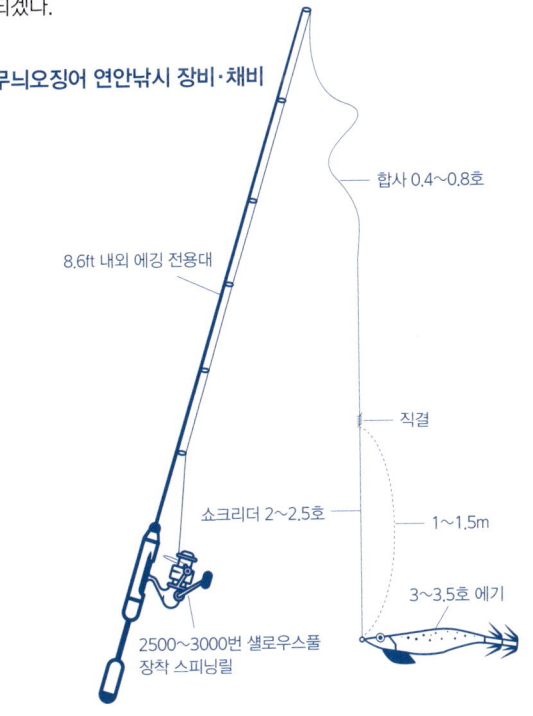

- 합사 0.4~0.8호
- 8.6ft 내외 에깅 전용대
- 직결
- 쇼크리더 2~2.5호
- 1~1.5m
- 3~3.5호 에기
- 2500~3000번 샬로우스풀 장착 스피닝릴

릴
에깅 전용 릴은 캐스팅하는 순간 균일한 양의 원줄이 일정하고 매끄럽게 풀려나가므로 일반 스피닝릴에 비해 캐스팅 거리가 더 길고 낚싯줄인 합사가 꼬이는 문제도 줄일 수 있다. 또 에깅에 즐겨 쓰는 0.6~0.8호 합사를 감기에 딱 알맞은 샬로우스풀을 갖추고 있다.

일반 스피닝릴을 사용한다면 갖고 있는 릴의 호환 스풀을 알아보고 한다. 2500~3000번 샬로우스풀로 교체해 쓰는 것이 좋다. 호환되는 스풀이 없어서 일반 스풀을 그대로 쓸 경우에는 합사를 감기 전에 적당량의 밑줄을 감은 후 합사를 감아 쓴다. 스풀이 깊은 일반 스풀에 합사를 그대로 감으면 합사가 풀려나갈 때 스풀 모서리에 닿는 면적이 커져서 비거리가 많이 줄어든다. 합사는 적어도 150m 이상 감아야 한다. 100m 이하로 감으면 원줄을 몇 번만 끊어내는 과정에서 모자랄 수 있다.

에기
에깅에서 가장 중요한 것이 바로 에기다. 작은 물고기나 새우 모양을 모티브로 제작한 루어로 다른 고기를 잘 유인하지는 못하지만 오징어류를 유인하는 데는 에기만한 성능을 가진 것이 없다.

에기는 침강속도에 따라 세 가지로 구분한다. 샬로우(shallow), 노멀(normal), 딥(deep) 세 가지가 에기의 기본 분류며 샬로우 타입은 1m를 5~7초에 내려가는 침강속도를 가졌고, 노멀 타입은 1m에 3.5초, 딥 타입은 1m를 2초 내외에 내려간다. 노리는 수심, 조류의 세기에 따라 선택하면 되고 크기에 따라서는 2.5호, 3호, 3.5호, 4호를 선택할 수 있다. 수심 7~8m라면 노멀 3.5호를 기준으로 사용하고 조금 더 얕아지면 샬로우 타입을 쓰거나 작은 호수로 교체하고 반대라면 딥 타입으로 교체하거나 4호 에기로 교체한다.

합사(PE라인)
원줄은 합사를 쓴다. 나일론사는 비거리와 감도가 떨어지기 때문에 쓰지 않는다. 합사도 가늘수록 비거리와 감도가 좋아진다. 에깅 마니아들이 가장 선호하는 굵기는 0.6호다. 고강도 12합사의 경우 0.4호 이하로 아주 가늘게 쓰기도 하지만 캐스팅을 할 때 '딱총(캐스팅 도중 매듭이 가이드에 걸려 가는 합사가 충격을 이기지 못해 터지는 현상. 마치 딱총을 쏘듯 딱하고 라인이 끊기며 루어가 날아간다)'을 쏘는 경우가 가끔 생기기 때문에 0.6호가 거의 표준이다. 조금 굵게 쓴다면 0.8호를 쓰며 그 이상 굵은 합사는 쓰지 않는다.

쇼크리더
쇼크리더(shockleader)란 합사에 연결하는 라인으로 마찰강도가 약한

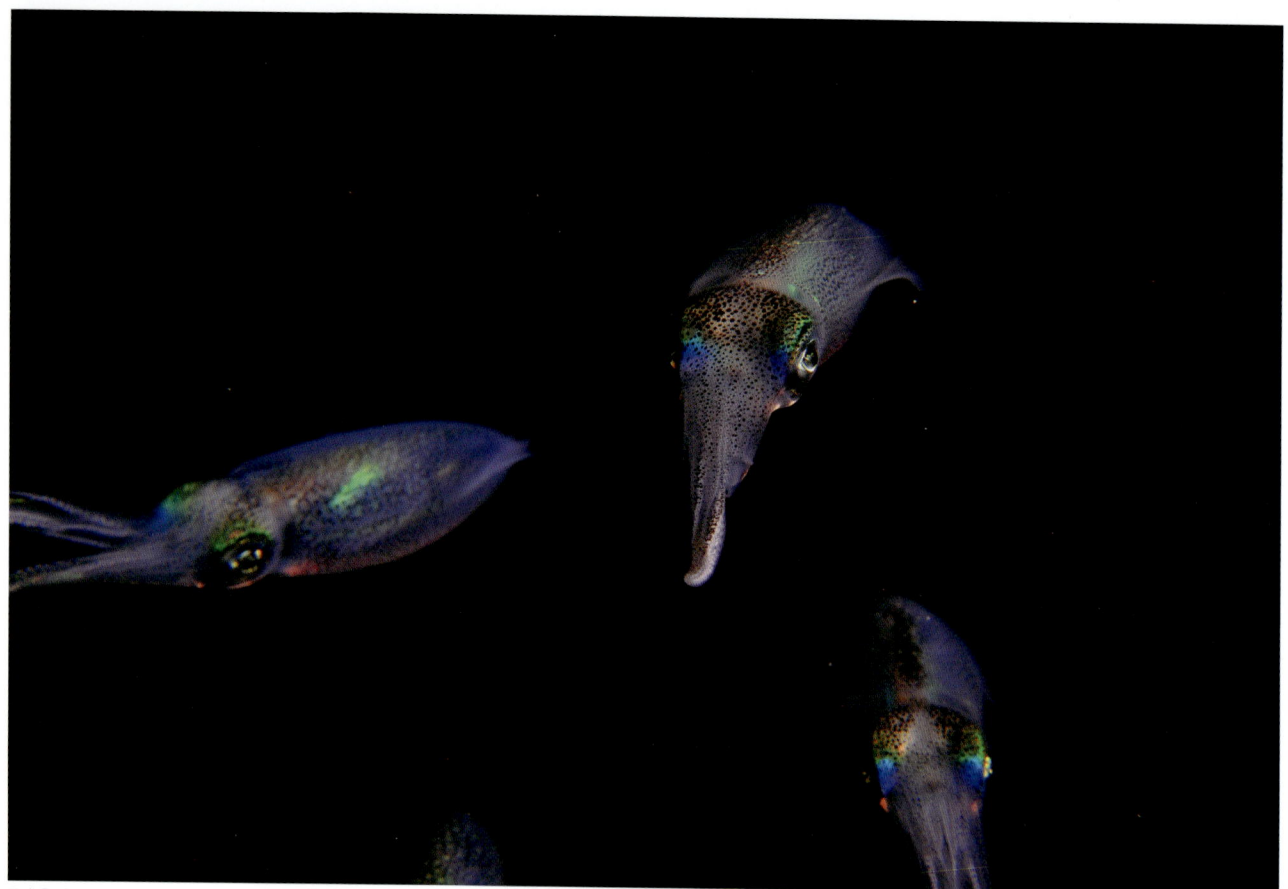
물속을 유영하고 있는 무늬오징어 새끼들. 눈 주변에 에메랄드색 무늬가 있으며 몸통 체색도 기분에 따라 다양하게 바꾸는 능력이 있다.

하며 12월이 되면 완전히 시즌을 마감한다.

울진, 영덕, 포항, 울산으로 이어지는 동해남부 지역은 6월 초부터 시즌이 시작해 10월에 피크 시즌을 맞는다. 5월에 간간이 1kg급이 출현하지만 마릿수는 적은 편이다. 남해안과 시즌이 거의 비슷하게 진행되며 포항과 경주 일부 지역은 12월 초겨울에도 마릿수 조과를 보이는 경우도 있어 연안 낚시터로 주목받고 있다.

서해

뻘바닥이 많은 서해는 무늬오징어가 서식하지 않는 것으로 알려졌지만 2007년 5월 군산 비응항 갯바위에서 무늬오징어가 낚이면서 서해에도 무늬오징어가 있다는 사실이 확인됐다. 그 후 비응항 갯바위 주변에서 탐사가 이뤄졌고 해거름에 800g~1kg 무늬오징어를 여러 마리 확인하면서 서해 무늬오징어낚시 시대가 열렸다. 당시엔 산란 시즌인 5~6월에 킬로급 무늬오징어가 낚였다는 점에서 비응항 일대를 무늬오징어 산란처로 보는 의견이 많았다. 하지만 그 뒤로는 무늬오징어가 낚이지 않았고 비응항의 무늬오징어 조황은 사람들에게 차츰 잊혀갔다.

서해에서 무늬오징어가 다시 낚인 것은 5년 뒤인 2012년. 전북 격포항에서 농어 루어배낚시를 떠난 낚시인의 미노우에 1.2kg급 무늬오징어가 걸렸다. 2013년엔 8월 말부터 9월 초까지 보령 먼 바다의 외연도에서 마릿수 무늬오징어가 낚여 화제가 됐다. 보령 외연도와 황도 앞바다 루어 배낚시에서 500g~1kg 씨알의 무늬오징어가 마릿수로 낚였다. 그후 외연도와 어청도 일대는 여름을 전후로 큰 씨알의 무늬오징어가 낚이는 곳으로 밝혀졌고 현재까지 시즌을 이어나가고 있다.

> #### 일본에서 건너온 낚시
> ### 에깅(Eging)
>
> 우리나라에서 에깅 붐은 2006년 가을부터 시작했다. 그 전에는 남해에 무늬오징어가 있는지도 잘 몰랐다. 다만 제주도에서는 간간이 여름밤에 생미끼를 이용한 찌낚시로 무늬오징어를 낚기는 했다. 그러나 한치의 인기에 밀려 낚시 대상으로는 부각되지 못했고, 이름도 없이 그냥 일본말인 '미즈이카(ミズイカ)'로 불렸다.
>
> 오늘날 최고의 낚시 대상 오징어로 각광받고 있는 무늬오징어는 오로지 에깅이란 낚시 기법에 의해 개척됐다. 에깅은 낚시 기법이 시작되고 완성된 일본에서 만든 낚시 용어다. 무늬오징어를 낚는 데 사용하는 루어인 '에기(Egi)와 영어 '-ing'를 합성했다.
>
> 에기는 일본의 어부들이 무늬오징어를 잡을 때 사용한 어구였다. 오키나와의 한 어부가 횃불로 사용하던 나뭇조각을 바다에 버렸는데 무늬오징어가 그 나뭇조각을 붙들어 가져가는 것을 보고는 이에 착안해 나무를 물고기 모양으로 깎고 불로 그슬린 후 바늘을 달아 사용한 것이 최초의 에기라고 전해진다.
>
> 이러한 어업 방식이 일본 본토 전국으로 퍼졌고 루어낚시 인구가 폭발적으로 늘어난 90년대 들어서는 에기를 사용하는 무늬오징어낚시가 하나의 낚시 장르로 정착하게 된 것이다.

| PART 4 | 무늬오징어낚시 1

생태와 시즌
오징어 에깅의 대명사

무늬오징어는 난류 바다에 서식하는 오징어다. 표준명은 흰오징어로 죽으면 몸통이 하얗게 변한다고 해서 이름이 붙여졌다. 다른 오징어에 비해 강한 공격력을 가지고 있고 연안 오징어류 중에서 가장 큰 덩치를 자랑하기에 금세 낚시인들의 마음을 사로잡았다.

동서남해 전국 바다에 서식

무늬오징어는 제주도에서 사계절 낚이고 육지에서는 동서남해에서 초여름부터 늦가을까지 낚인다. 1년생인 무늬오징어는 4~6월에 산란을 하는 것으로 알려져 있으며 여름에는 손바닥보다 작은 크기가 내만 가까이 붙기 시작한다. 그 후 씨알은 점차 커져 10월이면 몸통 크기가 20cm에 육박하고 무게도 1kg 가까이 된다.

1kg급이 낚이는 시기가 피크 시즌으로 11월에 접어들면 마릿수가 줄어들다가 12월이면 대부분 시즌을 마감한다. 그러나 이것은 남해와 동해에 해당하는 경우며 사철 따뜻한 제주도는 겨울에도 무늬오징어가 낚여 육지에서 원정 출조를 많이 한다.

겨울과 봄에 낚이는 2~3kg 무늬오징어를 '몬스터(monster)'라고 부르는데 연중 가장 큰 씨알을 낚을 수 있다. 무늬오징어 시즌을 지역별로 구분하면 다음과 같다.

제주도

따뜻한 바닷물인 쓰시마 난류의 영향을 가장 크게 받는 제주도는 사계절 무늬오징어를 낚을 수 있다. 육지는 겨울과 봄 시즌이 끝난 상태지만 제주도의 겨울과 봄은 2kg 이상 대형급이 출현하는 대물 시즌이다.

마릿수 피크는 가을인 10~11월이며 여름에도 무늬오징어가 잘 낚이지만 씨알이 500g 이하로 잘다. 가을은 마릿수는 그대로 유지하면서 씨알이 훨씬 커져 1kg급 무늬오징어도 잘 낚인다. 겨울과 봄은 마릿수가 줄어드는 대신 2kg 이상의 몬스터가 낚인다.

2~3월 제주도 북부는 수온이 떨어져서 무늬오징어를 낚기 어려우며 이때는 남쪽인 서귀포를 찾아야 한다. 제주도의 4~5월은 남부와 북부 전역에서 무늬오징어가 낚이는 연중 최고의 몬스터 시즌이다. 2~3kg 대물이 자주 출현하고 3kg 이상도 종종 낚이는데 한림 앞바다에 있는 비양도가 대물 포인트로 유명하다.

남해

남해에서 무늬오징어가 낚이는 시기는 5월부터 이듬해 1월까지다. 5월엔 배낚시에서 간간이 1kg급이 낚이지만 연안에서는 잘 낚이지 않는다. 연안에서는 5월 말부터 낚이기 시작하는데 마릿수는 적지만 1kg급이 흔하다. 7월을 넘겨 마릿수가 늘어나며 6~7월에 큰 씨알이 잘 낚인다. 8월은 갓 태어난 새끼 무늬오징어가 많아 비수기로 꼽히며 9월이 되면 150~300g의 '감자'만한 무늬오징어가 낚이기 시작한다. 배낚시를 하면 500g 정도의 '고구마'만한 크기가 낚인다.

10월은 800g~1kg이 낚이며 먼 바다에선 마릿수 호황을 보이는 피크 시즌이다. 이때 무늬오징어의 활성도가 최고조에 달하는데, 에기를 덮쳐 저항하는 힘도 대단해서 감성돔 손맛과 견주어도 부족함이 없을 정도다. 부쩍 커진 가을 무늬오징어들은 얕은 여밭이나 홈통보다는 본류가 제법 세게 흐르는 곳을 선호한다. 특히 이 시기에는 집어등을 밝히고 밤낚시를 하면 낚이는 씨알도 더 굵고 마릿수 조과도 올릴 수 있다.

11월로 접어들면 1.5kg 대형 씨알도 간간이 낚이지만 마릿수는 줄어들기 시작한다. 남해동부 지역은 12월까지도 무늬오징어가 낚이며 남해중서부 지역은 11월이면 무늬오징어낚시가 마감된다.

동해

동해는 6월부터 12월까지가 무늬오징어 시즌이다. 하지만 지역에 따라 조금 차이가 난다. 동해남부 지역은 남해와 비슷하게 12월까지 이어지지만 강원도인 동해북부는 6월에 본격적인 시즌이 시작돼 11월이면 시즌이 마무리된다.

6월에는 삼척, 강릉, 양양, 동해 일대에서 무늬오징어가 출현하며 본격 시즌인 가을에 비해 마릿수 조황은 떨어지지만 800g~1.5kg의 큰 씨알이 낚인다. 본격 시즌은 9월 중순부터 10월 말까지. 이때는 거의 모든 방파제와 갯바위에서 무늬오징어를 만날 수 있다. 11월이면 마릿수가 급감

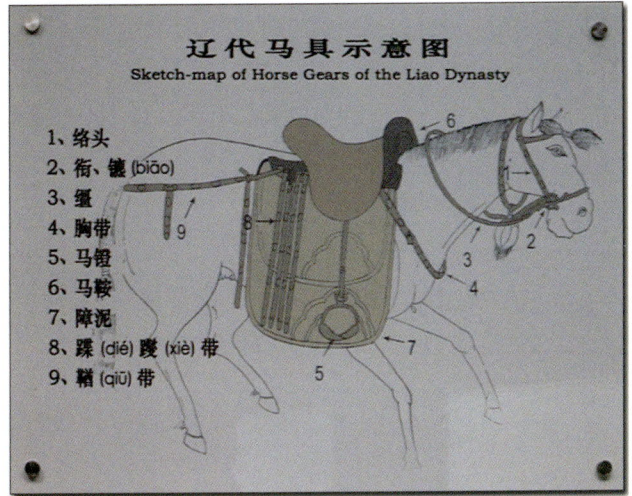

무늬오징어의 일본명인 아오리이카는 말안장 흙받이(아오리. 그림의 7) 문양이 무늬오징어의 지느러미를 닮은 것에 유래했다.

PART 4
무늬오징어낚시

해양수산부 지정
수산자원 포획금지기간과 포획금지체장
2022년 현재

낚시 대상	포획·채취 금지체장 또는 체중	포획·채취 금지기간·구역과 수심
감성돔	25cm 이하	5월 1일부터 5월 31일까지
개서대	26cm 이하	7월 1일부터 8월 31일까지
고등어	21cm 이하	4월 1일부터 6월 30일 중 해수부장관이 고시하는 1개월
기름가자미	20cm 이하 23년 12월 31일까지는 17cm 이하 적용	12월 1일부터 1월 31일까지
갈치	항문장 18cm 이하	7월 1일부터 7월 31일까지
낙지		6월 1일부터 6월 30일까지
넙치	35cm 이하	
농어	30cm 이하	
대구	35cm 이하	1월 16일부터 2월 15일까지
대문어(피문어)	600g 이하	
도루묵	11cm 이하	
돌돔	24cm 이하	
말쥐치	18cm 이하	5월 1일부터 7월 31일까지 다만 정치망 등은 6월 1일부터 7월 31일까지
명태	27cm 이하	
문치가자미(도다리)	20cm 이하 23년 12월 31일까지는 17cm 이하 적용	12월 1일부터 1월 31일까지
민어	33cm 이하	
방어	30cm 이하	
볼락	15cm 이하	
붕장어	35cm 이하	
살오징어	외투장 15cm 이하	4월 1일부터 4월 30일까지 정치망 금어기
연어		10월 1일부터 11월 30일까지
옥돔		7월 21일부터 8월 20일까지
용가자미	20cm 이하 23년 12월 31일까지는 17cm 이하 적용	12월 1일부터 1월 31일까지
전어		5월 1일부터 7월 15일까지 다만, 강원도와 경상북도는 제외
조피볼락(우럭)	23cm 이하	
주꾸미		5월 11일부터 8월 31일까지
쥐노래미	20cm 이하	11월 1일부터 12월 31일까지
참가자미	12cm 이하	12월 1일부터 1월 31일까지
참돔	24cm 이하	
참문어(돌문어)		5월 16일부터 6월 30일까지 5월 1일에서 9월 15일 중 46일 이상 시도 별도 지정 가능
참조기		7월 1일부터 7월 31일까지
참홍어	체반폭 42cm 이하	6월 1일부터 7월 15일까지
청어	20cm 이하	
황돔	15cm 이하	
황복	20cm 이하	

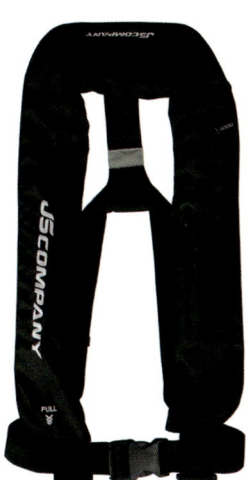

JS-LJ02 착용성 향상형 구명조끼 　제이에스컴퍼니

한국해양수산부 착용성 향상용 구명조끼 형식승인 KOSMA 검증품이다. 겉감은 나일론 420D+PU코팅(생활방수)된 제품으로 무게는 620g 내외. 사이즈는 프리로 허리 25~55인치면 누구나 사용 가능하다. 자동/수동 겸용 제품.
색상 블랙, 레드, 오렌지, 카모 4가지. 가격 17만원

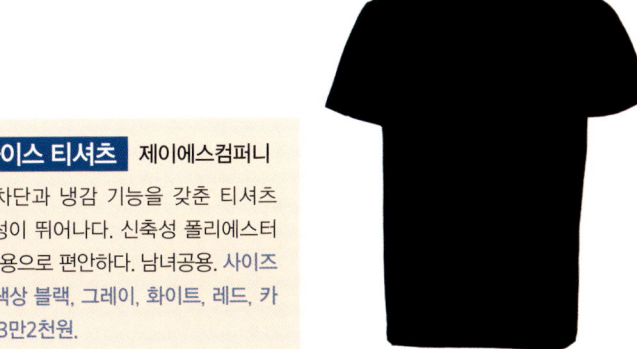

UV 아이스 티셔츠 　제이에스컴퍼니

자외선 차단과 냉감 기능을 갖춘 티셔츠로 속건성이 뛰어나다. 신축성 폴리에스터 100% 사용으로 편안하다. 남녀공용. 사이즈 S~XL. 색상 블랙, 그레이, 화이트, 레드, 카키. 가격 3만2천원.

PE 합사가위 　하프루어

스테인리스 스틸 소재의 톱날형 합사가위로 나일론 및 카본사, 합사를 자르기 좋은 가위다. 가위 끝이 날카롭지 않고 콤팩트해 휴대하기 좋고 가벼워 핀온릴 등에 장착하여 편하게 사용할 수 있다.
길이 95mm, 무게 18g, 가격 4,000원.

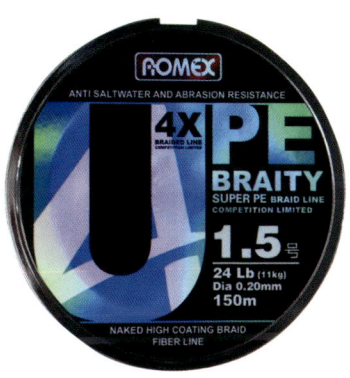

아오맥스 브레이티 4합사 　리더낚시

100% 다이니마 원사 사용으로 연신율을 대폭 줄인 합사이다. 고강력 코라미드 섬유라 부드러우면서 강도가 뛰어나다. 표면이 매끈해 원투 능력도 뛰어나다. 전통적인 합사의 단면 특성인 납작함을 탈피하고 원형 타입으로 제조해 사용 및 취급이 편리하고 가이드와의 마찰도 최소화했다.
길이 150m 0.8호~5호. 가격 1만5천원.

포티시엠 멀티백 　하프루어

원단은 우본 무늬 소재로 흠이 잘 나지 않고 세련되며 디자인이 아름답다. 측면에 있는 2개의 로드 홀더로 낚싯대 및 다양한 용품을 간단히 꼽아 사용할 수 있다. 소품 주머니가 있고 기포기 구멍도 마련해 라이브웰로도 쓸 수 있는 제품이다. 가장 활용도가 높은 40cm 사이즈. 뚜껑은 하드 재질로 내용물의 파손과 이염을 방지한다. 완전 방수처리를 위해 접합 부분을 최신 기술로 처리했다. 손잡이는 간단히 합쳐져서 손의 피로감을 최소화하며, 어깨끈과 손잡이를 상황에 따라 편리하게 사용할 수 있다. 보조가방, 물고기 살림망, 밑밥통, 태클박스 등 다용도로 사용할 수 있는 멀티백이다.
사이즈 40×24×25cm. 가격 4만9천5백원.

요즈리 스시큐 베이트 홀더 바텀용 3.5호 레토피아

한치, 갑오징어, 무늬오징어 등을 노릴 때 생미끼를 달아서 사용할 수 있는 에기로 간편한 홀더를 채용해 원터치로 미끼를 부착할 수 있다. 기존 홀더 외에도 스테인리스 강선으로 미끼를 고정할 수 있으며 요즈리의 파타파타 싱커와 호환이 가능하다. 주로 바닥층에 있는 두족류를 노릴 때 사용한다. 가격 1만1천원.

틴셀 밸런스 3.0 배서

'틴셀 밸런스 3.0'은 무늬오징어와 한치낚시에 사용하는 스테다. 틴셀 밸런스는 야광력이 강하며 수중에서 밸런스가 좋기 때문에 넓은 구간에서 대상어에게 어필할 수 있다. 2단 바늘과 바늘 끝에 야광이 들어 있어 플래싱 효과와 야광 효과가 함께 나타난다. 총 11가지 컬러 출시. 가격 3천원(2개입)

구명조끼·아이스박스·낚싯줄·소품

DF-9200 워셔블 라이프 재킷 한국다이와

소형화와 내구성 향상을 실현한 신형 인플레이터를 탑재한 팽창식 구명조끼다. 해양수산부 형식 승인 제품으로 어깨에 착용하며 자동, 수동으로 사용할 수 있다. 어깨 부분의 부품을 3분할해서 목 주변의 착용감을 높였으며 입체 재단 설계, 허리 벨트와 등쪽 조절 벨트를 채용해 다양한 체형에 맞춰 착용할 수 있다.
카트리지의 장착 상태를 한눈에 알 수 있는 더블 인디케이터 탑재. 컬러 블랙, 레드, 그레이 카모, 백스타일 4종. 사이즈 프리. 가격 2만3천엔.

쿨 라인α GU·쿨라인αS 한국다이와

'쿨 라인α'는 다채로운 옵션이 매력적인 소형 쿨러로 주꾸미나 갑오징어와 같은 작은 두족류를 담는데 안성맞춤인 제품이다. 에깅, 아징, 볼락 루어 등 각종 라이트게임에 적합하다. GU 제품은 단열재로 우레탄을 사용하여 높은 수준의 보냉력을 확보하고 있으며 S 제품은 경량 스티로폼을 단열재로 사용해 가벼워서 운반이 편리하다. 로드 받침대 두 개와 소품 수납 부속이 장착되어 있다.
1000X LS, 1500X LS 각 2종 출시. 가격 1만3500~1만8500엔.

루어

아쭈르5 하프루어

2021년 극강의 컬러 트렌드를 이끈 레드헤드 수박 색상을 필두로 히트가 예상되는 색상으로 출시된 루어다. 우리나라 바다에서 가장 많이 사용되는 레드헤드 시리즈로 축광 보디가 내뿜는 은은한 야광 빛이 특징이며 반전 컬러인 홀로그램 펄 원단이 매끈하게 몸체를 감싸고 있다. 평행을 유지하면서 물속에서 가라앉는 에기로 주꾸미와 갑오징어에게 특효이며 수백 번의 실험과 테스트를 통해 조과가 확인됐다. 다운샷 형태의 채비에는 필수품이며 강화 훅 채용으로 훅셋 확률이 높아졌다. 국내 브랜드 에기 최초로 블랙니켈을 채용했다. 코팅 1단과 2단 훅의 거리 최적화로 대상어의 이탈을 방지해준다.
사이즈 약 100mm, 무게 10g, 가격 2천원.

아쭈르 반짝이 하프루어

주꾸미, 갑오징어에서 가장 많이 쓰이는 시즌 TOP 10 트렌드 컬러로 출시한 에기다. 평행을 유지하면서 물속에 가라앉는 수평에기로 주꾸미와 갑오징어의 입질 확률을 높인다. 반짝이와 조화돼 놀라운 집어력을 발휘한다. 수백 번의 실험과 테스트를 거쳐 조과가 검증됐다. 고급 회전도래를 장착, 수중 액션이 자유롭고 정교한 금형과 사출로 정확한 무게 비율을 실현했다. 강화된 블랙 니켈 훅 채용으로 훅셋 확률을 높였고 거리 최적화로 대상어의 이탈을 방지한다. 반짝이가 듬뿍 묻어 있어 어필 효과가 뛰어나다. 금색과 은색의 반짝이로 주꾸미, 문어, 갑오징어 모두에 어필력이 강하다. 길이 약 100mm, 무게 10.3g, 10 컬러, 가격 2천원.

뿔난 아쭈르 수평에기 하프루어

수평에기 등에 등침을 더한 에기다. 주꾸미와 갑오징어는 에기에 다가와 몸통을 끌어안아 당기는데 꼬리 부위 바늘에 잘 걸리지 않아 빠지는 경향이 종종 있다. 하프루어의 뿔난 아쭈르는 등침을 추가해 이런 설걸림 현상을 해결했다. 무게 균형이 좋아 수중에서 발생하는 여러 상황에서 안정적이고 균형 잡힌 액션을 구현할 수 있다. 대상어의 호기심을 유발하는 눈 형태를 도입, 대상어에게 강력하게 어필한다. 큼직한 레드블랙의 3D 눈은 생명력을 더해주고 달려들고 싶은 욕구를 더해준다. 좀 더 큰 대상어에게 어필 할 수 있도록 기존 에기보다 몸체를 좀 더 키웠으며 단단한 재질의 ABS를 사용해 튼튼하고 몸 전체에 축광이 가능하다. 또한 베이트피시를 닮은 워블링 액션이 훌륭하며 기존 하프루어 에기에 비하여 바늘이 매우 강해졌다. 바늘 기둥을 몸체에다 직접 삽입하고 바늘 각도와 간격을 대상어가 가장 잘 걸릴 수 있도록 설계하였다. 하프루어 G6 에기로 약 10kg 정도 되는 소화기를 직접 들어보아도 끄떡없을 정도다. 배면의 축광 테이프는 플라스틱으로 감싸 천이 터져나가는 것을 방지하고 야광을 발산해 두족류를 유혹한다. 얇고 부드러워서 에기와의 밀착력이 매우 우수하고 주꾸미와 갑오징어가 루어를 잡으면 바늘 쪽으로 유도되기 좋은 질감의 천을 사용하였다. 인기 컬러 10가지를 선별하여 출시하였다. 길이 약 10.5cm, 가격 2천5백원.

요즈리 울트라 스테 내추럴 원단 레토피아 스페셜 레토피아

'요즈리 울트라 스테 내추럴 원단 레토피아 스페셜'은 제주도 한치 삼봉 갑오징어 주꾸미 킬러로 라인 엉킴을 방지하는 라인아이와 데블 데커 훅, 생동감 있는 깃털, 균형 잡힌 보디를 채용했다. 내추럴 원단을 사용한 컬러 7종 출시. 가격 7천원.

코바 엘리트 플래티넘 도요피싱

'코바 엘리트 플래티넘'은 도요 테크놀로지를 집대성한 프리미엄 베이트릴이다. 미래 지향적이고 트렌디한 디자인을 선보이며 하이엔드 모델답게 프레임과 후드, 사이드 커버를 고강도 알루미늄으로 제작했다. 후드와 사이드 커버는 티타늄 코팅을 하여 외관이 미려하고 염수에 의한 부식 및 외부 충격에 강하다. 신개념 브레이크 시스템인 파라맥 브레이크 시스템(Paramag Brake System)을 채택, 비자성체와 마그넷을 평행하게 이동시킴으로 기존 프리존 마그네틱 브레이크보다 브레이크 성능이 업그레이드되어 낚시 초보자도 스트레스 없이 쉽게 캐스팅이 가능하게 해준다. XDC(Extreme Distance Casting)는 투스텝 라인 가이드 시스템으로 라인 방출 시 라인 가이드와 라인 사이의 마찰을 두 단계로 줄여 백래시를 제어한다. 가볍고 내구성이 강한 고강도 두랄루민 소재의 32mm 스풀을 채용했으며 쉽고 빠르게 매듭 처리를 가능하게 해주는 스피드 노트 기능도 탑재되어 있다. 드래그 클릭음 시스템이 장착되어 낚시하는 즐거움을 한층 배가시켜주며 기어비는 4.6:1, 5.6:1, 6.8:1, 7.5:1 네 가지로 구성, 갑오징어는 물론 다양한 어종의 낚시까지 가능하다. 9+1 부식 방지 볼베어링을 채용하여 선상에서 무리 없이 사용할 수 있도록 하였고 드라이브 기어는 가볍고 내식성, 내마모성이 강한 초고강도 두랄루민 소재를 사용하였으며 클릭음을 이용하여 미세조정이 가능한 메커니컬 브레이크 노브가 장착되어 있다. 루어 관리를 간편하게 할 수 있는 훅 홀더, 라인의 정보를 쉽게 세팅할 수 있는 라인 메모를 장착하였으며 최대 드랙력은 6kg. 가격 37만5천원.

올터레인-III 도요피싱

프레임을 고강도 알루미늄 소재로 제작, 세련되고 트렌디한 디자인의 유광 블랙 컬러 보디에 펄이 추가되어 은은하고 고급스러운 외형을 선보인다. 내부는 파워 기어 크랭킹(Power Gear Cranking)을 구현하는 피니언 지지 구조를 채택, 기어 샤프트와 기어 간의 유격을 최대한으로 줄여 마찰을 최소화시킴으로써 내구성을 향상시켰다. 스풀은 두랄루민 재질로 매우 가볍게 제작했으며 스피드 노트(Speed Knot) 기능이 추가되었다. 스피드 버튼으로 클러치 바 복원이 가능하다. 그 외 알루미늄, 하이브리드 등 여러 가지 지깅용 파워 핸들로 교체가 가능하며 기어비는 5.6:1, 6.8:1, 7.5:1, 8.3:1로 다양하게 구성ას 갑오징어는 물론 다양한 어종의 낚시까지 가능하다. 9+1 부식 방지 볼베어링을 채용하여 선상에서 무리 없이 사용할 수 있도록 하였고 그 밖에 마그네틱 브레이크 시스템 (FMB: Freezone Magnetic Brake System), 내식성, 내마모성이 강한 초고강도 두랄루민 드라이브 기어, 초광역 범위조정 드래그를 채용했다. 드랙력 7kg. 가격 25만원.

파커스SA 리더낚시

롱캐스트 스풀을 채택한 스피닝릴로 줄 풀림이 좋아 가벼운 루어도 멀리 던질 수 있다. 황동 피니언 기어를 사용해 내구성이 좋고 힘이 뛰어나며 정교한 라인 레이 오실레이션 시스템으로 줄이 정교하게 감긴다. 주꾸미, 갑오징어, 무늬오징어, 한치 등을 연안 또는 낚싯배에서 캐스팅으로 노릴 때 쓰기 좋은 제품이다.
규격 1000~6000번. 가격 5만2천원~6만8천원.

씨호크 쭈깅스타 프로 156 피싱코리아

쭈깅스타 프로의 티타늄 팁 업그레이드 버전이다. 40톤 고탄성 카본과 ULTRA-X 보강으로 강도 향상과 뒤틀림을 잡아주는 안정된 블랭크를 가지고 있다. 초고강도 로드에 대한 연구개발로 파상강도 13kg을 실현하여 높은 강도를 실현했다. 부러지지 않는 티타늄 팁과 탄력적인 휨새로 미세한 입질 파악에도 최적화 되었으며, 장시간 낚시에도 부담이 없는 무게감과 9:1~8:2 휨새 비율로 주꾸미, 갑오징어 제압에 최적화된 액션을 보여준다. 도금이 안 되어 있어도 절대 녹이 나지 않는 최상급 스테인리스 가이드 프레임과 높은 강도와 내식성을 지닌 지르코니아 가이드링을 채용했다. 가격 17만8천원.

썬더 블랙 솔리드 632 피싱코리아

라이트지깅 로드의 또 다른 진화 '썬더 블랙 솔리드 632'는 주꾸미, 갑오징어, 한치를 주 대상으로 제작한 로드다. 부드럽고 유연한 카본 솔리드로 이상적인 로드 액션을 실현. 한치낚시에서 632UL과 632L은 거치용 및 셰이킹 액션을 주는 용도로 사용하면 최상의 조과를 낼 수 있으며 참돔 타이라바낚시에도 사용 가능하다. 632ML은 다운샷낚시 또는 갈치 지깅에 사용한다. 내부식성 테스트에서도 검증된 하드크롬 도금 가이드와 높은 경도를 자랑하는 지르코니아 가이드링 채택으로 부식과 가이드링 파손의 염려를 덜어줄 최적의 솔트워터 로드다. 가격 17만8천원.

릴

티에라IC 한국다이와

'티에라IC'는 무게가 165g으로 IC릴 중 최경량 모델이다. 10m마다 알람이 울리는 수심 알람 기능으로 보다 쉽게 원하는 수심을 알 수 있어서 카운터를 보고 있지 않고 알람음을 듣는 것만으로도 루어나 채비의 위치를 파악할 수 있다. 보디는 ZAION제 프레임, 사이드 플레이트로 강한 내구성을 가지고 있다. 드랙 방출 클릭음 채용. 이카메탈이나 한치, 갈치, 참돔 등 다양한 장르에 사용할 수 있다. 100, 100L, 100H, 100HL, 100XH, 100퇴, 105XH, 105XHL 출시. 가격 4만5천~4만6천엔.

티에라A IC 한국다이와

'티에라A IC'는 차세대 베이트 테크놀로지 '하이퍼드라이브 디자인'을 탑재한 모델로 매끄러운 권상감과 가벼움을 겸비한 고강성 IC 라이트지깅 베이트릴이다. 기어가 강하고 매끄러운 성능을 발휘하는 하이퍼드라이브 디지기어에 수심 알람 기능까지 탑재하고 있다. 여유로운 권사량으로 근해 지역의 폭넓은 수심에 대응하며 중형 회유어나 갈치, 참돔 등에도 사용할 수 있다. 150-DH, 150L-DH, 150H, 150HL, 150H-DH, 150HL-DH 출시. 가격 3만6300엔.

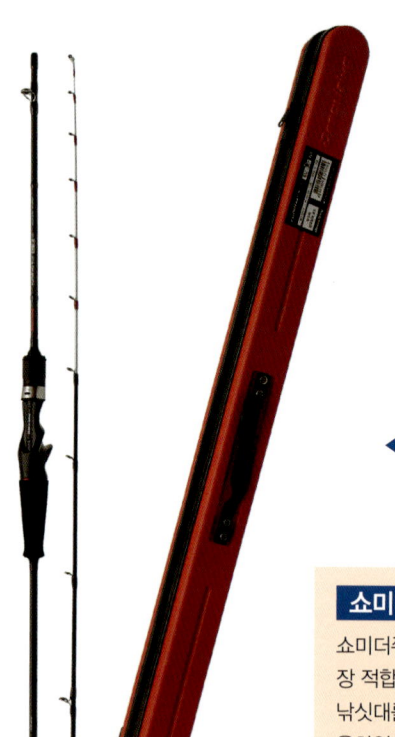

쇼미더쭈갑 다솔라이징

주꾸미, 갑오징어를 대상으로 개발된 전용 베이트 루어낚싯대다. 액션은 9:1로 제작되었으며, 센터컷 방식인 2PIECE 로드다. 스피갓 조인트 방식을 채용, 원피스 로드와 가까운 감도를 가졌으며 낚시 중 초릿대가 쉽게 분리되지 않는다. 허리 부분은 강도를 높여서 깊은 수심층에서 대상어를 끌어낼 때 손목에 전해지는 부담감을 최소화하였다. 릴시트 부분은 릴을 장착하고 파지하였을 때 한손에 쏙 들어오도록 3D 설계된 릴시트를 채용하였다. 투그립 타입의 EVA그립은 뒷그립 길이를 좀 더 길게 제작해 겨드랑이에 파지했을 때 최적의 사용감을 느낄 수 있다. 로드 초릿대의 최상단 부분은 솔리드팁을 적용하였으며 실버 그레이 도장에 레드와인 가이드랩핑은 초릿대의 시인성을 높여서 입질을 눈으로도 확인할 수 있도록 했다. 검정색 도장에 빨간색 메탈파츠와 빨간색 랩핑사는 심플한 디자인으로 오랫동안 사용하여도 한결같이 새로운 기분을 느낄 수 있다. 고급스런 하드케이스를 기본으로 제공하고 있으며 최대 2대까지도 수납이 가능하다. 어깨끈이 장착되어 이동 시 편안함을 제공하며 로드의 파손을 막아준다. B155, B165 2종 출시. 가격 B155 7만2천원, B165 8만원

쇼미더쭈갑2 하프루어

쇼미더쭈갑 시리즈 중 가장 고급스러운 주꾸미, 갑오징어 선상 낚싯대다. 주꾸미 및 갑오징어 전용 낚싯대로 가장 적합한 173cm의 길이로 모든 배낚시 공간에서 사용하는데 전혀 지장이 없다. 갑오징어낚시에서는 약간 긴 낚싯대를 선호하는 경향이 있어 갑오징어낚시에도 최적이다. 가이드는 Fuji New 'O' CONNECT GUIDE를 사용하였다. Fuji 신형 가이드는 기존 제품에 비하여 매우 강한 탄력 회복성을 지니고 있다. 주꾸미와 갑오징어의 입질을 지속적으로 전달하는 힘이 강하며 민감한 입질도 쉽게 감지한다. 합사가 빠져나갈 때 마찰열이 덜하고 라인의 손상 확률도 적으며 관통 속도가 빠른 편이다. 특히 톱가이드에서 5번 가이드까지는 밝은 펄 화이트로 도색하였고, 각 가이드마다 핑크오렌지 계열의 형광 컬러로 표현해 초릿대 움직임을 매우 세밀하게 관찰할 수 있다. 초릿대의 움직임과 가이드를 통해 오는 입질 두 가지 중 어느 하나도 놓치지 않도록 설계된 최상의 제품이다. 또한 조인트(초리대와 손잡이대 연결 부분)는 버트 분리형으로 1번대가 분리되지 않는 통블랭크로 팁의 신호를 손실없이 전달한다. 하나의 로드 같은 일체감으로 감도와 휨새 두 가지를 다 유지할 수 있다. 전용 고급 로드케이스를 증정한다. 편 길이 1.73m, 접은 길이 129cm, 무게 128g, 추부하 10~30g, 가격 11만9천원.

우라노 인쇼어 로드 도요피싱

'우라노 인쇼어'는 도요피싱의 베스트셀러 선상 전용 로드로 여러 가지 대상종에 대응할 수 있도록 부드러운 팁(652MF), 범용 팁(642F), 강한 팁(662LF) 세 가지 휨새로 출시했다. MF 휨새는 갑오징어, 한치, 주꾸미 낚시에 적합하고 LF 휨새는 문어낚시에 최적화되어 있으며 F 휨새로는 광어, 우럭 등의 다양한 어종까지 커버가 가능하다. 분리형 트리거 릴시트를 채용하여 중량을 감소시키고 블랭크 터치로 감도를 향상시켰으며 손잡이 절번에는 능직 구조의 우븐 카본을 적용, 유연성 및 강도 그리고 블랭크 파워를 향상시켰다. 가이드는 선상 전용 후지 LC 및 LDB 프레임 'O'링 가이드를 채용하여 선상낚시에서 생기는 줄꼬임을 최소화할 수 있도록 하였다. 팁에는 각기 다른 형광색 도장처리를 하여 시인성을 향상시켰고 중앙분리형 2절 구조 설계로 이동 시 휴대성 및 보관을 용이하다. 제품 구매 시, 이동 시 편리함과 낚싯대를 보호하기 위한 삼각 로드 케이스를 함께 제공한다. 가격 8만9천원.

갑오징어낚시용품 지상전시

낚싯대

교쿠에이 타코이카 AGS 한국다이와
교쿠에이 EX AGS의 성능을 접목시킨 제품으로 국내 환경과 낚시인들의 요구에 부응하는 성능과 포퍼먼스를 갖춘 주꾸미, 갑오징어 전용 로드다. 매우 섬세한 감도를 가지고 있으며 슈퍼 메탈톱, 에어가이드 시스템 등 최고급 기능을 탑재해 주꾸미의 미약한 무게 차이도 감지할 수 있다. 170MMH, 170MH, 170H 3종 출시. 가격 4만4천~4만6천엔.

교쿠에이 콘셉트 게임 한국다이와
'교쿠에이 콘셉트 게임'은 낚시법의 변화와 태클의 진화에 의해 게임 로드에 요구되어지는 다양한 성능을 만족시키는 제품이다. 라이트, 파워, 마이크로 센시티브, 패스트 테이퍼로 아이템별 방향성을 명확하게 했으며 게임 로드는 각 어종의 콘셉트에 맞게 설계해 한층 다양하게 출시했다. L M-160AGS, L M-195AGS, L MH-185AGS, L MH-235AGS, L H-180AGS, L H-225AGS, L HH-175AGS, P HH-220AGS, P HHH-205AGS, MC 150AGS, MC 180AGS, F MH-160AGS, F H-170AGS 출시. L MC는 7:3 휨새, P는 8:2 휨새, F는 9:1 휨새. 가격 5만4500~5만8천엔.

참에어 BC602M 제이에스컴퍼니
갑오징어낚시에 특화된 고급 로드로 예민한 촉수질에도 바로 반응할 수 있도록 감도를 우선시한 로드다. 9대1 액션으로 굵은 갑오징어도 신속하게 끌어낼 수 있다. 시인성이 높은 디자인과 부드러운 솔리드 팁을 적용, 빠른 조류와 거친 바닥 지형에서도 민첩하고 정확한 훅셋이 가능하다. 강한 허리힘으로 제압과 랜딩 성공률이 높아 뛰어나 조과를 보장받을 수 있다. 길이 1,825mm 2절. 28만원.

닉스 오션 VER.2 BC622ST 제이에스컴퍼니
13~20호 봉돌 사용에 적합한 로드로 예민한 팁과 강한 허리, 버트를 지닌 모델이다. 기존 갑오징어 낚싯대 모델들과 비슷하지만 더 길고 부드럽게 휘는 팁을 채용해 두족류의 중량감을 확실하게 느낄 수 있다. 길고 탄성이 좋은 만큼 갑오징어 견인 시 떨구는 확률을 크게 줄여준다. 라이트 버전 길이 1,825mm. 2절. 가격 18만원, 패스트 버전 길이 1,875mm. 2절. 가격 18만원.

봉돌에 왕눈이에기를 단 채비에 낚인 갑오징어. 이 채비로는 주꾸미를 함께 노릴 수 있다.

수면으로 끌려나오는 갑오징어.

전용 뜰채에 담긴 갑오징어.

울진 후포항 내항에서 갑오징어를 낚아내는 낚시인들. 내항에서는 암초나 수중 구조물 등지가 갑오징어 포인트다.

원만히 흐르고 에기가 조류에 밀려 수평을 이루며 떠 있기 때문에 기본적인 액션이 살아나기 때문이다(특히 수평에기는 조류가 약간만 흘러도 수평상태를 계속 유지한다). 앞서 언급했듯이 에기를 감아 들이는 과정에서 한 번씩 릴을 감아주거나 바닥에서 튕겨주는 정도면 충분하다.

바늘에 걸린 갑오징어를 끌어낼 때도 요령이 있다. 너무 빠르거나 느린 릴링은 금물이며 그보다 중요한 것은 일정 속도로 릴을 감는 것이다. 갑오징어용 스테나 에기의 바늘은 미늘이 없기 때문에 감는 과정에서 속도 차이가 나면 바늘이 쏙 빠질 수 있기 때문이다. 흔히 하는 펌핑 동작은 절대 금물이며 처음부터 끝까지 일정 속도로 감아 들이는 것이 중요하다.

배낚시 헛챔질 극복법

낚시를 하다보면 분명 갑오징어 특유의 끈적하고 묵직한 입질이 왔음에도 챔질하면 헛방인 경우가 잦다. 그런 경우에는 갑오징어가 에기나 스테가 아닌 봉돌에 입질했을 경우를 생각해야한다. 주꾸미와 갑오징어는 소라 껍데기 안쪽처럼 표면이 매끈한 부분에 민감히 반응하는데 봉돌의 표면을 갑각류로 여기기 때문이다. 특히 표면이 밝은 형광인 녹색 축광봉돌을 쓸 때 이런 일이 자주 발생한다. 따라서 이런 경우가 자주 발생한다면 봉돌을 교체하거나 봉돌과 루어 사이 간격을 좁혀 갑오징어가 쉽게 공격할 수 있도록 유도할 필요가 있다.

배낚시는 고가, 연안낚시는 저가 에기가 적합

갑오징어 배낚시의 최신 트렌드 중 하나가 수평에기의 유행이다. 수평에기란 물속에서 수평을 유지하며 떠 있는데 이 각도에 갑오징어가 잘 걸려든다. 그러나 수평에기는 싼 제품도 5천원이 넘고 유명 메이커 제품은 1만원에 달한다. 따라서 비싼 수평에기는 그나마 밑걸림 위험이 낮은 배낚시에 활용하는 사람이 많다. 반대로 밑걸림 확률이 매우 높은 연안낚시에서 고가의 수평에기 사용은 부담일 수밖에 없다. 그래서 보통은 1개 500원 수준의 저가 왕눈이 에기를 연안낚시에서는 많이 쓴다.

양식장 주변에서 갑오징어를 노리는 낚시인들.

워 올린다. 그렇지 않으면 밑걸림이 발생하기 때문이다. 밑걸림 없이 투 두두둑-하고 바닥 긁는 느낌만 들어온다면 그 방식을 꾸준히 유지한다. 보통 한 포인트를 탐색할 때는 적어도 10분 이상은 탐색하는 게 좋다. 수중 암반 사이에 은신해 있다가 에기를 발견하면 경계심을 갖고 대하기 때문에 그만큼 에기를 덮칠 시간을 줘야한다. 부채꼴 모양으로 더듬어온다면 한 번 캐스팅 때마다 3~4분가량을 바닥 더듬는 데 할애해야 한다.

보통 릴을 한두 바퀴 감은 뒤 10초 정도 낚싯줄을 팽팽하게 유지해주는 라인텐션(line tension)을 유지하고 기다리거나, 한 번 탁 챔질 해 채비를 앞쪽으로 이동시킨 후 역시 10초 정도 팽팽함을 유지한다. 이 과정에서 뭔가 묵직하거나 살짝 움직이는 느낌이 나면 입질이다. 이때 강하게 챔질해 갑오징어를 걸어낸다.

한편 과도한 액션은 불필요하다. 먼 거리의 깊은 수심에는 늘 속조류가

심해 갑오징어 배낚시

60~90m 수시 공략, 전동릴 필수
겨울철 완도, 여수, 제주도 먼 바다에서 이루어지는 심해 갑오징어 선상낚시는 평균수심 80~90m를 노려 갑오징어를 낚는다. 채비는 근해에서 사용하는 것과 동일하며 가장 큰 차이점은 연안낚시보다 훨씬 무거운 40~50호 봉돌을 쓴다는 것이다. 원줄과 낚싯대 역시 기존 갑오징어용을 그대로 쓴다.
루어는 기존 갑오징어 루어낚시에 쓰던 에기나 스테를 써도 되며 겨울이라는 시기적인 영향 때문인지 에기 등에 생미끼를 얹어 쓰는 일명 '살삼봉'도 잘 먹힌다.
다만 릴은 전동릴을 쓰는 것이 좋다. 수심 90m에서 40~50호 채비에 매달린 갑오징어를 끌어올리려면 보통 힘든 일이 아니기 때문이다. 수심이 90m여도 막상 원줄을 풀어가며 바닥을 찍다보면 150m까지도 원줄이 풀려나간다. 전동릴은 각 조구사에서 판매 중인 전동릴 중 최소형을 구입하면 된다.

입질 느껴지면 강하게 챔질해야
심해 갑오징어의 입질은 근해권 낚시 때와 동일하지만 수심이 깊다보니 촉수로 에기를 덮치는 느낌을 잡아내기 어렵다. 따라서 주꾸미낚시 때처럼 낚싯대를 살짝 들었다 놓으면서 무게감의 차이를 느끼는 게 중요하다.
챔질은 강하게 할 필요가 있다. 깊은 수심에 늘어진 원줄은 큰 곡선을 그리며 휘어져 있기 때문에 살짝 당겨서는 걸림이 덜 되기 때문이다. 챔질이 약해 설 걸리거나 표면에만 살짝 박히면 올라오는 도중 조류 영향을 강하게 받아 바늘이 빠질 위험이 높다.

낚시방법
루어를 덮칠 때까지 충분한 시간을 줘라

갑오징어는 입질이 예민하고 짧기 때문에 작은 변화도 제대로 잡아내는 집중력이 필요하다. 특히 다른 오징어들보다 느리고 경계심이 강해 여유 있게 채비를 운용하면서 갑오징어가 루어에 달려들 시간을 주는 게 중요하다.

배낚시
릴 한두 바퀴 감은 후 10초가량 기다린다

포인트에 도착하면 채비를 바닥까지 내려준다. 바닥이 느껴지면 두세 번 정도 대 끝을 살짝 들어 액션을 준 뒤 잠시 기다린다. 이때 입질이 오면 뭔가 끈끈한 느낌이 전달되며 대 끝을 드는 과정에서도 무게감이 느껴진다. 이때 챔질하면 된다.

조류가 앞으로 뻗어나갈 때는 조금씩 원줄을 풀어주며 계속 바닥을 느끼는 게 중요하다. 반대로 배가 바람에 밀리면 채비가 끌려오는 형태가 되는데 이 과정에서도 약간씩 액션을 주면서 입질을 유도한다.

여기서 중요한 것은 채비를 끌어주거나 액션을 줄 때 너무 빠른 동작은 금물이라는 점이다. 평소 갑오징어는 은신처에 머물다가 먹이를 발견하면 천천히 다가와 낚아채기 때문에 어느 정도의 시간을 줘야만 한다. 먹이를 발견하고 근처에 왔어도 주변을 빙빙 돌며 경계하다가 촉수로 살짝 에기를 움켜쥐기 때문에 약간의 시간이 걸리는 것이다. 대체로 액션을 주거나 릴을 감아 루어를 끌어준 뒤 약 10초가량의 스테이 시간을 주는 것이 유리하다.

물칸을 채운 갑오징어.

채비에 다는 에기는 1개가 적당하다. 문어의 경우 여러 개의 에기를 달아 시각을 자극하는 게 유리하지만 갑오징어는 매우 약한 입질을 보내기 때문에 에기도 1개만 다는 것이 좋다. 에기를 2개 달면 그만큼 조류 저항이 커져 감도가 둔해진다.

기둥줄에 연결하는 목줄(가짓줄)의 길이는 보통 10cm 내외가 적당하지만 조류 상황에 따라 약간 길게 쓸 때도 있다. 특히 조류가 너무 느릴 때 20~30cm로 목줄을 길게 쓰면 에기의 움직임이 좋아져 입질이 살아날 때가 있는데 낚시인 중에는 목줄을 무려 2m 가까이 쓰는 사람도 있다. 이렇게 목줄을 길게 써 에기를 놀리면 유독 굵은 씨알이 걸려든다는 주장이다.

갑오징어는 무늬오징어용 팁런(tip-run) 기법도 잘 먹힌다. 팁런이란 에기를 바닥까지 떨어뜨린 후 끌어서 입질을 유도하는 무늬오징어 배낚시 기법을 말한다. 팁런용 에기 중 크기가 작은 축에 속하는 2.5호를 활용해 바닥층을 유영시키면 시원스럽게 입질이 들어온다.

팁런용 에기는 제품에 따라 25, 30, 40g이 있으며 에기 얼굴에 마스크(무게추)를 씌워 무게를 간단히 조절할 수도 있다. 싱커 대신 팁런용 에기를 달고 가짓줄에 소형 스테를 다는 2단채비로도 활용할 수 있다. 이 경우 루어가 두 개가 되기 때문에 그만큼 입질 확률도 높아진다.

참고로 갑오징어는 두족류 중 유독 먹물을 많이 쏘는 녀석이다. 그래서 초보 시절에는 갑오징어 먹물을 맞는 일이 다반사다. 이런 '봉변'을 피하기 위해서는 몇 가지 방법이 있다. 일단 갑오징어가 낚이면 배 위로 올리기 전에 살짝 수면에서 들어 스스로 먹물을 쏘게 만든다. 단 먹물을 쏜 후 다시 물에 들어가게 해서는 안 된다. 물을 머금게 되면 또 다시 먹물을 만들어내기 때문이다.

만약 수면 위로 들었는데도 먹물을 쏘지 않는다면? 그때는 살며시 들어낸 뒤 손으로 등쪽을 살짝 쥐고 먹물 분사관이 바다를 향하게 만든다. 그런 후 약간 흔들거나 꽉 쥐면 먹물을 분사한다. 자칫 분사관을 낚시인 방향으로 돌리면 공격 본능이 발동해 먹물을 맞을 위험이 높다.

연안낚시
일정한 속도로 차분하게 릴링

마치 원투낚시 하듯 채비를 멀리 던진 뒤 서서히 바닥을 끌어주며 입질을 유도한다. 일단 채비가 바닥에 닿으면 아주 천천히 끌어준다. 그 과정에서 수중여나 각종 장애물들을 느끼면 한번 씩 탁탁 채주며 채비를 띄

어떤 낚싯대라도 연안낚시용으로 쓸 수 있다. 길이는 원투력 좋고 멀리 던질 수 있는 9피트 이상이 적당하다. 너무 짧으면 원투에는 큰 문제가 없으나 끌어낼 때 석축이나 갯바위에 루어 또는 낚은 갑오징어가 걸릴 위험이 있어 불리하다.

릴

배낚시용은 여느 선상 루어낚시와 마찬가지로 베이트릴을 쓴다. 기어비는 5:1 정도의 릴이 채비를 빠르게 회수하고 관리하기에 편하다. 갑오징어를 올릴 때 아주 큰 힘은 안 들지만 종일 50여 마리 이상 낚는다면 알게 모르게 팔에 무리가 올 수 있다. 그런 점에서 너무 싼 제품보다는 20만원 이상의 고급 릴을 선택하면 릴링도 부드럽고 팔에 오는 피로감도 줄일 수 있다.

연안낚시용은 캐스팅이 수월하고 비거리가 긴 스피닝릴을 쓴다. 2500~3000번 크기면 적당하며 가급적 비거리를 높일 수 있도록 스풀 깊이가 얕은 섈로우스풀을 갖춘 릴이 유리하다.

원줄

원줄은 배낚시와 연안낚시 모두 PE라인을 사용한다. 배낚시는 0.8~1호가 가장 무난하며 이후 실력이 쌓이면 0.4~0.6호까지도 내려 쓴다. PE라인을 가늘게 쓰면 조류를 덜 타고 수심 깊은 곳에서도 감도가 좋지만 그만큼 원줄이 약해 끊어질 위험은 높다. 특히 갑오징어는 바닥에 암초가 있는 곳을 주로 노리기 때문에 원줄 쓸림에 취약하다. 따라서 대다수 낚시인들이 0.8~1호를 선호하고 있다.

연안낚시에서도 0.8~1호가 가장 무난하며 0.4~0.6호는 캐스팅 충격 때 원줄이 끊어질 위험이 있어 거의 쓰지 않는다. 특히 연안낚시는 배낚시와 달리 낚시인이 선 곳과 포인트 사이에 늘어진 원줄이 완경사를 이루기 때문에 수중여에 쓸릴 위험이 그만큼 높다. 그런 점에서도 너무 가는 PE라인은 불리하다.

채비

가장 기본이 되는 배낚시용 채비는 다운샷리그다. 맨 아래에 봉돌이 달리고 그 위 20~30cm 지점에 에기를 하나 다는 매우 심플한 형태다. 에기를 달 때는 기둥줄에 바로 달아도 되지만 20~25cm 길이의 목줄(가짓줄)을 달아주면 에기 움직임이 훨씬 자유로워져 입질 확률이 높다. 갑오징어용 채비는 시중에 기성품이 많이 나와 있어 그 제품을 쓰면 된다. 다만 에기를 다는 높이, 목줄 길이에 따라 조과 차가 많이 나므로 그때그때 응용력을 발휘해야 한다.

연안낚시용 채비는 배낚시용과 형태는 비슷하다. 다만 봉돌과 삼각도래 사이의 기둥줄 길이를 약 30cm로 길게 쓰는 게 차이점인데 이렇게 해야 에기가 바닥에 걸리는 것을 조금이나마 줄일 수 있다. 그러나 30cm 이상으로 너무 길게 쓰면 캐스팅과 조작 시 채비 엉킴이 심해진다.

봉돌

배낚시용은 수심과 조류 세기에 따라 무게를 달리 쓴다. 보통은 15호를 기준으로 조류가 약할 때는 10~15호, 셀 때는 20~25호까지도 쓴다. 겨울철 먼 바다 심해낚시에서는 40호까지도 쓴다.

연안낚시용은 배낚시용보다 가볍게 쓴다. 3~5호를 많이 쓰는데 그래야

주꾸미, 갑오징어 배낚시 채비 비교

주꾸미낚시 - 에기가 봉돌 높이와 비슷할수록 유리

갑오징어낚시(18호) - 에기가 봉돌보다 약간 떠있을수록 유리

만 채비를 감아들일때 바닥에서 잘 떠올라 밑걸림이 적고 루어 액션도 살아나기 때문이다. 봉돌의 종류와 형태는 큰 상관이 없으나 가급적 축광 기능이 있는 봉돌이 어두운 물속에서는 유리하다.

루어

과거에는 가격이 저렴한 일명 '왕눈이' 에기를 썼지만 최근에는 고급 수평에기를 많이 쓰고 있다. 수평에기란 에기가 물속에서 수평 각도를 유지하는 에기를 말한다. 그만큼 정교하게 만들어졌고 조과 차이도 커서 비싼 가격임에도 많이 쓰고 있다. 보통 왕눈이는 1개 1천원인데 반해 고급 수평에기는 1개에 1만원 정도 한다.

장비와 채비
낚싯대 초리 끝은 예민하고 허리는 빳빳해야

에기를 사용한 갑오징어낚시가 유행했을 초기에는 단순히 갑오징어의 무게감으로 입질을 파악했다. 슬며시 대를 들어보아 묵직한 느낌이 나면 챔질하는 방식이었다. 그러나 요즘은 갑오징어가 촉수로 초릿대를 슬며시 당기는 입질까지 파악해 입질을 잡아낸다. 그만큼 갑오징어낚시 테크닉이 발전한 것이다.

특히 갑오징어의 입질은 짧고 약해 둔탁한 낚싯대를 사용해서는 제대로 알아채기 힘들다. 쉽게 말해 고패질 도중 묵직하거나 운 좋게 걸려 도망가는 상황이 아니라면 쉽게 낚기 어려운 것인데, 이런 미세한 차이를 그때그때 잡아내야만 좋은 조과로 이어질 수 있다.

대체로 갑오징용 낚싯대의 휨새는 8:2가 적합하다. 8:2란 전체 길이 중 초리 부분 20%만 살짝 휜다는 뜻이다. 즉 입질은 예민한 초리로 받은 후 끌어낼 땐 질기고 강한 허리의 도움을 받는다는 의미다.

배낚시용 낚싯대
갑오징어 배낚시용 낚싯대는 베이트릴용을 사용하며 허리는 빳빳하고 초리는 부드러운 제품이 좋다. 갑오징어의 미약한 입질을 잡아내기 위해서는 부드러운 초리가 기본이며 굵은 갑오징어까지 걸리면 쉽게 끌어내기 어렵기 때문에 허리가 강한 낚싯대를 쓰는 것이다. 길이는 배에서 쓰기 편한 2m 내외의 짧은 대가 유리하다.

연안낚시용 낚싯대
연안낚시는 원투력이 요구되기 때문에 무늬오징어 에깅낚싯대 정도의 파워와 허리힘이 요구된다. 다만 원투 거리가 긴 만큼 입질 전달력이 약하기 때문에 배낚싯대와 마찬가지로 초리는 부드러운 게 좋다. 굳이 에깅낚싯대가 아니더라도 위의 설명과 같은 특성을 갖춘 루어낚싯대라면

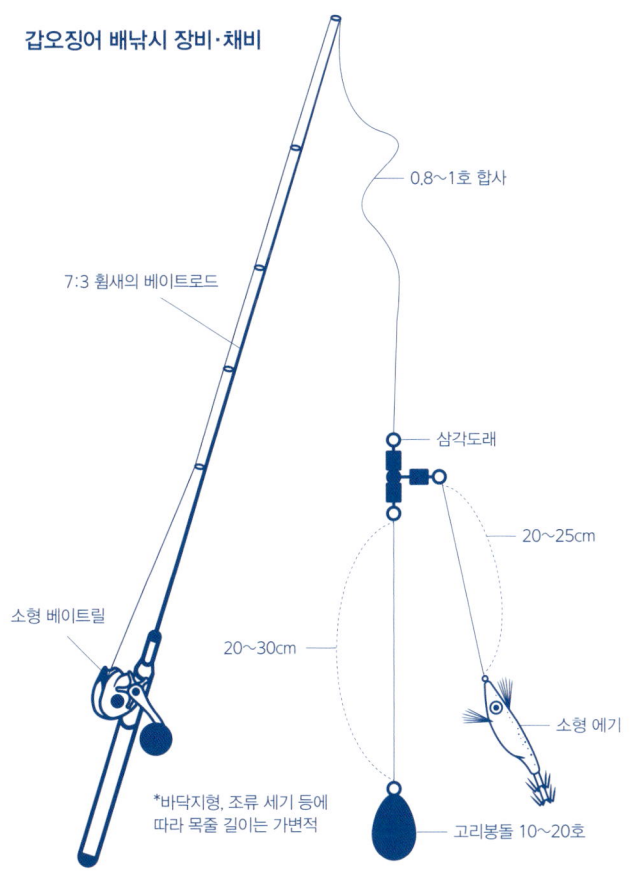

갑오징어 배낚시 장비·채비

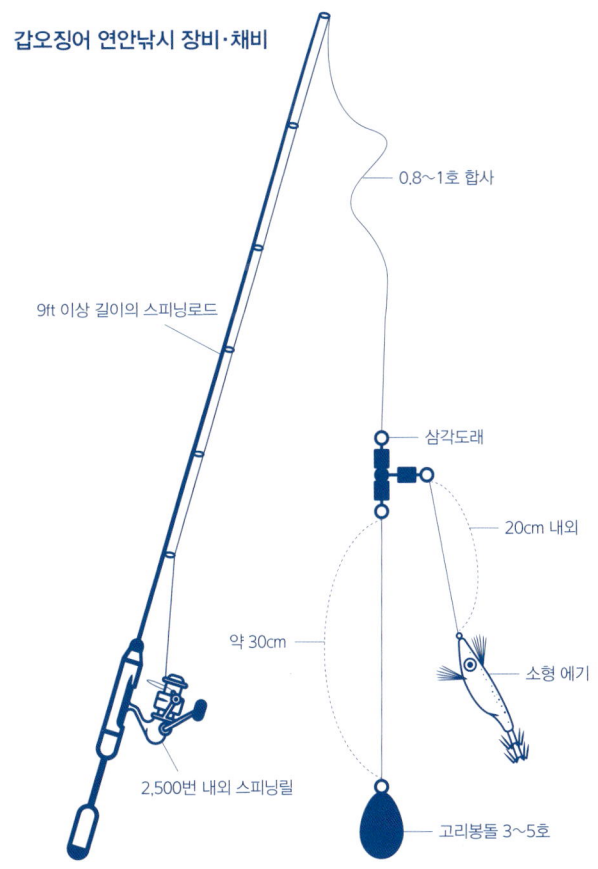

갑오징어 연안낚시 장비·채비

을 노려야 잦은 입질을 받을 수 있다. 평소에는 암반에 몸을 붙이고 숨어 있다가 밤이 되면 왕성하게 포식활동을 한다. 요즘에는 낮에 낚시를 많이 하지만 밤 조황도 무시할 수 없을 만큼 밤낚시도 잘 된다.

갑오징어는 서해와 남해는 물론 제주도에까지 넓게 분포해있다. 단년생으로 알려져 있는데 보통 6~7월에 산란하고 생을 마친다. 이때는 마릿수는 적지만 씨알이 굵고 맛이 좋아 산란 갑오징어낚시를 즐기는 매니아들도 많다. 이때 태어난 녀석들이 자라 제법 탄탄한 씨알을 이루는 11~12월에도 마릿수를 올릴 수 있다.

서해는 매년 4월 중순부터 본격적으로 시즌이 열리며 찬 북서풍이 불어오기 직전인 9월에서 11월까지 피크를 이룬다.

남해는 서해와 비교해 가을까지 시즌 전개는 비슷하며 따뜻한 수온의 영향으로 늦게는 12월까지도 낚시가 이뤄진다. 수온이 가장 낮은 2월에만 낚기 힘들며 거의 전 시즌에 걸쳐 입질을 받을 수 있다.

동해에서도 갑오징어가 낚이긴 하지만 가을이 아닌 5월경의 봄철 산란기 때 일부 매니아들의 낚시 대상이 된다. 포항, 경주 일대 근해 중 바닥이 모래와 암초로 이루어진 구간이 포인트다.

일본 대마도에서 에기에 낚인 입술무늬갑오징어(카미나리 이카). 등쪽에 선명한 입술 무늬와 더불어 지느러미 주변으로 형광빛 띠가 보인다.

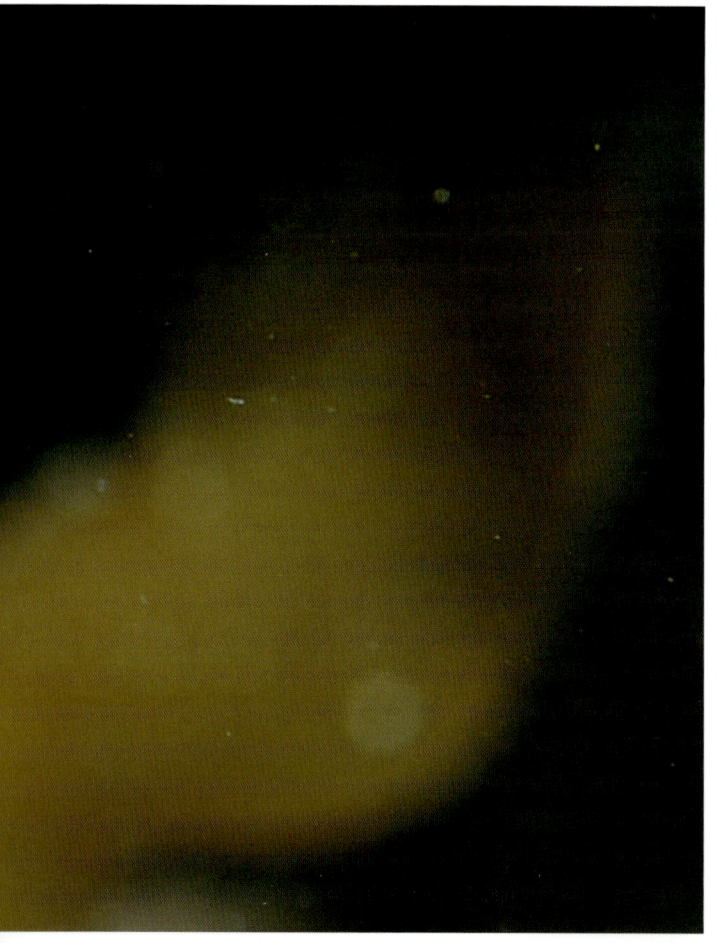

모래와 암반 섞인 곳에 서식

갑오징어 서식처는 사질과 암반이 섞여있는 지역이다. 뻘과 암반이 섞인 곳에도 많이 서식하고 있다. 서해는 중국대륙의 강에서 늘 엄청난 양의 토사가 흘러와 쌓이기 때문에 무늬오징어, 한치 같은 낚시 대상은 드물지만 이런 여건을 좋아하는 주꾸미와 갑오징어의 서식 여건으로는 매우 좋은 편이다.

동해와 남해 역시 바닥에 상관없이 암반이 존재하는 지역에서 갑오징어가 잘 낚인다. 특히 항포구 안쪽이라도 바닥에 폐그물, 버려진 닻 같은 구조물이 잠겨 있다면 그런 곳도 갑오징어 포인트로는 그만이다.

제주, 여수, 완도 먼 바다에서 한겨울낚시 인기

2021년 겨울엔 먼 바다 배낚시에 갑오징어가 잘 낚여 낚시인들을 깜짝 놀라게 만들었다. 그 진원지는 제주도로서 수심 100m 가까운 심에서 갑오징어가 호황을 보였다. 제주 심해 갑오징어 배낚시는 4~5년 전부터 제주도 북부 해역에서 탐사낚시가 이뤄져 마릿수 조과가 확인됐고 2021년 겨울부터 안정적인 조과를 보이며 완전히 자리를 잡았다.

제주도의 경우 갈치 배낚시가 끝나는 11월부터 출조에 나서 5월 정도까지 낚시가 이루어지고 있다. 포인트는 애월항, 신창항 등에서 20분 안쪽 거리이며 입질 수심은 60~90m권이다. 이후 6월로 접어들며 수온이 오르면 갑오징어는 100m 이상의 깊은 수심으로 이동해 더 이상 낚시는 어려워지고 마릿수도 떨어진다.

제주도 해역의 한겨울 심해 갑오징어 배낚시 호황은 여수와 완도로까지 이어졌다. 제주도와 마찬가지로 수심 80m 이상의 깊은 여밭이 포인트가 되고 있는데 특히 여수의 낚싯배들이 선두에 서서 출조에 나섰다.

| PART 3 | 갑오징어낚시 1

생태와 시즌
가을이 피크, 봄에 굵은 씨알 낚여

낚시인에게 대중적 사랑을 받는 낚시 대상은 주꾸미와 갑오징어다. 생활낚시 초기에는 주꾸미 선호도가 매우 높았지만 시간이 흐르면서 갑오징어의 인기가 올라가고 있는 상황이다. 갑오징어는 주꾸미보다 손맛이 좋은데다가 낚시인의 기교에 따라 조과가 크게 차이나기 때문이다. 그런 아기자기한 재미 덕분에 갑오징어낚시는 매우 전문적인 장르로 발전 중이며 해가 갈수록 인기가 높아지고 있다.

6~7월에 산란 마치고 생을 마치는 단년생

갑오징어의 정식명칭은 참갑오징어. 우리나라를 비롯해 일본과 중국 등 아시아 해역에 넓게 서식하고 있다. 갑오징어 중 다 자라면 몸통 길이가 30cm가 넘고 무게가 3kg 이상 나가는 입술무늬갑오징어도 울산 등 동해남부 지역에서 종종 확인되고 있다.
갑오징어는 주로 게와 새우류 같은 갑각류를 먹이로 삼기 때문에 바닥층

암초 주변에서 유영 중인 갑오징어. 바닥에서 약간 떠서 먹잇감을 찾는다.

PART 3
갑오징어낚시

착용성 향상형 구명조끼 　제이에스컴퍼니
한국해양수산부 착용성 향상용 구명조끼 형식승인 KOSMA 검증품이다. 겉감은 나일론 420D+PU코팅(생활방수)된 제품으로 무게는 620g 내외. 사이즈는 프리로 허리 25~55인치면 누구나 사용 가능하다.
자동/수동 겸용 제품. 색상 블랙, 레드, 오렌지, 카모 4가지. 가격 17만원.

생생 쭈꾸미살려 기포기 살림통 　하프루어
주꾸미 30~50마리를 수용할 수 있는 크기로 그날 먹을 만큼의 충분한 양을 살려올 수 있는 살림통이다. 해동 카리스마 아이스박스에 딱 안착하는 사이즈로 세로로 넣을 시 턱에 딱 걸리고 뚜껑도 닫을 수 있다(소 사이즈는 해동 카리스마 아이스박스 18리터, 대 사이즈는 해동 카리스마 아이스박스 24리터와 맞는다). 기포기 일체형으로 분해조립이 가능하며 가로 면과 세로 면에 구멍이 하나씩 나있어 원하는 방향으로 기포기를 설치할 수 있다. 살림통, 소형 기포기, 에어스톤, 기포기 호스, 카라비너로 구성. 가격 소 2만5천원, 대 2만8천원.

쭈꾸미 살림통 　하프루어
EVA 재질의 두레박과 방수망, 살림망이 결합된 제품이다. 지퍼가 달린 뚜껑에는 물이 빠질 수 있도록 구멍이 뚫려 있고, 한쪽으로는 물고기나 주꾸미를 넣을 수 있는 방사형 투입구가 있다. 고주파로 단단하게 접착해서 잘 찢어지지 않고 지저분하게 보이지 않는다. 5.5m 길이의 끈을 제공해 높은 방파제나 제방, 배 위에서 물을 퍼올리기 좋다.
재질 EVA+PP. 규격 30×20×19cm. 가격 1만5천원.

ABS 로드케이스 　리더낚시
루어낚싯대를 안전하게 보관, 수납할 수 있는 로드케이스로 ABS 재질이라 튼튼하고 가벼우면서 안전성도 뛰어나다.
길이는 125cm. 규격은 6×6×125cm. 가격 1만8천원.

아오맥스 브레이티 8합사 　리더낚시
100% 다이니마 원사 사용으로 연신율을 대폭 줄인 합사다. 특수코팅(NAKED HIGH COATING) 처리로 특유의 유연성 및 심해 공략에서 탁월한 성능을 보인다. 라인 늘어짐이 없으므로 심한 너울에도 순간 입질 파악이나 챔질이 가능하다. 전통적인 합사의 단면인 납작함을 탈피하고 원형 타입으로 제조해 사용 및 취급이 편리하고 가이드와의 마찰도 최소화했다.
규격 150m 1~4호. 가격 1만9천원.

요즈리 울트라 레이저 레토피아

서해 갑오징어와 주꾸미낚시에 없어서는 안 될 아이템으로 군림하는 제품으로 하나만 단독으로 사용해도 좋고, 애자, 에기, 스테와 함께 사용해도 좋다. 강력한 플래싱 효과와 수중에서의 뛰어난 밸런스 유지로 빠르게 입질을 유도한다. 가격 9천원.

틴셀 밸런스 3.0 배서

'틴셀 밸런스 3.0'은 무늬오징어와 한치낚시에 사용하는 스테다. 틴셀 밸런스는 야광력이 강하며 수중에서 밸런스가 좋기 때문에 넓은 구간에서 대상어에게 어필할 수 있다. 2단 바늘과 바늘 끝에 야광이 들어 있어 플래싱 효과와 야광 효과가 함께 나타난다.
총 11가지 컬러 출시. 가격 3천원(2개입)

구명조끼·아이스박스·낚싯줄·소품

DF-9200 워셔블 라이프 재킷 한국다이와

소형화와 내구성 향상을 실현한 신형 인플레이터를 탑재한 팽창식 구명조끼다. 해양수산부 형식 승인 제품으로 어깨에 착용하며 자동, 수동으로 사용할 수 있다. 어깨 부분의 부품을 3분할해서 목 주변의 착용감을 높였으며 입체 재단 설계, 허리 벨트와 등쪽 조절 벨트를 채용해 다양한 체형에 맞춰 착용할 수 있다. 카트리지의 장착 상태를 한눈에 알 수 있는 더블 인디케이터 탑재. 컬러 블랙, 레드, 그레이 카모, 백스 타일 4종. 사이즈 프리. 가격 2만3천엔.

쿨 라인α GU·쿨라인α S 한국다이와

'쿨 라인α'는 다채로운 옵션이 매력적인 소형 쿨러로 주꾸미나 갑오징어와 같은 작은 두족류를 담는데 안성맞춤인 제품이다. 에깅, 아징, 볼락 루어 등 각종 라이트게임에 적합하며 GU 제품은 단열재로 우레탄을 사용하여 높은 수준의 보냉력을 확보하고 있으며 S 제품은 경량 스티로폼을 단열재로 사용해 가벼워서 운반이 편리하다. 로드 받침대 두 개와 소품 수납 부속이 장착되어 있다.
1000X LS, 1500X LS 각 2종 출시. 가격 1만3500~1만8500엔.

아로미 레이저 에기 다솔라이징

홀로그램 처리한 보디 덕분에 어필력이 극대화된 에기다. 주꾸미가 선호하는 슬림 보디로 마릿수 조과에 탁월한 위력을 보인다. 바늘 끝 부분을 야광처리해 어두운 물속에서 주꾸미가 찾기 쉽다.
사이즈 100mm, 가격 1천5백원.

크리스탈 에기2 하프루어

투명도가 좋은 크리스탈 에기로 배면에 강력한 충광 안료를 처리해 대상어에게 어필력을 높였다. 수려한 유선형 몸체로 후면의 바늘 쪽으로 갈수록 좁아지면서 주꾸미를 자연스럽게 바늘로 인도하는 매끈한 곡선이 특장점이다. 크리스탈 왕눈이 에기 안에는 홀로그램 패널을 삽입, 각도에 따라 반사되는 빛의 상태가 달라 대상어를 자극한다. 도래는 자유롭게 돌기 때문에 물속에서 채비의 꼬임 없는 상태가 유지된다.
사이즈 100mm, 무게 10g, 수량 2개, 가격 2천원.

히든훅 애자, 에기 동일레저

'히든 훅(hidden hook)'은 신개념 주꾸미용 애자·에기 제품이다. 이름 그대로 루어 몸체에 바늘이 숨겨져 있는 제품이다. 루어가 착지해 대기 시에는 바늘이 몸속에 들어가 있다가 무게감(입질)을 느껴 챔질하거나 들어 올리면 내장된 바늘이 튀어나와 주꾸미를 걸어내는 방식이 특징이다(특허 제 10-2222779호). 에기와 에자 두 가지로 개발했으며 대기 시 바늘이 몸체 안에 들어가 있는 특징 덕분에 여밭에서도 밑걸림이 적은 게 장점이다. 에자는 낱개 또는 4개 1세트로 판매하며 에기는 낱개로만으로도 구입 가능하다. 가격 애자 1만원, 에기 미정.

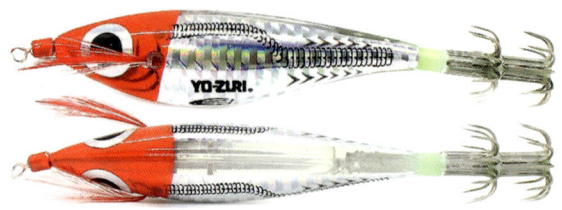

요즈리 울트라 레이져 레토피아 스페셜 레토피아

요즈리 울트라 레이져는 갑오징어, 주꾸미, 한치낚시에 사용하는 수평 에기로 물속에서 수평 상태를 유지하며 강력한 플래싱 효과로 대상어를 자극한다. M2 2단 바늘 내수압 구조의 훅을 채용해 강하고 염수에 부식이 되지 않는다. 레토피아 스페셜 컬러 레드헤드, 레드헤드그린, 퍼플옐로우, 레드헤드퍼플, 레드헤드블루 5종 출시. 가격 8천원.

아스록 지브라 글로우 ZG/SS 레토피아

완벽한 수평 밸런스를 유지하는 스테로 반짝이는 보디에 야광 줄무늬를 그려 넣은 제품이다. ZG는 몸통 길이 7cm, 전체 길이 10cm며 SS는 몸통 길이 6cm, 전체 길이 8.5cm다. 강력한 야광 줄무늬로 깊은 수심에서도 위력을 발휘한다. 가격 2천원.

시나가와 베이트릴 리더낚시

강력한 파워로 주꾸미, 갑오징어, 참돔, 광어, 한치는 물론 민물의 배스낚시까지 가능한 고성능 베이트릴이다. 가볍고 묵직한 알루미늄 노브는 염분에 강하며 정교한 스풀 텐션 노브 조작으로 원줄과 루어의 낙하 속도를 정교하게 조절할 수 있다. 좌우측에 마그네틱 브레이크가 있어 미세 드랙 조절이 가능하며 백래시도 방지한다. 정교한 레벨와인더로 줄이 고르게 감긴다. 기어비 6.3대1. LH00WB, LH00WW 2가지. 가격 10만원

스타코 알파300 리더낚시

수심측정기가 달린 베이트릴이다. 염분에 강한 알루미늄 스풀과 알루미늄 핸들&노브를 채택했다. 디지털 디스플레이로 수심 변화를 쉽게 파악할 수 있다. 입질층이 수시로 변하는 한치와 같은 오징어류를 낚을 때 매우 유용하다. 16개의 볼베어링으로 작동이 부드러우며 기어비는 6.3대1이다. 한치뿐 아니라 다양한 바다 루어낚시에 두루 쓸 수 있는 범용성과 실용성을 갖춘 베이트릴이다. 가격 8만원

파커스SA 리더낚시

롱캐스트 스풀을 채택한 스피닝릴로 줄 풀림이 좋아 가벼운 루어도 멀리 던질 수 있다. 황동 피니언 기어를 사용해 내구성이 좋고 힘이 뛰어나며 정교한 라인 레이 오실레이션 시스템으로 줄이 정교하게 감긴다. 주꾸미, 갑오징어, 무늬오징어, 한치 등을 연안 또는 낚싯배에서 캐스팅으로 노릴 때 쓰기 좋은 제품이다. 규격 1000~6000번. 가격 5만2천원~6만8천원.

루어

아로미 홀로그램 에기 다솔라이징

보디 전체가 투명해 마치 진짜 물고기와 같은 착각을 불러일으키는 디자인이다. 빛 반사율이 좋아 시각적 유인 기능이 탁월하고 통통한 보디가 씨알 큰 주꾸미들을 유혹한다. 바늘 끝 부분을 야광처리해 어두운 물속에서도 주꾸미가 찾기 쉽다. 사이즈 105mm. 가격 2천원.

릴

PR100 한국다이와

'PR100'은 기본 성능, 신뢰성을 확실히 충족한 하이 코스트 퍼포먼스 베이트릴이다. 입문~중급자용 베이트릴로 알루미늄 32mm 스풀을 탑재했으며 배스뿐 아니라 바다에서도 사용할 수 있다. 선상낚시를 할 때 소형 어종에 최적이며 3.5호 라인이 포함된 제품도 판매하고 있다. 100, 100L 2종 출시. 가격 5600엔.

PT100 한국다이와

'PT100'은 내구성과 블랭크를 강화하고 경량 스풀을 채용해 한층 더 원투 성능을 향상시킨 베이트릴이다. 강인하고 튼튼한 알루미늄 프레임과 부드럽고 파워풀한 9 볼베어링 채용, 날렵한 스타드랙과 태양광 아래 빛나는 블랙펄 도장이 돋보이는 가성비 높은 제품이다. 100, 100L, 100H, 100HL 4종 출시. 가격 9800엔.

스쿠텀 도요피싱

도요피싱의 초창기 모델 중 하나인 '스쿠텀'은 오랜 시간에 걸친 혁신과 진화 끝에 더욱 완벽하고 새로워진 올라운드 라이트 지깅 베이트릴, 뉴 '스쿠텀'으로 재탄생했다. 선상 지깅에 적합한 소재인 일체형 그라파이트로 제작된 보디는 시크한 블랙 컬러 베이스에 펄이 추가되어 은은하고 고급스러운 외관을 선보이는 동시에 견고하고 단단한 내구성을 자랑한다. 플리핑 레버는 바닥의 수심 변화가 커서 대응이 어려운 포인트를 간단한 조작만으로도 빠르게 반응할 수 있게 하여 해당 포인트 공략에 유용하게 사용할 수 있다. 컬러는 레드, 오렌지, 퍼플 총 3가지며 기본 장착 핸들로는 60mm와 70mm 길이 조절이 가능한, 초경량 할로우 라이트 지깅 파워핸들이 장착되어 있어 한 손에 들어오는 안정적인 파지감은 물론, 핸들의 경량화로 장시간 낚시에서 오는 무게에 대한 피로감을 해소시켜줄 수 있다. 알루미늄, 하이브리드 등 여러 가지 지깅용 파워핸들로 교체 가능. 드래그 클릭음 시스템이 장착되어 낚시하는 즐거움을 한층 배가시켜주며 기어비는 5.6:1, 6.8:1 두 가지로 구성해 주꾸미 선상낚시에 적합하다. 7+1 부식 방지 볼베어링을 채용하여 선상에서 무리 없이 사용할 수 있도록 하였고 브레이크는 프리존 마그네틱 브레이크 시스템(FMB: Freezone Magnetic Brake System)을 채용했다. 드라이브 기어와 피니언 기어는 내식성, 내마모성이 강한 초고력 황동 소재를 사용했고 스풀은 가볍고 내구성이 강한 32mm 고강도 알루미늄 단조 스풀을 채용했다. 클릭음을 이용하여 미세조정이 가능한 메커니컬 브레이크 노브가 장착되어 있으며 최대 드랙력은 6kg. 가격 12만8천원.

우라노 인쇼어 G3 도요피싱

도요피싱의 대표 베스트셀러인 우라노 인쇼어의 3세대(G3) 버전인 '우라노 인쇼어 G3'는 프레임을 고강도 알루미늄 소재로 제작했으며 시크해 보이는 무광 블랙 컬러를 베이스로, 날렵하고 트렌디한 디자인을 채용해 파지감을 더욱 향상시켰다. 내부에는 파워 기어 크랭킹(Power Gear Cranking)을 구현하는 피니언 지지 구조를 채택, 기어 샤프트와 기어 간의 유격을 최대한 줄여 마찰을 최소화해 기어의 내구성을 향상시켰다. 우라노 인쇼어 G3에는 스피드 버튼이 장착되어 있어 버튼을 누르는 것으로 클러치바 복원이 가능하다. 기본 핸들노브로 속이 비어 있는 할로우(Hollow) 타입 핸들노브를 채택하여 경량화함과 동시에 파지감을 향상시켜 장시간 낚시에서 오는 손의 피로를 최소화하도록 했다. 기본 핸들을 사용자의 취향에 맞게 알루미늄, 하이브리드 등 여러 가지 지깅용 파워핸들로 교체가 가능하다. 기어비는 5.6:1, 6.8:1, 7.5:1로 주꾸미는 물론, 다양한 어종의 낚시까지 커버가 가능하도록 다양하게 구성했다. 8+1 부식 방지 볼베어링을 채용하여 선상에서 무리 없이 사용할 수 있도록 하였다. 최대 드랙력 6kg. 가격 14만8천원.

아르니케B155
투칸

씨호크 쭈깅스타　피싱코리아

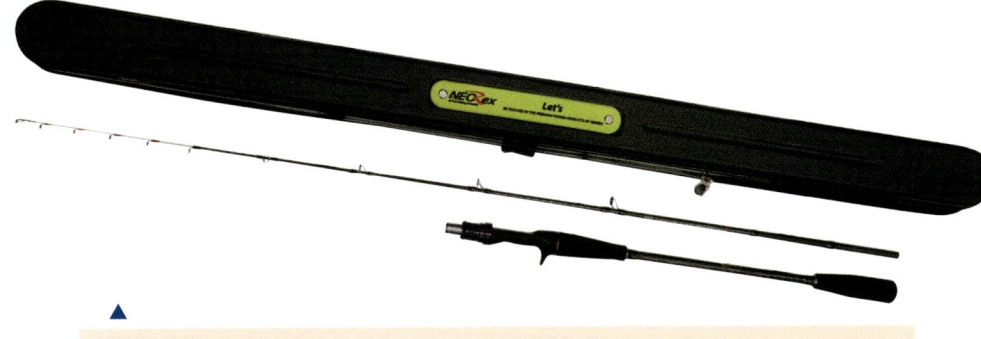

'쭈깅스타'는 주꾸미 전용 로드다. 베이트 전용 로드와 베이트&스피닝 겸용 로드 2가지 스펙으로 상황과 취향에 맞게 선택의 폭을 넓혔으며 카본으로 제작해 감도가 좋아 바닥이나 예민한 입질 파악이 가능하고 초릿대 파손을 최소화하기 위한 글라스 솔리드팁을 채용했다. 고강도 지르코리아 가이드링과 고급스러운 파츠 장착으로 고가의 로드 부럽지 않은 세련된 디자인을 채용했다. 9:1~8:2 액션으로 주꾸미, 갑오징어 제압뿐 아니라 지깅대에 준하는 파상강도 13kg의 고강도 낚싯대라 일반 5kg 강도도 안 되는 주꾸미 로드와 달리 초보자들도 쉽게 부러지지 않게 만들어 실제로 미터급 부시리도 잡아낸다.
B-542, B&S-542 2종 출시. 가격 5만6천원.

네오렉스 스카이호크　리더낚시

'네오렉스 스카이호크'는 나선형 스파이럴 가이드 설계로 라인트러블을 최소화한 제품이다. 티타늄 톱은 잘 부러지지 않는 특성을 지녔고 미세한 무게감까지 읽어낼 수 있어 주꾸미의 약한 입질과 무게감에도 신속하게 반응한다. 울트라크로스 랩핑 고탄성 카본 소재 보디와 조화를 이뤄 촉수의 느낌을 바로 캐치할 수 있다. 길이 145MH, 155MH 2종. 가격 145MH 13만원, 155MH 13만5천원.

아르니케B155　리더낚시

주꾸미, 문어, 갑오징어를 모두 노릴 수 있는 다용도 루어대다. 초릿대 파손에 대비해 톱 부위만 동일 제품으로 1개를 더 주는 1+1 제품. 스파이럴 나선형 가이드를 채택해 블랭크가 받는 압박을 덜었고 라인트러블도 최소화했다. 길이 1.55m. 가격 8만원

투칸　리더낚시

주꾸미, 갑오징어용과 참돔, 광어용 톱 2가지를 제공해 다재다능하게 쓸 수 있는 제품이다. 손잡이 부분 길이를 줄였다 늘렸다 할 수 있는 줌 기능도 갖추고 있어 다양한 어종과 낚시 조건에 맞춰 쓸 수 있는 장점이 있다. 스파이럴 가이드 채택으로 블랭크에 전해지는 힘을 분산시켜 경쾌한 낚시가 가능하다. 길이 160~190cm. 가격 10만원.

씨호크 쭈깅스타 프로 156　피싱코리아

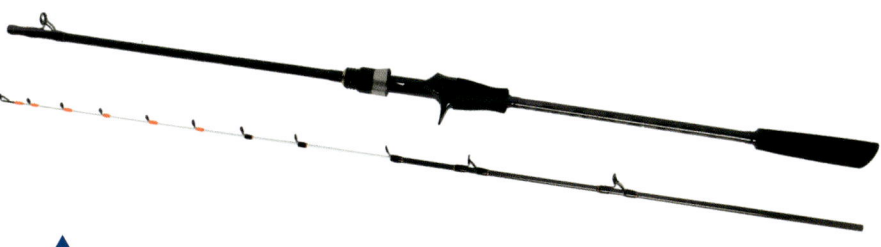

쭈깅스타 프로의 티타늄 팁 업그레이드 버전이다. 40톤 고탄성 카본과 ULTRA-X 보강으로 강도 향상과 뒤틀림을 잡아주는 안정된 블랭크를 가지고 있다. 초고강도 로드에 대한 연구개발로 파상강도 13kg을 실현하여 높은 강도를 실현했다. 부러지지 않는 티타늄 팁과 탄력적인 휨새로 미세한 입질 파악에도 최적화 되었으며, 장시간 낚시에도 부담이 없는 무게감과 9:1~8:2 휨새 비율로 주꾸미, 갑오징어 제압에 최적화된 액션을 보여준다. 도금이 안 되어 있어도 절대 녹이 나지 않는 최상급 스테인리스 가이드 프레임과 높은 강도와 내식성을 지닌 지르코니아 가이드링을 채용했다.
가격 17만8천원.

우라노 인쇼어 도요피싱

'우라노 인쇼어'는 도요피싱의 베스트셀러 선상 전용 로드로 여러 가지 대상종에 대응할 수 있도록 부드러운 팁(652MF), 범용 팁(642F), 강한 팁(662LF) 세 가지 휨새로 출시했다. MF 휨새는 갑오징어, 한치, 주꾸미 낚시에 적합하고 LF 휨새는 문어낚시에 최적화되어 있으며 F 휨새로는 광어, 우럭 등의 다양한 어종까지 커버가 가능하다. 분리형 트리거 릴시트를 채용하여 중량을 감소시키고 블랭크 터치로 감도를 향상시켰으며 손잡이 절번에는 능직 구조의 우븐 카본을 적용, 유연성 및 강도 그리고 블랭크 파워를 향상시켰다. 가이드는 선상 전용 후지 LC 및 LDB 프레임 'O'링 가이드를 채용하여 선상낚시에서 생기는 줄꼬임을 최소화할 수 있도록 하였다. 팁에는 각기 다른 형광색 도장처리를 하여 시인성을 향상시켰고 중앙분리형 2절 구조 설계로 이동 시 휴대성 및 보관이 용이하다. 제품 구매 시, 이동 시 편리함과 낚싯대를 보호하기 위한 삼각 로드 케이스를 함께 제공한다. 가격 8만9천원.

쇼미더쭈갑 다솔라이징

주꾸미, 갑오징어를 대상으로 개발된 전용 베이트 루어낚싯대다. 액션은 9:1로 제작되었으며, 센터컷 방식인 2PIECE 로드다. 스피갓 조인트 방식을 채용, 원피스 로드와 가까운 감도를 가졌으며 낚시 중 초릿대가 쉽게 분리되지 않는다. 허리 부분은 강도를 높여서 깊은 수심층에서 대상어를 끌어낼 때 손목에 전해지는 부담감을 최소화하였다. 릴시트 부분은 릴을 장착하고 파지하였을 때 한손에 쏙 들어오도록 3D 설계된 릴시트를 채용하였다. 투그립 타입의 EVA그립은 뒷그립 길이를 좀 더 길게 제작해 겨드랑이에 파지했을 때 최적의 사용감을 느낄 수 있다. 로드 초릿대의 최상단 부분은 솔리드팁을 적용하였으며 실버 그레이 도장에 레드와인 가이드랩핑은 초릿대의 시인성을 높여서 입질을 눈으로도 확인할 수 있도록 했다. 검정색 도장에 빨간색 메탈파츠와 빨간색 랩핑사는 심플한 디자인으로 오랫동안 사용하여도 한결같이 새로운 기분을 느낄 수 있다. 고급스런 하드케이스를 기본으로 제공하고 있으며 최대 2대까지도 수납이 가능하다. 어깨끈이 장착되어 이동 시 편안함을 제공하며 로드 파손을 막아준다.
B155, B165 2종 출시. 가격 B155 7만2천원, B165 8만원

쇼미더쭈갑2 하프루어

쇼미더쭈갑 시리즈 중 가장 고급스러운 주꾸미, 갑오징어 선상 낚싯대다. 주꾸미 및 갑오징어 전용 낚싯대로 가장 적합한 173cm의 길이로 모든 배낚시 공간에서 사용하는데 전혀 지장이 없다. 갑오징어낚시에서는 약간 긴 낚싯대를 선호하는 경향이 있어 갑오징어낚시에도 최적이다. 가이드는 Fuji New 'O' CONNECT GUIDE를 사용하였다. Fuji 신형 가이드는 기존 제품에 비하여 매우 강한 탄력 회복성을 지니고 있다. 주꾸미와 갑오징어의 입질을 지속적으로 전달하는 힘이 강하며 민감한 입질도 쉽게 감지한다. 합사가 빠져나갈 때 마찰열이 덜하고 라인의 손상 확률도 적으며 관통 속도가 빠른 편이다. 특히 톱가이드에서 5번 가이드까지는 밝은 펄 화이트로 도색하였고, 각 가이드마다 핑크오렌지 계열의 형광 컬러로 표현해 초릿대 움직임을 매우 세밀하게 관찰할 수 있다. 초릿대의 움직임과 가이드를 통해 오는 입질 두 가지 중 어느 하나도 놓치지 않도록 설계된 최상의 제품이다. 또한 조인트(초리대와 손잡이대 연결 부분)는 버트 분리형으로 1번대가 분리되지 않는 통블랭크로 팁의 신호를 손실없이 전달한다. 하나의 로드 같은 일체감으로 감도와 휨새 두 가지를 다 유지할 수 있다. 전용 고급 로드케이스를 증정한다. 편 길이 1.73m, 접은 길이 129cm, 무게 128g, 추부하 10~30g, 가격 11만9천원.

주꾸미낚시용품 지상전시

낚싯대

타코이카X 한국다이와
가성비 높은 갑오징어, 주꾸미 전용 로드다. 175M, 175MH, 150M/150MH 4종으로 175M은 7:3 액션으로 갑오징어와 주꾸미를 가리지 않고 사용할 수 있는 제품이다. 175MH는 적극적으로 입질을 감지하는 공격적인 낚시 스타일에 최적인 8:2 휨새를 가지고 있으며, 150M, 150MH는 감도와 성능을 그대로 유지하고 조작성을 우선시하는 제품이다. 가격 8500~8800엔.

교쿠에이 타코이카AGS 한국다이와
교쿠에이 EX AGS의 성능을 접목시킨 제품으로 국내 환경과 낚시인들의 요구에 부응하는 성능과 포퍼먼스를 갖춘 주꾸미, 갑오징어 전용 로드다. 매우 섬세한 감도를 가지고 있으며 슈퍼 메탈톱, 에어가이드 시스템 등 최고급 기능을 탑재해 주꾸미의 미약한 무게 차이도 감지할 수 있다. 170MMH, 170MH, 170H 3종 출시. 가격 4만4천~4만6천엔.

CAN30 ocean BC522M 제이에스컴퍼니
짧고 조작성 편한 선상용 주꾸미 전용 모델. 8:2 액션의 가는 솔리드 팁을 채용하여 시인성을 높이고 약한 중량감도 쉽게 캐치가 가능하다. 초리에 비해 강한 허리 휨새를 채용하여 후킹 및 랜딩에 용이. 수심 30m 이하권의 주꾸미를 대상으로 최적의 휨새를 가지고 있다. 길이 1580mm 2절. 가격 7만원.

참에어 BC582MI 제이에스컴퍼니
주꾸미낚시의 폭발적인 저변확대로 전문화된 로드의 필요성이 대두되어 기획된 낚싯대다. 가벼운 무게와 8대2 액션의 짧은 길이로 시종일관 쾌적한 운용이 가능하다. 수심 5~25m, 8~15호의 싱커 사용에 적합한 스펙. 시인성 높은 디자인과 부드러운 솔리드 팁을 적용하여 미세한 중량감도 쉽게 파악 가능하다. 길이 1,725mm 2절. 가격 25만원.

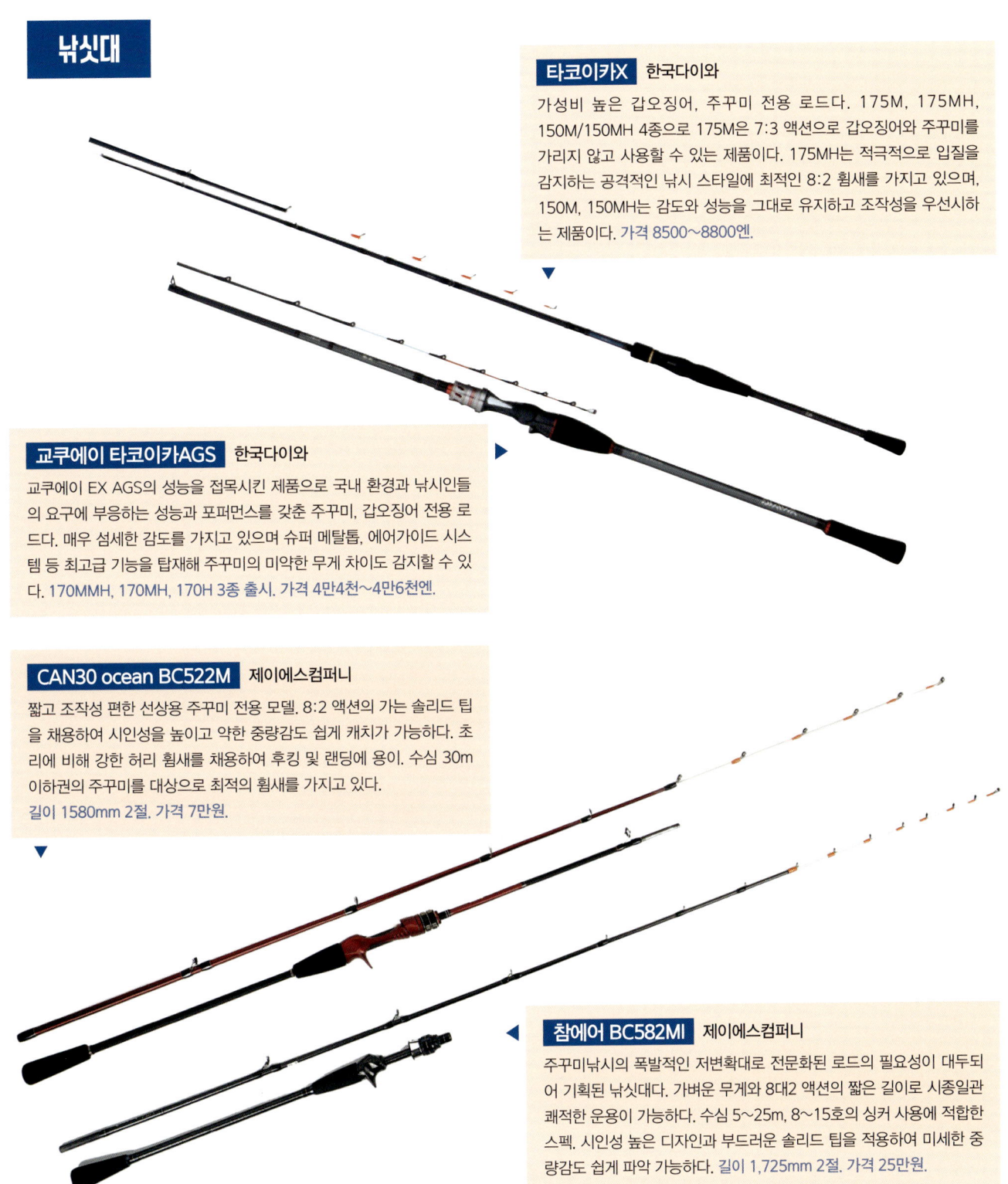

챔질하면 바늘이 쏙!
신개념 주꾸미 애자·에기 '히든훅'

'히든 훅(hidden hook)'은 (주)피디어에서 출시한 신개념 주꾸미용 애자·에기 제품이다. 이름 그대로 루어 몸체에 바늘이 숨겨져 있는 제품이다. 루어가 착지해 대기 시에는 바늘이 몸속에 들어가 있다가 무게감(입질)을 느껴 챔질하거나 들어 올리면 내장된 바늘이 튀어나와 주꾸미를 걸어내는 방식이 특징이다(특허 제 2222779호). 에기와 에자 두 가지로 개발했으며 대기 시 바늘이 몸체 안에 들어가 있는 특징 덕분에 여밭에서도 밑걸림이 적은 게 장점이다.

챔질하면 몸속에 있는 바늘이 튀어나오는 구조
히든훅은 에자와 에기 두 가지다. 에자는 12, 15, 21, 21호 4가지 무게이며 색상 역시 핑크, 레드, 그린, 옐로우 4가지다(상부 색상 기준). 바늘은 무미늘바늘과 유미늘바늘 2종이므로 취향에 맞게 선택할 수 있다.
에기는 길이가 9cm이며 색상은 고추장, 수박, 레이저 등 총 6종이다. 몸체에만 바늘이 있는 에자와 달리 기존 에기들처럼 꼬리 부분에 뒷바늘이 달려있다.
두 제품의 강력한 장점은 자동 후킹 기능이다. 조류가 약하고 아무런 힘이 가해지지 않을 때는 바늘이 몸체 안에 머문다. 그러나 원줄이 조류에 밀리거나 채비를 살짝 살짝 당겨주면 루어 몸속에 있던 바늘 끝이 외부로 약간 돌출되게 된다. 이때 슬며시 루어(에자나 에기)에 올라탔던 주꾸미 몸체에 바늘이 박히면 곧바로 무게감이 전달돼 챔질을 빠르게 할 수 있는 것이다.
바늘이 완전하게 노출되는 게 아니므로 밑걸림 위험은 적고 후킹 확률은 높아지는 구조로서 낚시에 서툴러 주꾸미의 미세한 무게감을 감지 못하는 초보일수록 유리하다.
히든훅 에자와 에기는 모두 친환경 소재로 만들어 환경오염의 우려가 없다. 에자는 낱개 또는 4개 1세트로 판매하며 에기는 낱개로만으로도 구입 가능하다.
구입 문의 주식회사 피디어 010-9800-9811, 동일레저 031-572-0498

히든훅 주꾸미 애자. 바늘이 몸체에 숨겨져 있으며 챔질하면 자동으로 튀어나오는 구조다.

히든훅 에기. 히든훅 주꾸미 애자와 마찬가지로 바늘이 몸체에 숨겨져 있다가 챔질하면 튀어 나온다.

1 남해 여수 앞바다에서 초겨울에 굵은 주꾸미를 올린 낚시인. 겨울로 갈수록 씨알은 굵지만 마릿수는 떨어진다.
2 두족류용으로 출시된 검은색 아이스박스.
3 주꾸미 배낚시가 이루어지는 곳에서는 연안낚시도 가능하다. 사진은 보령 부사방조제에서 원투낚시로 주꾸미를 노리는 낚시인들.
4 주꾸미 원투낚시 채비. 봉돌 위에 에기를 하나만 달았다.

출조와 철수 시간이 자유롭다는 게 장점이다. 연안낚시용 채비는 선상낚시와는 약간 다르다. 맨 밑에 다는 애자는 무겁고 밑걸림이 심해 사용할 수 없으며 주로 10~20호 봉돌을 사용한다.

가장 기본적인 채비는 삼각도래채비. 삼각도래 한쪽에는 원줄을 묶고 나머지 두 개의 고리에 봉돌과 에기를 연결한다. 봉돌을 다는 목줄의 길이는 20cm면 충분하며 에기를 연결하는 목줄은 그보다 짧은 10~15cm가 적당하다. 그래야 원투할 때 엉키지 않기 때문이다. 에기는 채비 엉킴을 방지하기 위해 1개만 달아주는 게 좋다.

원투 거리를 늘이기 위해서는 강도에 비해 굵기가 가는 PE라인 1호 원줄을 쓰는 게 적당하다. 채비를 원투한 직후에는 원줄을 팽팽하게 만들어 10초에 한 번씩 앞쪽으로 크게 튕겨준다. 만약 주꾸미가 루어에 올라타면 평소보다 묵직한 느낌이 드는데 이때 재빨리 릴을 이용해 낚싯줄을 감아주면 된다.

주꾸미 연안낚시는 바닥을 끌며 당겨주는 것은 금물이다. 배낚시에서는 수직으로 채비를 내리기 때문에 걸림이 덜하지만 연안에서는 완만한 각도로 채비를 끌고 오기 때문에 밑걸림 위험이 매우 높다. 그보다는 한 번씩 크게 튕겨주면서 입질을 확인하는 편이 유리하다. 주꾸미 원투낚시터로 유명한 곳은 보령 부사호 방조제이며 그 외에 배낚시가 이루어지는 지역의 연안 또는 방파제 어디에서나 할 수 있다.

채비를 가볍게 써야 하는 이유

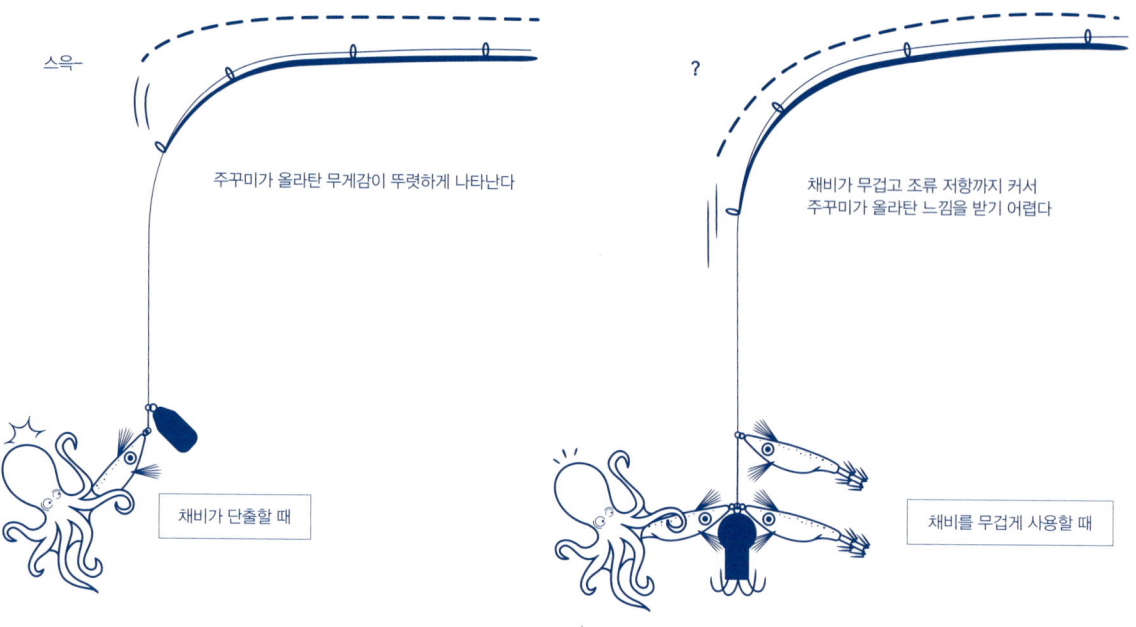

2개 달려 있다. 그러나 가급적이면 아래쪽에 하나만 다는 게 여러모로 유리하다. 일단 에기를 2개 달면 조류 저항이 심해 주꾸미가 올라탄 느낌을 쉽게 알아채기 어렵다. 아울러 주꾸미는 바닥에서 가까운 루어에 잘 붙는데 10마리를 낚으면 그중 70~80%는 아래쪽 에기에 달라붙는다. 따라서 굳이 조류 저항만 커지게 에기를 2개 다느니 1개만 달아 입질 감도를 높이는 게 현명한 방법이다.

잘 듣는 에기 색상은 날씨와 물빛에 따라 달라진다. 즉 날씨와 물빛이 밝은 상황에서는 에기도 밝은 컬러가, 날씨와 물빛이 어두운 상황에서는 에기도 어두운 컬러가 잘 먹힌다. 특히 에기의 경우 값이 싼 저가 왕눈이보다는 비싼 에기가 효과 면에서 탁월한 것은 분명한 사실이다. 주꾸미 활성이 좋아 넣자마자 막 나올 때는 그 차이가 적지만 그렇지 않다면 값 비싼 에기의 효과가 단연 두드러진다. 그런 에기들은 주로 갑오징어나 한치용으로 나온 것인데 주꾸미 활성이 나쁜 상황에 대비해 몇 개 정도는 예비로 갖추는 게 좋다.

해안가에서도 주꾸미가 낚인다

주로 배낚시로 낚는 주꾸미는 연안에서도 낚시를 할 수 있다. 비록 배낚시 조과의 10분의 1에도 못 미치지만 배를 타지 않아 선비가 들지 않고

입질 더딜 땐 생미끼를 감아봐라

주꾸미가 낚이긴 하는데 입질이 더딘 경우에는 생미끼를 결합해 보는 것도 좋은 방법이다. 철사를 관통시킨 청갯지렁이를 애자 몸체에 둘둘 말아 쓰는 방법도 있다. 식탐이 강한 주꾸미는 한 번 달려든 생미끼는 절대 놓지 않는 습성이 있어 물 밖으로 끄집어내도 여전히 청갯지렁이를 뜯어먹는다. 즉 가짜 미끼인 루어에는 경계심을 갖거나 한 번 왔다가 그냥 지나쳐도 생미끼에는 악착같이 달려드는 습성을 이용하는 것이다.

에기와 채비는 여유 있게 준비해야

주꾸미낚시는 바닥을 더듬는 낚시이다보니 채비 손실 위험이 매우 높다. 많게는 하루 10벌 이상 손실되는 경우가 허다하다. 여기에 보통은 에기를 2개 이상씩 달기 때문에 하루에 20~30개 잃어버리는 것은 예삿일이다. 따라서 에기는 적어도 30~50개는 예비로 준비하는 게 좋다. 봉돌과 기둥줄채비도 10개 이상은 준비해야 한다.

낚시방법
초리 휨새보다는 무게로 입질감 잡아야

주꾸미낚시에서 가장 중요한 테크닉은 입질을 빨리 캐치하는 것이다. 좀 더 정확히 표현하자면 주꾸미가 애자나 에기에 올라탄 무게감을 빨리 알아채는 감을 잡는 것이다.

바닥을 느낀 후 4~5초에 한 번씩 약하게 고패질

주꾸미는 바닥층에서 활동하기 때문에 채비로 바닥을 원활하게 찍을 수 있어야 한다. 보통 선장이 낚시 당시의 수심, 조류 세기 등을 감안해 적정 무게의 애자 또는 봉돌 무게를 알려준다. 다만 낚시를 하다보면 방금 전까지 바닥까지 금세 내려가던 채비가 늦게 내려갈 때가 있다. 이전보다 조류가 세졌거나 깊은 수심으로 배가 흘러갔기 때문이다. 이때는 봉돌 무게를 한 단계 무겁게 사용한다. 즉 20g 봉돌을 사용했다면 25g이나 30g으로 바꿔주는 것이다.

채비가 바닥에 닿았다면 4~5초 간격으로 약하게 고패질 해본다. 고패질이란 봉돌이 바닥에서 살짝 떴다가 떨어질 수 있도록 낚싯대를 들었다가 놓은 동작을 말한다. 고패질 폭은 애자나 봉돌이 바닥에서 살짝 떨어질 정도면 충분하다. 고패질이라기보다는 주꾸미가 올라탄 무게감을 체감하기 위한 동작이라고 할 수 있다. 만약 방금 전보다 약간 무겁거나 끈적한 느낌이 나면 살짝 들어주며 빠르게 낚싯줄을 감아준다.

주꾸미용 애자와 에기는 바늘에 미늘이 없고 매우 날카롭기 때문에 낚싯대를 살짝만 들어도 바늘이 콱 박힌다. 따라서 세게 챔질할 필요가 없다. 낚시인 중에는 너무 잦은 고패질은 주꾸미가 달려와 덮칠 시간을 주지 않아 불리하다고 말하는데 실제로는 전혀 그렇지 않다. 수중카메라로 주꾸미가 에기를 덮치는 과정을 촬영한 영상을 보면 엄청나게 빠른 속도로 루어 주변을 헤엄쳐 다닌다. 즉 루어가 바닥에서 약간 떠도 입질 받는 데는 큰 영향이 없다는 얘기다. 단 고패질 높이는 높아야 20cm 정도면 충분하며 우럭낚시처럼 50cm~1m씩 들어주는 동작은 불필요하다.

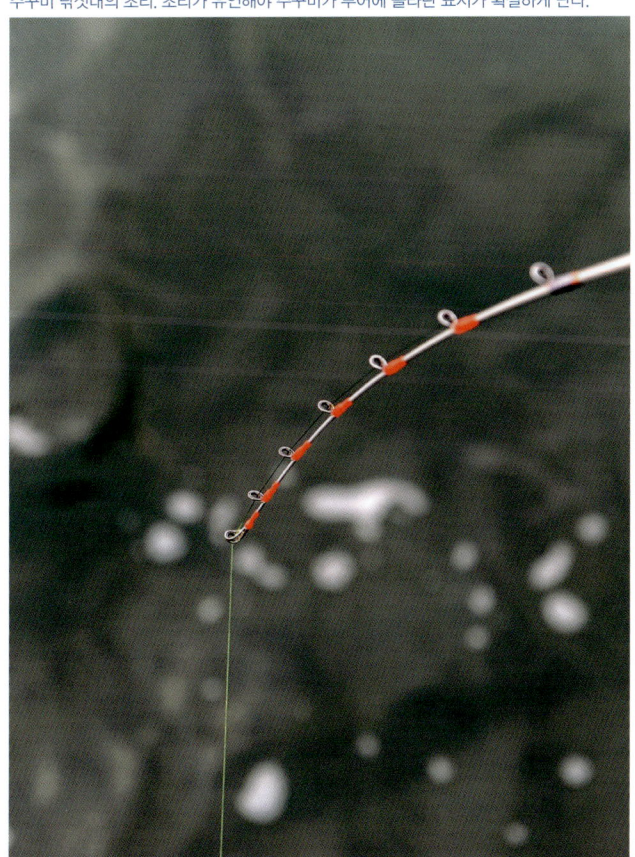

주꾸미 낚싯대의 초리. 초리가 유연해야 주꾸미가 루어에 올라탄 표시가 확실하게 난다.

밑걸림 심한 곳에서는 봉돌과 에기만 달아라

애자는 그 자체만으로 매우 효과가 뛰어난 루어다. 베테랑 중에는 에기나 그 밖의 기둥줄채비 없이 애자만 원줄에 직접 묶어 쓰는 사람도 있을 정도다. 다만 문제는 밑걸림인데 거친 여밭에서는 밑걸림이 너무 심해 손실이 많은 게 최대 단점이다. 따라서 바닥 상태를 잘 확인 후 밑걸림 없는 곳이라면 애자만 사용해보는 것도 좋은 방법이다.

반대로 밑걸림 심한 곳에서는 애자 대신 봉돌을 사용하는 게 좋다. 기둥줄 없이 고리봉돌의 고리에 원줄과 에기를 함께 달아 쓰는 것이다. 조류가 느릴 때는 에기를 2개, 조류가 빠를 때는 에기를 1개만 달아 쓰는 게 유리하다.

2단보다는 1단채비가 낫다

주꾸미낚시용 기둥줄채비에는 에기를 달 수 있는 스냅도래가 보통은

봉돌 부위에 왕눈이 에기를 직결한 채비. 가장 많이 쓰는 채비 형태.

애자처럼 희고 매끈하게 생겼으며 날카로운 갈퀴 바늘이 달려있다. 주꾸미는 이 애자를 소라껍질 안쪽의 흰색 부위로 착각하고 달려든다. 애자의 무게는 약 50g으로 애자를 쓸 때는 별도의 봉돌을 달지 않아도 된다. 단, 애자는 봉돌과 바늘 기능을 겸해 편리하지만 바늘이 크고 여러 개여서 밑걸림이 잦은 것이 최대 단점으로 꼽힌다. 그래서 최근에는 애자 대신 소형 봉돌을 채비 맨 아래에 달고, 추가로 덧다는 에기로만 주꾸미를 노리는 패턴이 유행하고 있다. 애자는 흰색과 핑크색 두 종류가 있는데 보통은 흰색에 반응이 좋다는 견해가 지배적이다.

에기(스테)

새우 형태로 생긴 루어로 다양한 용도로 쓰인다. 에기로 낚을 수 있는 두족류는 주꾸미, 갑오징어, 한치, 문어 등인데 주꾸미용으로는 작은 게 유리하다. 과거에는 값이 싸고 형태가 단순한 일명 '왕눈이' 에기가 보편적으로 쓰였지만 최근에는 생김새가 정밀하고 만듦새가 뛰어난 중고가 에기의 인기가 높다. 길이로 따지면 5~6cm가 적당하며 색상은 낚시 당일의 날씨, 물색 등에 맞춰 선택하면 된다.

수납 케이스에 보관한 다양한 색상의 에기와 스테들.

기둥줄채비

애자(또는 봉돌)와 에기를 연결해 쓸 수 있는 기본 채비다. 가장 일반적인 형태는 맨 아래에 애자를 다는 스냅도래가 있고, 중간 즈음에 에기를 다는 스냅도래가 달린 형태다. 기둥줄채비의 맨 위에는 원줄을 연결한다. 입문자라면 이 채비를 구입해 사용하면 되겠다. 보통 중간에 왕눈이 에기를 1개 달 수 있는 2단채비를 많이 쓴다.

그 밖의 소품들
합사가위
합사는 일반 낚싯줄과 달리 일반 가위나 커터로는 잘 잘리지 않는다. 따라서 합사를 쉽게 자를 수 있는 합사가위가 있으면 편리하다.

살림망(살림통)
낚은 주꾸미를 보관하는 용도다. 보통은 낚싯배에서 각 자리마다 살림망을 걸어놓고 있어 이곳에 주꾸미를 살려 놓는다. 속전속결로 주꾸미를 낚아내려는 낚시인 중에는 전용 살림통을 쓰기도 한다. 가운데 작은 구멍이 뚫린 제품인데 좁고 어두운 구멍을 파고드는 주꾸미의 습성을 이용한 제품이다. 대충 입구 주변에 주꾸미를 떨어뜨려 놓으면 스스로 살림통으로 들어가 편리하다.

고리봉돌
밑걸림이 심한 곳에서 애자 대신 사용한다. 바늘이 없어 자체로는 주꾸미를 낚을 수 없고 왕눈이 에기로만 주꾸미를 걸어 올릴 수 있다. 무게는 10~20호가 적당하다.

아이스박스
주꾸미는 체구가 작기 때문에 너무 큰 아이스박스는 불필요하다. 200마리 이상 낚아도 15리터면 충분하므로 갖고 있는 아이스박스 중 가장 작은 크기를 가져가면 된다. 안쪽에 얼음과 음료수도 채워가야 하므로 보통 15~20리터 제품이 무난하다.

| PART 2 | 주꾸미낚시 2

장비와 채비
경량 베이트릴 장비가 기본

주꾸미낚시는 루어인 에기와 애자에 주꾸미가 올라탔을 때의 무게 차이를 감지해 낚아 올리는 낚시다. 따라서 장비는 최대한 가벼울수록 좋고 채비도 간결한 게 유리하다. 낚싯줄 역시 최대한 가늘어야 조류 영향을 덜 받고 가벼운 채비로 쉽게 바닥을 찍을 수 있다.

바다낚시용 릴낚시 장비는 크게 스피닝 장비와 베이트캐스팅(이하 베이트 장비) 장비가 있는데 주꾸미낚시에서는 베이트 장비가 편리하다. 스피닝 장비는 멀리 원투하는 데는 유리하지만 단순히 배 위에서 채비를 바닥까지 내렸다 올렸다를 반복하는 낚시에서는 베이트 장비가 훨씬 편리하다.

또, 스피닝 장비는 채비를 던질 때마다 릴의 베일(라인을 걸쳐 스풀에 감아 들이는 장치)을 젖혀야 하지만 베이트 장비는 섬바로 불리는 버튼만 누르면 저절로 라인이 풀려 채비가 바닥까지 내려간다. 채비를 감아올릴 때도 핸들만 돌리면 저절로 감기 기능으로 전환돼 편리하다.

릴
주꾸미낚시용 베이트릴은 굳이 비싼 제품을 쓸 필요가 없다. 내구성을 중시한다면 고가 제품을 구입하는 것이 좋은 방법이지만, 단순히 끌어올리는 기본 성능만 놓고 본다면 중저가 제품이라도 충분하다. 가장 큰 이유는 주꾸미가 대단한 힘을 쓰며 저항하지 않기 때문이다. 따라서 주꾸미용 베이트릴은 가격은 싸면서 가급적 작고 가벼운 제품이 유리하다. 큰 부하가 걸리는 낚시도 아니기 때문에 저가 제품이라도 쉽게 고장 나지는 않는다. 싼 제품은 3~5만원짜리도 주꾸미낚시에는 쓸 만하다.

낚싯대
주꾸미는 가볍기 때문에 낚싯대도 가벼울수록 유리하다. 보통은 초리가 유연해야 주꾸미가 올라탄 무게를 쉽게 감 잡을 수 있다고 말하는데, 사실은 초리의 유연함보다 중요한 것이 낚싯대 자체의 무게다. 초리가 너무 부드러우면 봉돌과 채비 무게만으로도 쉽게 구부러져 주꾸미가 올라탔을 때의 구부러짐과 (시각적으로)큰 차이가 나지 않는다.

좀 더 확실한 입질 여부를 아는 방법은 역시 손잡이대로 전해오는 '무게감'이다. 따라서 시중에 판매 중인 낚싯대 중 가장 가볍고 길이는 6피트(180cm) 내외의 짧은 제품이 주꾸미낚시에는 적합하다. 이런 사항만 놓고 볼 경우, 고급 가이드와 블랭크는 썼지만 로드가 불필요하게 무겁다면 썩 좋은 제품이라고는 볼 수 없다. 오히려 출조점에서 판매 중인 초저가 중국산 로드가 주꾸미낚시에는 더 어울릴 수 있는 것이다. 베이트릴과 마찬가지로 싼 제품 중에는 3~5만원대도 쓸 만하다.

낚싯줄
주꾸미 배낚시용 낚싯줄은 합사를 사용한다. 합사는 카본사나 나일론사라고 부르는 동일 호수 일반 낚싯줄보다 강도가 뛰어나고 조류 저항 역시 작은 게 장점이다. 보통 합사 1호는 경심줄 3호 이상의 강도를 지니고 있고 굵기 역시 3분의 1 수준이다.

합사의 또 다른 장점은 입질 전달력이 좋다는 것이다. 카본사나 나일론사는 당기면 늘어나는 성질을 갖고 있지만 합사는 늘어남이 거의 없다. 그 덕분에 미약한 입질도 손에 그대로 전달된다. 호수는 1호가 기본으로 숙달되면 0.8호 내지 0.6호까지도 내려 쓴다. 가격은 100m에 1만원대의 저가 제품도 무난하다. 주꾸미는 가볍기 때문에 굳이 고급 합사를 쓸 필요가 없기 때문이다.

애자
애자는 채비의 맨 아래에 다는 봉돌 겸용 낚싯바늘이다. 전신주에 달린

주꾸미 배낚시 장비·채비

- 0.8~1호 합사
- 7:3 휨새의 베이트로드
- 도래
- 멈춤고무
- 도래
- 판매 중인 기둥줄채비
- 갑오징어를 함께 노릴 때는 여기에도 에기를 단다
- 소형 베이트릴
- 도래
- 스냅도래에 봉돌과 에기를 직결해도 된다.
- 20~30호 고리봉돌(밑걸림 적은 곳에선 애자를 달기도 한다)

낚싯배에서 주꾸미낚시를 즐기고 있는 낚시인들.

봄은 씨알 크지만 마릿수는 적어

과거에는 주꾸미낚시는 보통 가을에 성황을 이루며 봄에는 낚시가 되지 않는다고 생각했었다. 봄에는 알을 품은 주꾸미가 소라 껍데기 속에 칩거해 있기 때문이다. 그래서 흔히 어부들의 일명 '소라방' 조업에는 잡혀도 낚시로는 어렵다는 견해가 지배적이었다.

그러나 2019년 무렵부터 일부 낚싯배가 봄에 낚시를 시도해본 결과 제법 쏠쏠한 조과를 올리면서 봄 주꾸미낚시 출조가 서서히 인기를 얻고 있다. 특히 봄 주꾸미는 몸통 속에 알을 갖고 있어 통째로 삶아먹는 맛이 일품인데 봄에는 씨알도 최대로 크기 때문에 제법 손맛도 느낄만하다.

그러나 마릿수는 가을에 비할 수 없이 부족하다. 많게는 하루에 1인당 30마리 보통은 10마리 내외에 머물기 때문이다. 앞서 언급한대로 알을 품고 있는 주꾸미가 소라 껍데기 같은 은신처에 머물다 보니 운 좋게 은신처 가까이에 루어가 다가갈 때만 루어를 덮치는 것으로 추측되고 있다. 초기에는 인천 지역 낚싯배들이 주로 봄 주꾸미 출조에 나섰지만 최근년에는 보령 지역 낚싯배 중에도 봄 주꾸미 출조에 나서는 배들이 부쩍 늘었다.

한편 봄 주꾸미낚시는 금어기인 5월 15일 이전까지만 가능하지만 일각에선 자원보호를 위해 봄낚시 만큼은 자제하자는 분위기도 적지 않다. 반면 같은 시기 어부들은 낚시 조과와는 비교할 수 없는 만큼의 알주꾸미를 잡고 있기 때문에 형평성에 맞지 않다는 주장도 있다. 봄에 식당에서 판매하는 주꾸미들은 어부들이 대량으로 잡아온 알주꾸미이기 때문이다. 전국적인 유통량을 감안한다면 1인당 10마리 미만으로 낚는 낚시 조과를 굳이 비난할 필요가 없다는 얘기다.

주꾸미낚시는 무조건 100마리 가능?

주꾸미낚시에 대해 잘 못 알려진 정보 가운데 하나가 조황이다. 낚시가 쉽다보니 처음 해보는 낚시인도 1인당 100마리는 거뜬한 것처럼 알려진 경우가 많은 것이다. 그러나 현실은 그렇지 않다. 정말 바다낚시가 처음이라면 아무리 잘해도 하루 30~40마리 낚는 게 보통이다. 50마리를 낚았다면 최고의 조황이다. 바다낚시를 좀 해봤다는 낚시인도 주꾸미낚시를 처음 해보면 감을 잡는 데 시간이 걸리고 많이 낚아야 50~60마리인 경우가 흔하기 때문이다. 따라서 초보자가 100마리를 낚는다는 것은 현실적으로 불가능한 일이다.

보통 조황이 좋은 상황의 경우 고수의 경우 200마리까지도 낚고 상황이 좋지 않은 날은 100마리 정도에 머문다. 보통 수준의 낚시인이라면 최대 100마리, 보통 50~60마리 내외가 평균이다. 게다가 주꾸미 조황이라는 게 늘 좋은 것이 아니어서 고수들도 50~60마리에 머무는 경우가 종종 있다. 인터넷 조황에 올라오는 100~200마리 조황은 가장 돋보이는 조황만 엄선해 소개하는 것이므로 처음부터 대박 조황에 너무 집착할 필요는 없다.

배 위에서 주꾸미 라면을 맛보는 낚시인들. 주꾸미는 어떤 요리를 해먹어도 맛이 좋다.

조금물때 전후가 최고의 출조 적기

주꾸미 배낚시는 모든 배낚시와 마찬가지로 조금물때를 전후한 날짜에 출조하는 게 유리하다. 그래야만 물색이 맑아 주꾸미가 루어를 쉽게 발견하고 낚시에 걸려들기 때문이다.

바다에는 물때라는 게 있어서 대체로 음력 보름을 전후한 날짜에는 조류가 빠르게 흐르고, 음력 그믐을 전후한 시기에는 조류가 느리게 흐른다.

조류가 빠르면 그만큼 뻘물이 강하게 발생해 주꾸미가 루어를 보기 힘들고 그만큼 조황이 떨어진다.

대체로 물때표상에 12물~4물때까지가 최고의 출조 물때다. 그러다보니 낚싯배 예약은 조금물때를 전후한 시기에 집중되기 마련이다. 한창 피크 시즌의 조금물때에는 평일에도 낚싯배에 빈자리가 없다. 그럴 경우에는 어쩔 수 없이 조류가 센 물때에 배를 탈 수 밖에 없다.

이렇게 조류가 센 날은 '물돌이' 시간을 집중적으로 노려야 한다. 물돌이란 만조 전후 30분, 간조 전후 30분의 시간을 말한다. 만조는 바다의 수위가 최고조, 간조는 최저조가 되는 상황인데 이 시점을 전후해 앞뒤 30분 정도는 조류가 아주 느리게 흐른다.

따라서 루어가 조류에 심하게 밀리지 않기 때문에 낚시가 편하고 주꾸미도 활발하게 유영해 루어를 덮치게 된다. 조류가 센 날 출조한다면 반드시 만조와 간조 시간을 미리 익혀둘 필요가 있다.

이런 현상은 조류가 느린 조금물때에도 비슷하게 나타난다. 즉 중들물이나 중썰물 같은 시점에는 조류 흐름이 최고로 강해 마치 사리물때에 낚시하는 느낌이 나는 것이다. 이런 상황에서는 확실히 입질이 뜸하고 채비가 너무 세게 밀려 조과가 떨어진다.

이처럼 바다의 조류는 매 시간마다 흐르는 속도가 다르기 때문에 조류가 너무 빠르다고, 너무 느리다고 당황해할 필요는 없다. 낚시를 하다보면 낚시하기에 좋은 조류 속도가 조만간 찾아오기 때문이다.

조금전후 물때는 1년 전에 예약 끝나

주꾸미 배낚시가 폭발적인 인기를 끌면서 피크 시즌의 조금물때는 이미 1년 전에 예약이 만료되는 경우가 대부분이다. 그 경우 출조점이나 낚싯배에 직접 연락을 취해 '대기 명단'에 이름을 올려야 한다. 갑작스럽게 출조가 어려워진 사람을 대신해 출조하는 것이다. 그러나 주꾸미낚시는 내만에서 낚시를 하고, 주의보가 아니면 거의 출조하기 때문에 예약이 펑크나 자리가 생기는 경우는 극히 드물다. 운에 맡길 수밖에 없다. 따라서 이런 경우에는 출조버스 상품을 이용하는 것도 좋은 방법이다. 마치 여행사가 성수기 비행기표나 배표를 사전에 통째로 예약하듯, 1년 전부터 특정 낚싯배와 계약을 맺고 출조하기 때문이다. 출조버스 정보는 인터넷에 '주꾸미 버스 출조'라고 입력하면 쉽게 정보를 얻을 수 있다.

조개 껍질과 함께 올라온 주꾸미. 주꾸미는 조개류가 많은 바닥에 서식한다.

주꾸미 포인트에 몰려든 낚싯배들. 가을철 서해에서 흔히 볼 수 있는 장면이다.

| PART 2 | 주꾸미낚시 1

생태와 시즌
가을에 최고 피크, 서해가 최대 황금어장

주꾸미는 대한민국에 생활낚시 유행을 일으킨 일등공신이다. 자원이 많고 낚는 법이 쉬워 남녀노소 누구나 쉽게 낚시를 즐길 수 있다. 매년 가을이 되면 평소 낚시를 즐기지 않던 일반인도 주꾸미낚시 한 번 쯤은 다녀올 정도로 큰 인기를 끌고 있다.

주꾸미는 맛도 좋고 요리법 또한 다양하다. 특히 매년 봄이면 머릿속에 알을 잔뜩 갖고 있어 일명 '알주꾸미' 요리가 제철을 맞는다. 여기에 매콤한 주꾸미볶음은 사철 맛난 요리로 각광받고 있어 평소에도 일반인들에게 친숙한 먹거리로 각광받는 낚시 대상이다.

씨알과 마릿수는 10월이 최고

주꾸미는 흔히 말하는 단년생 두족류다. 보통 봄에 알에서 부화한 뒤 여름~가을~겨울을 거치며 빠르게 성장한다. 봄에 최대로 성장해 머리(몸통)에 알을 갖는데, 지나친 남획을 위해 매년 5월 11일부터 8월 31일까지를 금어기로 지정하고 있다.

주꾸미는 바닥이 모래와 뻘이 섞인 곳에 주로 서식한다. 특히 바지락 같은 작은 패류가 많은 곳이 주요 포인트가 된다. 바닥 전체가 뻘인 곳에는 주꾸미보다는 낙지가 주로 서식한다.

봄에 알에서 깬 주꾸미는 금어기를 거쳐 무럭무럭 성장해 가을이 되면 낚시 대상이 될 정도로 커진다. 금어기가 막 끝나는 9월 초에는 머리 크기가 500원짜리만 해지는데, 보통 9월은 씨알이 너무 잘고 10월은 돼야 먹을 정도의 크기로 성장해 마릿수와 씨알 모든 면에서 만족스럽다.

시즌 피크인 10월에는 초보자도 30~50마리 낚는 것은 어렵지 않다. 처음에는 주꾸미가 루어에 올라탄 감을 잡기 힘들지만 서너 마리 낚으면 서서히 무게감을 느끼게 되고 곧바로 마릿수 조과를 거둘 수 있다. 손이 빠른 베테랑은 하루 200~300마리도 낚으며 중급자라면 100~150마리는 거뜬히 낚을 수 있다. 따라서 가장 빼어난 조황을 원한다면 10월을 놓치지 않는 게 좋다.

11월에 접어들면 씨알은 더 굵어지지만 마릿수는 서서히 줄게 된다. 낚시인 중에는 "11월로 접어들면 씨알은 굵지만 주꾸미가 질겨져 먹는 맛은 떨어진다. 그래서 10월을 최고의 주꾸미 시즌으로 꼽는다"고 말하는 사람도 있다.

11월 이후로도 주꾸미는 낚인다. 그러나 서해의 경우 수온이 하락하면서 마릿수가 급격히 줄게 된다. 또 이때부터 북서풍이 강해지기 때문에 출조일 또한 줄어들게 된다. 보통 11월 중순이면 서해의 주꾸미 출조는 막을 내린다고 보면 된다(남해의 시즌 개막과 피크 시즌은 서해와 비슷하다).

반면 서해보다 수온 하락 폭이 작은 남해는 시즌이 좀 더 길다. 보통 12월 한 달까지도 출조한다. 이때부터는 철저하게 조금을 전후한 물때에 출조해야 마릿수 조과를 거둘 수 있다. 12월에 남해에서 낚이는 주꾸미는 작은 문어로 봐도 될 정도로 씨알이 굵은 게 특징이지만 워낙 마릿수가 떨어져 출조하는 낚싯배는 적은 편이다.

최대 출항지역은 충남 서해안

주꾸미는 서해와 남해에 고루 서식하지만 가장 메인이 되는 낚시터는 역시 서해다. 자원은 남해와 비슷할 수 있지만 남해는 낚시 대상어가 많다 보니 현지 낚시인들의 주꾸미낚시에 대한 관심이 높지 않다.

반면 서해는 인구가 밀집한 수도권에서 가깝고 배낚시 인프라가 잘 조성돼 있다. 특히 낚시를 잘 모르는 일반인들에게 '바다낚시=배낚시'라는 인식이 강하고 배낚시에 대한 동경이 늘 마음 한구석에 자리한 점도 주꾸미 배낚시가 활성화된 원동력이라고 할 수 있다.

서해에서도 주꾸미 낚싯배가 가장 많은 지역은 충남이다. 안면도의 각 항구, 오천항, 무창포항, 홍원항이 중심지다. 전북의 군산항과 격포항도 비슷한 시기에 주꾸미낚시가 시작되나 낚싯배는 충남에 비해 적은 편이다.

충남과 전북보다 늦게 주꾸미낚시가 활성화된 인천은 크게 연안부두와 영흥도로 출조지가 나뉜다. 두 곳은 원래 망둥어 배낚시, 우럭 배낚시, 참돔 타이라바낚시, 농어 외수질낚시 출조로 유명했지만 2020년 가을 무렵부터는 주꾸미 출조가 다른 어종 출조보다 성행하고 있다.

남해에서는 여수, 고흥, 완도, 목포 등지의 항포구에서 낚싯배가 뜨는데 주꾸미보다는 갑오징어나 문어 출조가 더 성황을 이룬다.

PART 2
주꾸미낚시

낚시도구 연결법 릴 스풀 묶음법

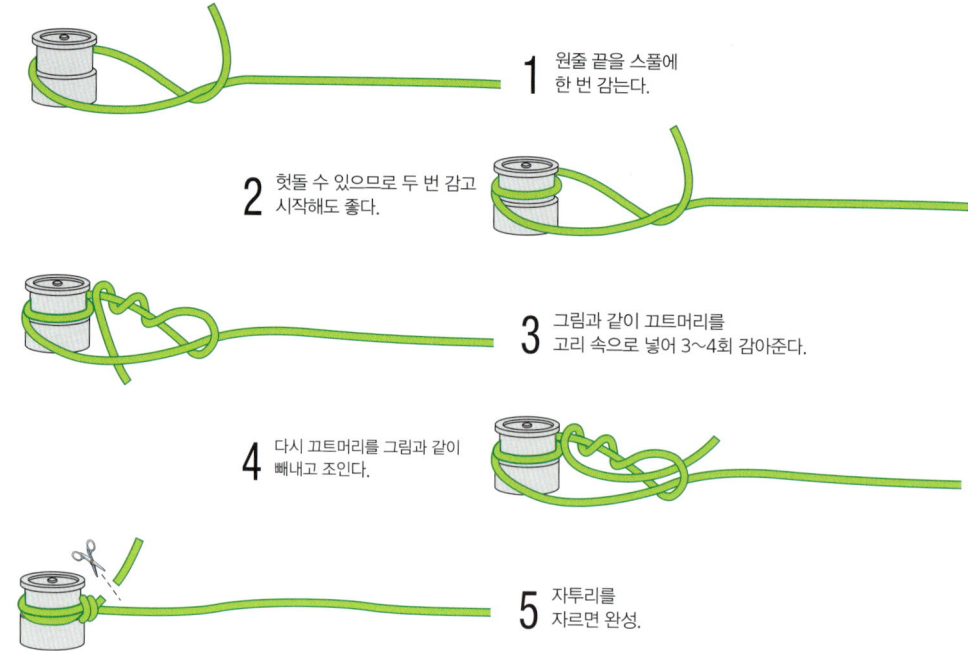

기타 묶음법 찌멈춤 매듭

도래·루어 연결법 **유니노트**

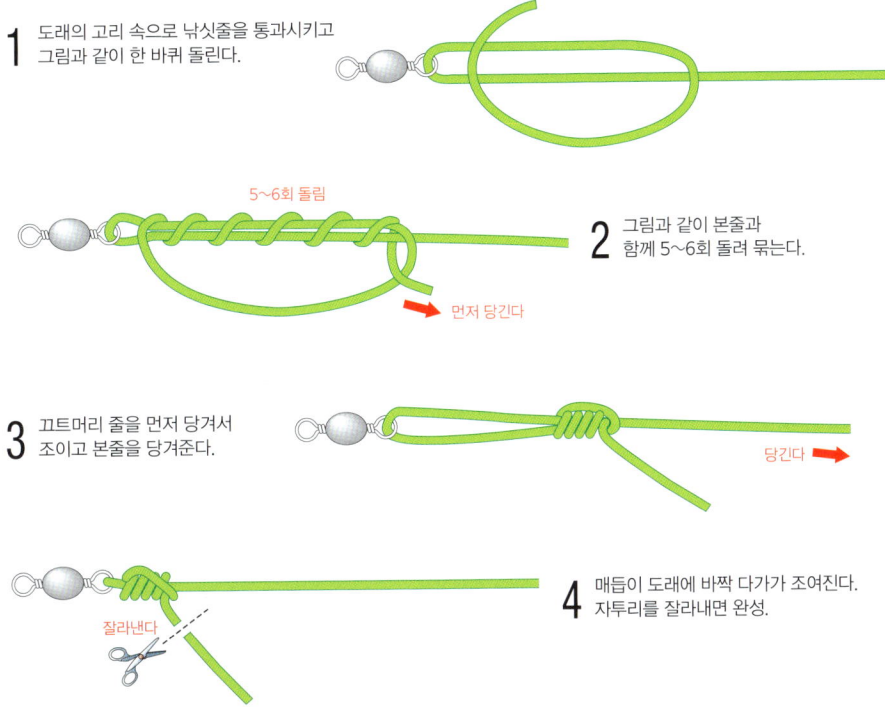

낚싯줄 연결법 **피셔맨즈노트**

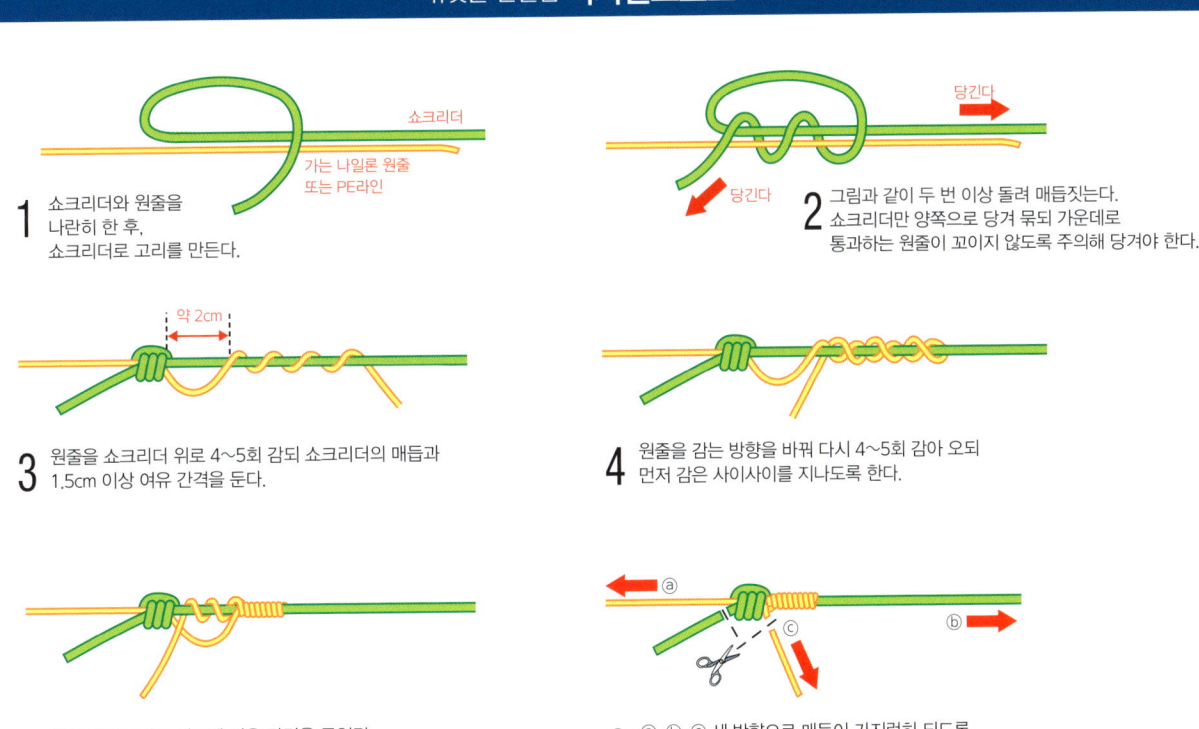

바늘묶음법 **가지바늘**

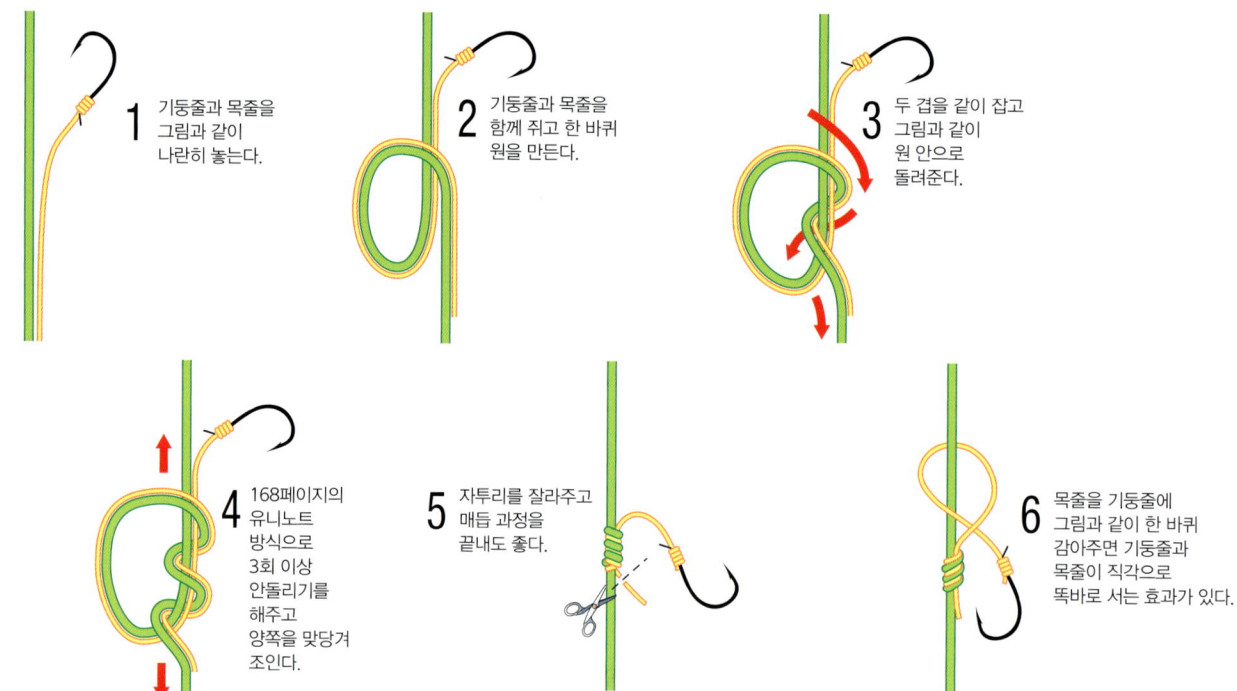

도래·루어 연결법 **클린치노트**

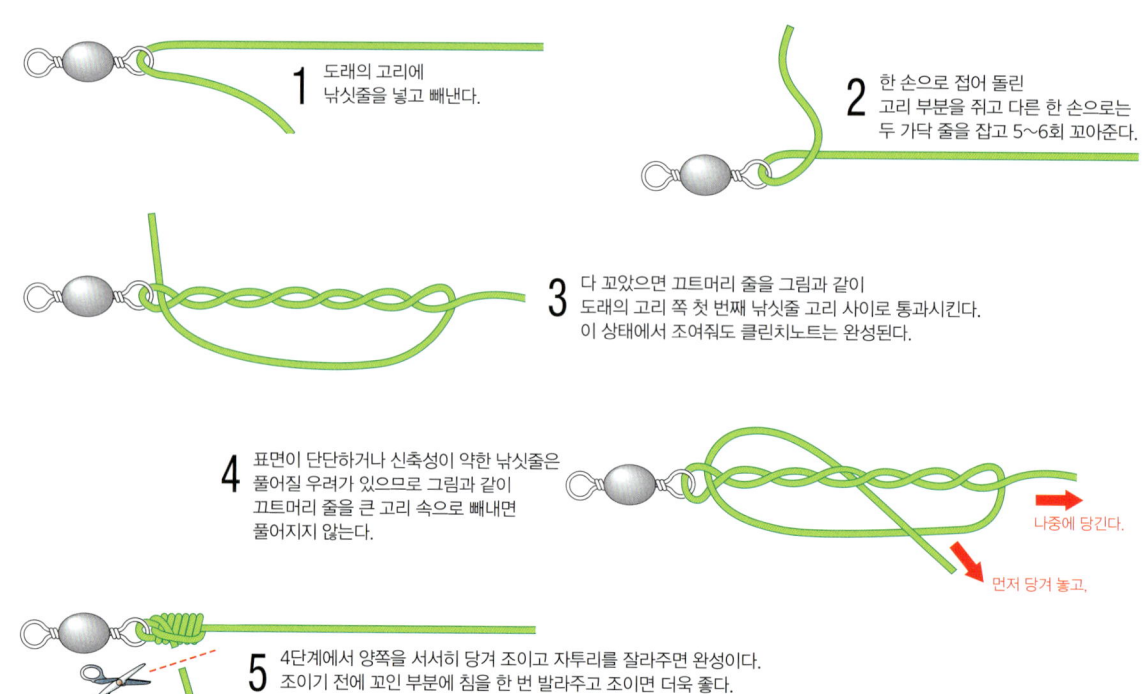

낚시 기본 매듭법 8

낚시하는 데 있어 알고 있어야 할 매듭법 8가지를 배워보자. 이 중 낚싯줄과 낚싯줄을 잇는 피셔맨즈노트는 익숙해지는 데 시간이 필요하다. 사진으로 찍어 필요할 때 열어보면 도움이 될 것이다.

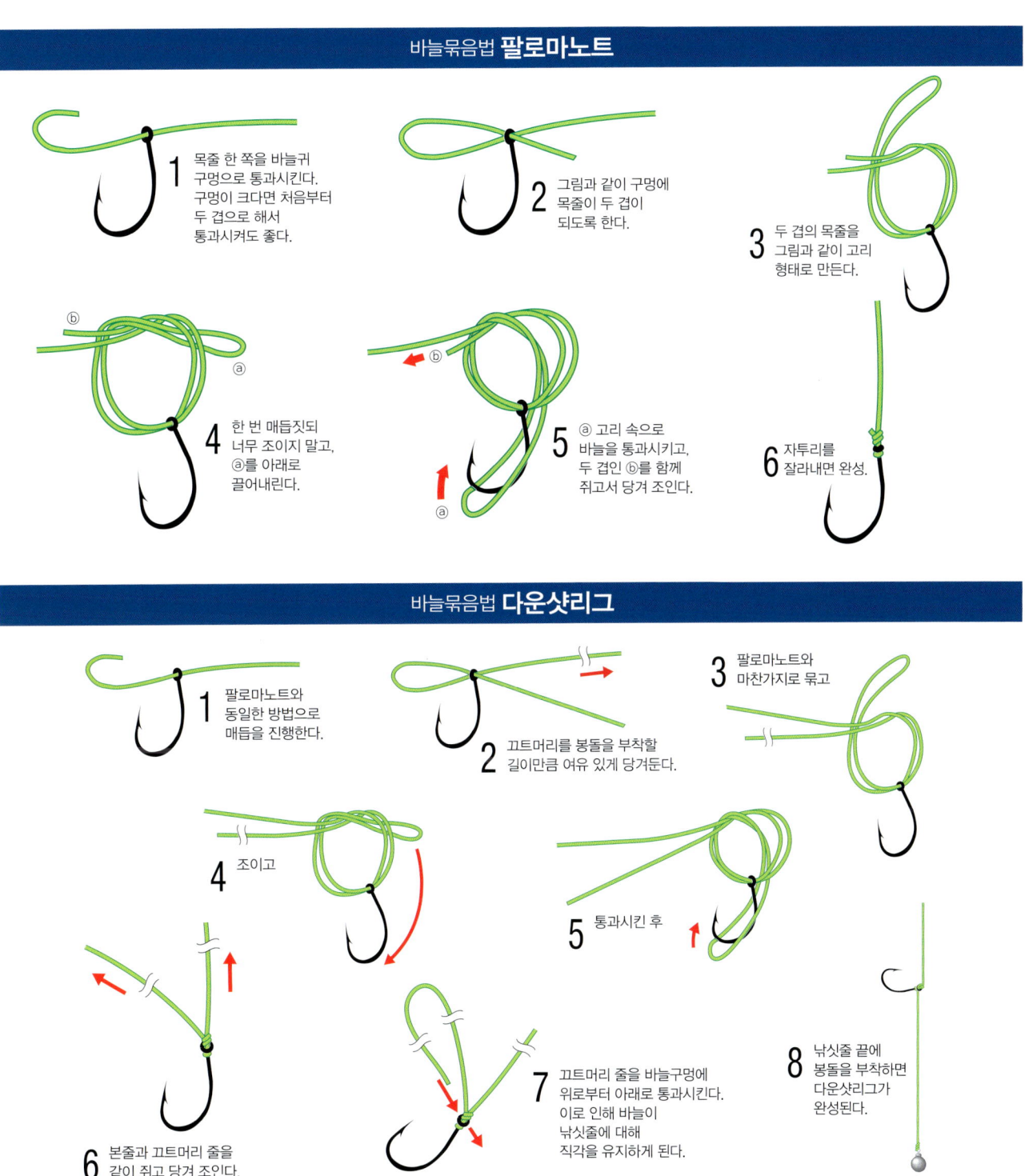

애자_표면이 맨질하고 위쪽을 향해 갈고리바늘이 여러 개 달린 주꾸미용 루어.
왕눈이 에기_눈이 큰 소형 에기. 처음에는 갑오징어용으로 출시됐으나 현재는 주꾸미낚시에 가장 많이 쓰이는 저가 에기의 대명사가 됐다.

〈ㅈ〉

저킹(jerking)_낚싯줄을 감지 않고 낚싯대를 들거나 끌다가 멈추는 동작.
전동릴_전동 모터로 낚싯줄을 풀고 감을 수 있도록 만든 릴.
조과(釣果)_자신이 낚은 물고기의 양이나 씨알 등을 표현하는 용어.
조황(釣況)_물고기가 낚이는 정도.
지그(jig head)_바늘귀에 납(lead head)이 결합된 바늘.
집어등_물고기를 모으기 위해 밝히는 밝은 등.
집어_물고기를 모으는 것.

〈ㅊ〉

채비_낚싯줄, 바늘, 봉돌로 구성되어 있는 묶음.
챔질_바늘이 물고기의 입안이나 오징어 살에 박히게 하기 위해 순간적으로 낚싯대를 들거나 잡아채는 등의 동작.
추부하_낚싯대에 사용 가능한 추(봉돌)의 최대 무게.
축광_빛을 받으면 야광이 축적돼 한동안 형광빛을 발하는 과정.
출조(出釣)_낚시를 간다는 뜻.

〈ㅋ〉

카본사(carbon line)_폴리불화비닐리덴이란 섬유로 만든 낚싯줄. 비중이 커서 나일론사보다 빨리 가라앉고 물속에 오래 있어도 물을 흡수하지 않는다는 장점이 있지만 가격이 비싸다. 일본에서 '플로로카본'이라고 표기하면서 카본사란 이름이 널리 쓰이게 됐다.

〈ㅌ〉

트위칭(twitching)_손목에 스냅을 주어 낚싯대를 짧게 톡톡 잡아채는 기법. 저킹보다는 동작이 작다.

〈ㅍ〉

파운드(lb)_무게의 단위. 1파운드는 0.453kg. 기호는 lb. 16온스에 해당한다. 낚싯줄이 견디는 무게를 뜻해 강도를 나타내는 용어로도 쓰인다.
파이팅(fighting)_물고기를 걸어서 버티고 펌핑하는 동작을 통틀어 부르는 말.
펌핑(pumping)_물고기를 끌어 올리는 동작. 낚싯대를 당겨서 물고기를 띄운 다음 낚싯대를 내리며 빠르게 줄을 감고 다시 낚싯대를 당기는 동작이 펌프질과 흡사하여 붙은 이름이다.
포인트(point)_고기가 있을 만한 장소.
폴링(falling)_루어의 하강
피딩타임_낚시 대상이 활발하게 입질하는 시간대.
피이(PE)라인_합사의 한 종류로 폴리에틸렌(polyethylene)을 소재로 만든 낚싯줄.
피트(ft)_루어낚시에서는 낚싯대 길이를 잴 때 미터보다 피트 단위를 많이 쓴다. 1피트는 30.48cm. 낚싯대 길이가 6.6피트면 약 2m다.

〈ㅎ〉

합사(合絲, braided line)_가는 모노필라멘트사를 여러 겹 꼬아서 만든 줄이다.
훅 세팅(hook setting)_챔질로 바늘이 입에 걸리게 만드는 과정.
휨새(액션)_고기를 걸었을 경우 나타나는 낚싯대의 휘어지는 형태. 허리까지 전반적으로 휘어지면 연질, 낚싯대 끝쪽만 휘어지면 경질이라고 부른다.
히트(hit)_입걸림. 스트라이크와 같은 의미다.

록 물속에 펼쳐 놓는 낙하산 형태의 어로 장비. 물풍, 풍닻, 물닻이라고도 부른다. 국어사전에 물돛이 표준어로 기재되어 있다.
물때_규칙적으로 바닷물이 들어오고 나가는 조석(潮汐) 현상인 밀물과 썰물, 간조와 만조의 반복주기를 고기잡이에 편리하게끔 정리해 놓은 것.

〈ㅂ〉

백래시(Back lash)_베이트캐스팅릴로 루어를 캐스팅했을 때 릴 스풀의 과다 고속 회전으로 풀리던 낚싯줄이 다시 되감기며 엉키는 현상. 스피닝릴에는 없는 현상이다. 이를 방지하기 위해선 엄지로 스풀을 살짝 눌러주는 서밍(thuming)이 필요하다.
버트캐스팅_비거리 증대를 위해 초리에서부터 약 1m 이상 원줄을 늘어뜨려 루어를 던지는 기법.
베이트캐스팅릴(bait casting reel)_낚싯줄을 감아 들이거나 풀어주는 기계로 원줄이 감기는 스풀이 자체 회전하는 장치.
베이트피시(bait fish)_먹이고기.
보일(boil)_물고기가 먹이고기를 쫓아 수면 가까이 올라왔을 때 수면에서 일어나는 물살.
브레이크라인_물속 지형이 급격하게 변화하는 지점.

〈ㅅ〉

사무장_낚싯배에 선장과 함께 동승하는 승무원. 총무라 부르기도 한다. 선장의 배 운항과 손님의 낚시를 돕는다.
샤크리_오징어를 낚는 에깅낚시에서 낚싯대를 위, 아래로 빠르고 강렬하게 움직이며 입질을 유도하는 동작.
선단(船單)_여러 낚싯배들이 모인 것을 이르는 말.
선사(船社)_낚싯배를 여러 대 갖고 운항하는 회사.
스테_오징어류를 노리는 루어로 내부에 납이 없는 새우 또는 물고기 형태의 인조 미끼.
스테이_활발히 움직이던 루어가 갑자기 움직임을 멈춘 상태.
스파이럴 가이드(spiral guide)_낚싯대의 가이드가 나선형으로 배열된 형태. 낚싯대 위쪽에 장착하는 베이트릴의 경우 가이드가 나선형으로 배열되어 초리 부분이 아래쪽으로 향하므로 채비 투척 시 줄 걸림이 덜하고 낚싯줄이 잘 풀리는 장점이 있다.
스피닝릴(spinning reel)_원줄이 감기는 스풀은 고정되고 그 주위를 회전하는 로터가 돌며 원줄을 감거나 풀어주는 장치.
쇼크리더(shock leader)_이빨이 날카로운 물고기를 노릴 때 또는 캐스팅할 때 낚싯줄의 손상과 충격을 막기 위해 원줄과 연결하는 목줄을 말한다.
셰이킹(shaking)_루어를 감아 들이면서 낚싯대 끝을 아래위 또는 좌우로 흔들어 루어가 떨리도록 하는 기법.
스톱앤고(stop & go)_루어를 끌어당기다가 몇 초간 동작을 멈췄다 다시 끌어당기는 기법.
스트라이크(strike)_입걸림. 바늘이 물고기의 주둥이에 제대로 박힌 상태.
스트럭처(structure)_물밑 바닥지형, 주로 암초 등 수중 장애물을 일컫는다.
싱커(sinker)_봉돌
수평에기_물속에서 머리와 꼬리가 수평으로 유지돼 떠 있는 에기.

〈ㅇ〉

어시스트 훅(assist hook)_보조 바늘. 루어에 원래 달려 있는 바늘 외에 입걸림 확률을 높이기 위헤 덧다는 바늘을 말한다.
에기(Egi)_오징어를 낚는 루어로 외부에 납이 달려 가라앉는 새우나 물고기를 닮은 인조 미끼.
온스(oz)_루어낚시에서 중량을 표현하는 단위. 1온스는 약 28g.
유영층(입질층)_물고기가 많이 모여 있는 수심층.
이카메탈_오징어용 루어로 채비의 맨 아래에 매달려 봉돌 겸 루어 역할을 하는 루어. 오징어를 뜻하는 이카와 메탈지그와의 합성어다.
이카스테_한치 배낚시 채비에서 가짓줄에 다는 루어.
인치(inch)_루어낚시에선 미터보다 인치 단위를 쓰는 경우가 더 많다. 1인치는 2.54cm.

낚시 상식
두족류낚시에 등장하는 낚시용어들

〈ㄱ〉

가프_오징어나 물고기를 찍어내는 날카로운 갈고리.
가이드(guide)_낚싯대에서 줄이 통과하는 부분으로 프레임(다리)과 링으로 구성되어 있다. 줄에 걸린 부하를 낚싯대에 전달 분산하는 역할을 한다.
가짓줄_채비의 중심줄인 기둥줄에 덧달아 쓰는 목줄.
경심줄_합사가 아닌 단사(monofilament)로서 나일론사나 카본사처럼 뻣뻣한 성질의 낚싯줄을 의미한다.
경질_낚싯대의 휨새를 뜻하는 용어. 고기를 걸었을 때 많이 적게 휘어지는 뻣뻣한 성질을 말한다. 반대는 연질.
고패질_낚싯대나 낚싯줄을 위, 아래로 올렸다 내렸다를 반복하며 물고기를 유혹하는 동작.
기둥줄_낚시 채비의 중심이 되는 줄. 보통 맨 아래에 봉돌이 달리고 맨 위에 원줄과 연결하는 도래가 있다. 그 사이에 일정 간격으로, 나뭇가지처럼 가짓줄을 연결해 쓴다.
기어비_릴 핸들을 한 바퀴 돌렸을 때 돌아가는 스풀의 회전 비율.
그립(grip)_낚싯대의 손잡이.

〈ㄴ〉

나일론사(Nylon line)_나일론을 재료로 만든 낚싯줄. 가격이 싸면서도 질긴 특징이 있다. 시간이 지나면 물을 먹어 강도가 떨어지는 단점이 있다.

〈ㄷ〉

다운샷리그_봉돌 위쪽에 가짓줄을 달아 쓰는 채비.
단사(單絲, monofilament)_섬유 한 가닥으로 만든 낚싯줄. 모노필라멘트사를 줄여서 '모노줄'이라고도 부르고 흔히 경심줄이라고도 부른다.
단차(段差)_채비에서 가짓줄 또는 바늘 끼리의 간격.
뎁스파인더(depth finder)_직역하면 수심측정기지만, 낚시에선 어군(魚群)을 찾는 어군탐지기를 말한다.
도래_낚싯줄이나 채비의 연결도구. 회전을 통해 줄 꼬임을 방지한다.

〈ㄹ〉

라이브웰(live well)_물칸. 잡은 물고기를 살려두는 공간 또는 휴대용 살림통을 말한다.
라인텐션_낚싯대 조작 등으로 원줄이 팽팽하게 유지되는 상태.
랜딩(landing)_낚시에 걸린 물고기를 배 위나 땅으로 끌어내기.
로드(rod)_낚싯대의 영어 표현
로드워크(rod walk)_낚싯대를 움직여서 루어에 다양한 움직임을 연출하는 기법.
롱캐스트(long cast)_원투. 루어를 멀리 던짐.
루어(lure)_금속이나 플라스틱, 실리콘 등을 재료로 만든 가짜 미끼.
루어낚시_루어를 사용하는 낚시.
루어 로테이션(lure rotation)_여러 가지 루어를 교체 사용하는 것.
리그(rig)_채비의 영어 표현. 채비란 낚싯줄, 바늘, 봉돌로 구성되어 있는 묶음을 말한다.
리더라인(leader line)_목줄. 루어에 바로 연결하는 낚싯줄.
리트리브(retrieve)_단순릴링. 별다른 액션 없이 천천히 루어를 감아 들이는 조작.
릴(reel)_낚싯대에 부착해 낚싯줄을 감아 들이거나 푸는 기계 장치.
릴링(reeling)_릴의 핸들을 돌려 줄을 감는 동작. 리트리브는 릴링의 한 형태다.

〈ㅁ〉

마릿수_낚은 물고기(오징어)의 수
메탈지그(metal jig)_스테인리스, 철, 납 등 기다란 금속 조각의 한 쪽 끝에 세발바늘 또는 외바늘이 달려있는 루어.
물돛(물풍, 풍닻, 물닻)_배가 조류에 따라 한 방향으로 떠내려갈 수 있도

한치 배낚시 모습. 집어등을 밝혀 한치 어군을 모은다.

신분증 지참 필수, 낚시자리는 추첨

낚싯배에는 사무장이 함께 탄다. 선장은 배를 몰고, 포인트를 찾는 일에 집중하고 사무장은 낚시인들을 위한 식사준비, 초보자 지도, 채비 관리 등을 맡는다. 낚시 중 곤란한 일이 있거나 도움이 필요할 때는 사무장의 도움을 받으면 된다.

낚시 도중 식사는 낚싯배에서 제공하는 경우가 대부분이다. 새벽에 출조했다면 점심식사를, 오후 늦게 출조했다면 저녁식사를 제공한다. 그 외에 간식이나 커피 등도 제공한다.

낚시 도중 낚은 고기는 낚싯배에 비치한 임시물통에 살려서(주로 우럭 같은 작은 고기들이 대상) 보관하다가 철수 직전 피를 빼 아이스박스에 보관해 온다. 부시리, 농어 같은 고기는 낚싯배의 전용 물칸에 보관해 철수 때까지 싱싱하게 보관한 뒤 철수 직전 피를 빼 역시 아이스박스에 담아온다. 낚싯배 전용 물칸에 보관할 때는 물고기의 꼬리 또는 아가미에 색상이 다른 케이블타이를 달아 각자의 고기를 구별할 수 있도록 한다.

두족류의 경우 낚은 직후 바로 죽기 때문에 물칸에 보관이 어렵다. 물칸에 넣으면 살릴 수는 있지만 물고기처럼 자기 고기 표시가 어려워 대부분은 그냥 쿨러에 담아 보관한다. 두족류용 검은색 아이스박스를 구입하면 먹물로 인해 아이스박스가 지저분해지는 것을 막을 수 있어 좋다.

뱃멀미 예방법

초보자에게 뱃멀미는 최악의 고통이다. 어디가 찢어지고 부러지는 고통은 견딜 수 있어도 뱃멀미는 천하장사도 이길 수 없는 고통이다. 뱃멀미에 대한 대비 없이 출조했다가 종일 배 안에 누워있다 가는 초보자들이 부지기수다.

뱃멀미는 예방 외에는 이겨낼 도리가 없다. 일단 기상예보를 보고 파도가 약간이라도 있겠다 싶으면 멀미약을 필수로 먹는다. 멀미약은 반드시 최소 배 타기 서너 시간 전에는 먹어두어야 한다. 그래야 약효가 충분히 몸에 고루 퍼지기 때문이다. 승선 후 멀미가 날 때 약을 먹는 건 크게 도움이 되지 않는다.

뱃멀미의 또 다른 원인 중 하나는 전날의 과음이다. 특히 초보자들의 경우 바다낚시를 간다는 생각에 들떠 새벽까지 술을 마시다 배를 타는 경우가 있는데 이 경우 대부분 멀미에 고생을 하게 된다. 따라서 출조일 전날 밤은 충분히 잠을 자면서 휴식을 취해야만 뱃멀미를 예방할 수 있다.

삼천포 해상으로 몰려든 돌문어 낚싯배들.

주꾸미, 갑오징어, 문어, 피문어 등은 아침 일찍 출조에 오후에 철수하는 '종일낚시' 개념으로 낚시하지만 무늬오징어는 주로 오후에 출조해 자정 무렵 철수 또는 오전과 오후로 나눠 출조하는 패턴이 많다.

낚싯배 예약과 낚시 준비

전화나 인터넷으로 낚싯배 예약을 했으면 출항지로 가서 낚싯배를 타면 된다. 낚싯배마다 예약 절차는 다양하다. 단순히 전화로 예약하고 현장에서 뱃삯을 지불하는 경우가 있고 인터넷 예약과 동시에 뱃삯을 입금하고 낚시자리까지 본인이 지정하는 방식도 있다. 후자의 경우가 최근 대세다. 신분증은 필수다. 여객선과 항공기를 탈 때와도 마찬가지로 신분증(주민등록증, 운전면허증 등)을 통한 본인 확인이 안 되면 승선이 불가능하다는 점을 명심하자.

낚시점에서 직접 운영하는 낚싯배를 이용할 때는 낚시점에서 승선명부를 작성한다. 낚싯배를 단독으로 운영하는 경우라면 낚싯배에서 바로 승선명부를 작성하기도 한다. 신분증은 출조하는 항구의 해양경찰이 출항 시간에 직접 낚싯배로 나와 승선명부의 기록과 승선 낚시인이 일치하는지 확인하기 위한 용도로 불시에 검문을 나왔을 때 신분증이 없으면 승선이 불가능하므로 신분증은 필수로 챙겨야 한다.

승선이 완료되면 배에 타기에 앞서 자리 추첨을 한다. 낚싯배에도 낚시인마다 선호하는 자리가 있어 따로 추첨을 안 하면 새벽 일찍부터 와서 자리를 맡아놓거나 자리경쟁 과정에서 마찰이 일기도 한다. 그런 점을 방지하기 위해 자리 추첨을 하는 것이다. 다만 승선 낚시인이 몇 명 안 될 때엔 자리추첨을 하지 않는 경우도 있다.

초보자라면 낚시점의 대여 장비를 써 보세요

낚시장비 구매비용이 부담이 되거나 배낚시 입문 여부가 불투명한 상황이라면 일단 현지 낚시점의 대여 장비를 이용하는 것도 좋은 방법이다. 주꾸미, 갑오징어와 같이 경량급 낚시대상일 경우 낚싯줄이 감긴 릴과 낚싯대는 보통 1만~2만원이면 대여할 수 있다. 여기에 필요한 채비와 미끼만 추가로 구입하면 된다. 고가의 장비보다는 다소 투박하지만 낚시를 즐기는 데는 전혀 부족함이 없다.

배낚시 적정 물때는?

바다의 조류는 시간대에 따라 흐름의 방향과 강약이 달라진다. 특히 갯바위 부근보다는 바다 한가운데의 수심이 더 깊고 조류도 강하다. 그래서 배낚시 때는 조류 흐름이 완만한 시기가 낚시 적기다. 물때표를 봤을 때 사리물때로 표기된 보름날 전후는 조류가 강해 채비가 너무 빨리 흘러가 버린다. 그럴 경우 봉돌을 무겁게 달아야 돼 채비가 무거워지는 단점이 있다. 더욱 큰 문제는 이렇게 빠르고 강한 조류가 흐르면 고기들도 조류를 이기며 유영하기 힘들어 조황이 썩 좋지 않다는 점이다. 그래서 배낚시는 대체로 사리물때보다는 조금물때 전후가 낚시하기 좋고 조황도 뛰어난 편이다. 간혹 어종에 따라 빠르고 강한 조류에 잘 낚이는 고기들도 있지만 실제로 낚시해보면 어종 관계없이 조류가 완만해지는 시점에 입질이 잦고 씨알도 굵게 낚인다.

배낚시 상식
낚싯배 예약부터 항구로 돌아오기까지

두족류낚시 대상인 주꾸미, 갑오징어, 무늬오징어, 한치 등은 주로 배낚시로 낚는다. 배낚시는 넓은 바다를 수시로 이동하고 어탐기를 통해 어군이 몰려있는 곳을 찾아 노리기 때문에 연안낚시에 비할 수 없는 풍족한 조황을 거둘 수 있다. 그렇다면 과연 어디서, 어떤 배를, 어떻게 이용할 수 있을까? 각 낚시 대상별 낚싯배 이용 방법을 소개한다.

주꾸미·갑오징어
주꾸미 낚시로 유명한 곳은 서해다. 서해 중에서도 주꾸미 낚싯배 출항지는 정해져 있다. 북쪽에서부터 본다면 인천의 각 항구, 영흥도가 대표적이며 그 다음은 충남권이다. 충남 태안의 안면도의 여러 항포구, 보령의 대천항, 무창포, 홍원항 등을 꼽을 수 있다. 그 밑으로는 전북 군산과 부안 격포다. 군산에서는 비응항과 야미도 등지에서, 부안에서는 격포항에서 낚싯배가 뜬다.
남해로 넘어가 전남은 완도, 녹동, 고흥 여수 등지에서 주꾸미낚싯배가 뜬다. 그러나 전남권에서는 서해중부권만큼 주꾸미낚시 열기가 높지 않아 출조에 나서는 배가 적다. 주꾸미낚시는 주로 인천~격포 사이의 출항지에서 낚싯배가 많이 출항한다.
참고로 주꾸미가 낚이는 곳에서는 갑오징어도 함께 낚인다. 주꾸미는 바닥이 모래와 뻘이 섞인 곳에서 잘 낚이고 갑오징어는 그런 바닥에 암반이 섞여 있는 곳이 포인트다. 포인트는 약간 다르지만 전체적인 낚시 권역은 비슷하다. 남해안도 마찬가지다.

항구에 정박 중인 낚싯배들(전북 군산 비응항).

돌문어
서해에서는 충남과 전북의 각 출항지에서 돌문어낚싯배가 출항한다. 충남에서는 보령 외연도 일대, 전북에서는 부안 격포 근해와 위도, 왕등도 등지가 주요 포인트다. 남해에서는 전남 완도~경남 통영까지가 모두 돌문어 포인트다. 서해중부와 남해서부에서는 주로 뻘밭이 있는 암반지대를 노리지만 남해동부인 진해, 고성, 삼천포, 통영 등지에서는 양식장 주변으로도 포인트가 형성된다. 이들 지역은 바닷가 항포구 곳곳에서 낚싯배가 뜨기 때문에 약간의 검색 수고만 하면 쉽게 낚싯배 이용이 가능하고 낚싯배 타는 곳도 안내받을 수 있다.

피문어
대왕문어로 불리는 피문어를 낚으려면 동해북부 바다로 가야한다. 강릉 사천진항, 고성 공현진항, 가진항, 대진항 등이 대표적인 피문어낚시 출항지다. 울진 죽변항 등지에서도 피문어 낚시를 출조하지만 피문어 낚싯배는 강릉 이북에 많다.

무늬오징어
무늬오징어는 남해안 전역과 제주도에서 낚싯배가 뜬다. 물이 맑은 해역에 살기 때문에 남해서부보다는 남해동부와 거제권 그리고 제주도에서 활발한 출조가 이루어진다. 남해동부권은 돌문어 출조지와 출항지가 비슷하나 선장의 성향에 따라 낚싯배는 다를 경우가 많다. 즉 돌문어낚시만 출조하는 배와 무늬오징어만 출조하는 배가 따로 있는 것이다. 2021년 가을부터는 동해북부인 양양 수산항에서도 무늬오징어 낚싯배가 출항하고 있으며 서해 안면도와 군산에서도 농어 루어낚시와 부시리 낚시를 겸해 무늬오징어낚시를 출조하는 배가 있다. 안면도의 루비나호, 군산의 루비나2호가 대표적이다.

낚시 대상별 뱃삯은?
배낚시는 1일 낚시 비용이 10만원 안팎이다. 서해 주꾸미는 7만~8만원, 갑오징어와 문어는 9만~10만원의 뱃삯이 형성된다. 주꾸미보다는 갑오징어와 문어의 포인트 이동이 더 잦다보니 약간 더 비싼 편이다. 동해 피문어는 8만원을 받는다.
무늬오징어 출조가 활성화된 남해에서는 주로 오후 3~4시경 출조해 밤 12시쯤 귀항하며 제주도에서는 오전과 오후로 나눠 출조한다. 이 경우 출조비는 8만원선이다. 경북 울진과 강원도 양양 등지 출항지에서는 10만원 정도의 뱃삯을 받고 있다.

바닥층에서 유영 중인 에기. 살아있는 듯한 액션을 연출하는 것이 중요하다.

한치낚시에 봉돌 겸 루어로 사용하는 아카메탈.

한치낚시용 스테

문어낚시용 꼴뚜기 루어

호래기낚시용 스테(위)와 소형 에기

전용을 찾기는 어렵다. 씨알이 잔 돌문어는 왕눈이 에기 두세 개만 달면 충분하다. 10kg 이상급 대형급 피문어를 노릴 때는 바늘이 펴질 것에 대비해 왕눈이 에기를 네 개 정도 단 뒤 바늘이 강한 에기나 스테 한두 개를 더 달아준다. 피문어를 노릴 때는 게 형태나 꼴뚜기 형태의 루어도 많이 단다. 대체로 문어는 공격성과 탐식성이 강해 어떤 루어를 달아도 잘 먹힌다.

호래기용 에기

소형 에기와 스테를 함께 사용한다. 소형 에기의 크기는 1.5호. 스테의 크기는 씨알 큰 산란 호래기가 들어오는 11월 말~12월 초에는 3인치(7.62cm), 씨알이 다소 잘아지지만 마릿수가 좋아지는 12월 중순 이후에는 2인치(5.08cm) 크기를 쓴다.

주꾸미, 갑오징어용 스테

값이 싼 왕눈이 에기

다. 이 중 무늬오징어용으로 쓰이는 것은 보통 2.5호부터다. 그 미만 호수는 너무 작고 무게가 가벼워 작은 한치나 호래기 등을 노릴 때 사용한다.

낚싯배에서 무거운 에기로 바닥층을 집중적으로 노려 무늬오징어를 낚는 기법을 '팁런(Tip-Run)'이라고 부른다. 팁런용 에기는 생김새는 일반 에기와 거의 동일하지만 무게가 두 배 이상으로 무겁다. 에기를 배 밑으로 내려 바닥을 찍고 약간 띄운 후, 흘러가는 배가 에기를 끌고 가거나 조류에 태워 흘리는 방식으로 입질을 유도한다. 이 제품은 수면에 착수하면 빠르게 가라앉기 때문에 연안 캐스팅용으로는 사용이 어렵다. 3호(23g), 3.5호(35g)를 주로 사용한다..

한치용 에기
과거 한치 배낚시는 '돔보' 또는 '오징어뿔'이라고 부르는 단순하고 투박하게 생긴 루어를 썼지만 요즘은 이카메탈과 스테를 함께 사용하고 있다. 이카메탈이란 '이카(일본말로 오징어) + 메탈지그(metal jig, 금속으로 만든 루어의 일종)'의 합성어다. 생김새가 에기와 비슷하고 바늘까지 달려있는 일종의 봉돌 겸 루어다. 추가 내장되지 않은 루어인 스테는 너무 가벼워 단독으로는 사용이 어렵기 때문에 이카메탈과 함께 사용해야 한다. 크기는 3~4호(10~12cm)를 많이 쓴다.

문어용 에기
탐식성이 강한 문어는 어떤 에기나 스테를 써도 잘 낚이므로 딱히 문어

무늬오징어용 에기. 2호 이하는 호래기, 한치 등을 낚을 때도 사용한다.

무늬오징어 팁런용 에기. 왼쪽은 무게를 늘일 때 끼워 쓰는 마스크.

에기의 이해
에기·스테·이카메탈

무늬오징어, 갑오징어, 한치 등의 두족류를 낚을 때 사용하는 루어를 '에기(Egi)'라고 부른다. 에기는 오징어를 낚을 사용하는 새우 또는 물고기 형태의 가짜 미끼다. 꼬리 쪽에 달려 있는 우산살 형태의 바늘이 다른 바다용 루어와 구분되는 특징인데, 부드럽고 탄력 있는 오징어 살에 잘 박히도록 작고 촘촘하게 나 있는 바늘을 사용한다.

에기는 낚시 대상에 따라 모양, 크기, 운동 특성, 사용법 등에서 차이를 보인다. 에기와 비슷하게 생겼는데 '스테'라고 부르는 루어도 있다. 에기와 스테는 봉돌 장착 유무로 구분하는데, 봉돌이 달려 있으면 에기, 봉돌이 없어 물에 뜨면 스테로 이해하면 되겠다.

이카메탈은 한치낚시가 유행하면서 등장한 오징어용 루어다. 에기와 비슷하게 생겼으며 메탈지그처럼 무겁기 때문에 봉돌 역할을 겸한다.

크기, 색상, 침강속도에 따라 분류

에기는 크기를 숫자로 표기하는데, 보통 숫자가 커질수록 크기와 길이가 커진다(업체별로 약간의 차이는 난다). 가장 작은 크기는 1.5호이며 그 위로 1.8→2.0→2.5→3.0→3.5→4.0호 순으로 커진다.

에기 색상은 크게 '내추럴(natural)'과 '어필(appel)'로 나뉜다. 내추럴은 표현 그대로 물속의 물고기가 띠고 있는 자연스러운 색상을 말한다. 배 부분은 은색이면서 등 쪽은 군청색 또는 녹색을 띠는, 한눈에 봐도 물고기를 닮은 자연스러운 색 조합이다.

어필은 반대 개념의 색상으로, 실제 물고기에서는 볼 수 없는 무지개색, 밝은 형광색 등의 화려하거나 자극적인 색상을 말한다. 보통은 내추럴 색상의 에기로 공략해보다가 별 반응이 없으면 어필 컬러로 바꿔 쓰며, 낚시 당일의 날씨, 물색, 시간대, 수온 등에 따라 잘 먹히는 색상은 달라진다.

같은 호수라도 에기별로 가라앉는 속도가 다르다. 이것은 침강 속도에 차별을 두어 수심 또는 무늬오징어의 유영층 변화에 맞춰 공략하기 위해서다. 침강속도를 구분하는 표현은 에기 제조업체마다 약간씩 차이가 있다. 침강속도가 느릴수록 수심이 얕은 곳, 침강속도가 빠를수록 수심이 깊은 곳에 적합하다.

주꾸미용 에기

주꾸미 루어는 가볍기 때문에 단독으로 사용하지 않고 채비 맨 아래에 무거운 봉돌을 달아 사용한다. 흔히 '왕눈이'로 부르는 값 싼 에기 또는 스테를 사용하는데 왕눈이 에기는 몸에 작은 납이 내장돼 있고 물속에서 수평을 유지한다. 스테는 납이 내장되지 않아서 자체적으로는 물에 뜨므로 역시 봉돌을 연결하여 가라앉힌다.

주꾸미는 자원이 많고 입질이 왕성할 땐 루어의 색상을 크게 따지지 않고 잘 낚이기 때문에 값 비싼 에기는 잘 쓰지 않는다. 물론 비싼 고급 에기를 쓰면 더 잘 낚이지만 지속적으로 바닥을 공략하는 특성상 밑걸림이 잦아 유실 위험도 매우 크다. 1개에 1천원 정도 하는 값싼 중국산 에기면 충분하고 실제로 가장 많이 사용한다.

갑오징어용 에기

초기에는 주꾸미를 낚는 값 싼 왕눈이 에기로 주꾸미와 갑오징어를 함께 노렸지만 점차 갑오징어낚시가 전문화되면서 고급 에기를 많이 쓰는 추세다. 갑오징어는 에기의 수평 유지 성능에 따라 입질 편차가 큰 편으로, 바늘이 달린 꼬리가 바닥으로 내려가는 에기나 위쪽으로 너무 들리는 스테에는 입질이 뜸하다. 물속에서 수평 유지가 잘 되는 고급 제품에 반응이 뛰어나고 조과에도 큰 차이가 난다. 따라서 갑오징어만 전문으로 노린다면 에기 구입에 약간의 투자를 하는 게 좋다.

무늬오징어용 에기

주꾸미나 갑오징어용과 비교해 종류가 다양하고 사용법도 더 전문적이

어필(위) 컬러와 내추럴 컬러 에기

스피닝릴의 구조와 명칭

릴낚싯대의 종류와 특징

릴을 끼워 사용하는 릴낚싯대는 대상종, 다루는 루어의 무게, 낚시방법 등에 따라 다양한 종류가 있는데 강도(파워), 휨새(테이퍼)로 나눠 특징을 설명한다. 사용 가능한 루어나 봉돌의 무게, 낚싯대의 휘어지는 정도를 나타내는 용어다.

강도는 사용할 수 있는 루어의 중량이나 대상어를 끌어낼 수 있는 힘을 나타내는데, 단순하게 말하면 낚싯대의 빳빳한 정도를 표현하는 기준이다. 울트라라이트(UL), 라이트(L), 미디엄라이트(ML), 미디엄(M), 미디엄 헤비(MH), 헤비(H) 등으로 표시한다. 울트라라이트가 가장 부드럽고 헤비가 가장 빳빳하다. 두족류낚시에선 보통 미디엄 라이트, 힘이 센 피문어를 낚으려 할 때는 미디엄 헤비나 헤비대를 쓴다.

휨새는 낚싯대가 휘어지는 정도를 말한다. 고기를 걸었을 때 낚싯대의 어느 위치에서 휘어지는가를 구분해 놓은 것인데 패스트 테이퍼(초리휨새), 레귤러 테이퍼(허리휨새), 슬로우 테이퍼(몸통휨새)로 분류한다.
두족류별 적합 낚싯대 사양은 해당 파트를 참고하기 바란다.

베이트릴의 구조와 명칭

장비의 이해
배낚시는 베이트, 연안낚시는 스피닝

두족류 낚시장비는 크게 배낚시용과 연안낚시용으로 나뉘며, 어떤 릴을 사용하느냐에 따라 다시 베이트 장비와 스피닝 장비로 나뉜다.

스피닝릴 VS 베이트릴
릴에 감긴 원줄을 풀어 수직으로 채비를 내리는 배낚시에서는 베이트릴이 편리하다. 스피닝릴은 낚싯대를 잡지 않은 다른 손으로 일일이 릴의 베일을 열고 닫아야 원줄을 풀고 감을 수 있지만 베이트릴은 섬바로 불리는 버튼만 누르면 저절로 원줄이 풀리고 릴 핸들을 돌리면 곧바로 낚싯줄을 감을 수 있기 때문이다. 그래서 채비를 배 밑으로 바로 떨어뜨리는 주꾸미, 갑오징어, 문어, 한치 배낚시 때 가장 보편적으로 쓰인다.

스피닝 장비는 주로 먼 거리까지 채비를 원투하는 낚시에서 사용된다. 릴 구조상 베이트릴은 무리하게 힘을 주어 던지면 스풀이 과하게 빠른 속도로 회전해 원줄이 엉키는 백래시(backlash, 원줄이 감긴 스풀이 과하게 역회전해 원줄이 엉키는 현상) 현상이 발생하지만 스피닝릴은 스풀은 가만있고 원줄만 풀리는 구조여서 낚싯줄 엉킬 현상이 적다. 즉 마음먹은 대로 강하게 던질 수 있다.

스피닝릴이 주로 쓰이는 장르는 무늬오징어 에깅인데 연안에서 무늬오징어를 노릴 때는 원거리 캐스팅이 기본이며 멀리 던질 때는 40m 이상도 에기를 날려 보내야한다. 아주 가벼운 소형 에기를 날려 보내야 하는 호래기 루어낚시에서도 스피닝 장비는 필수다. 대체로 대상 불문 원투 능력이 중요한 연안 캐스팅 낚시에는 베이트릴보다 스피닝릴이 유리하다.

릴의 특징과 선택
선상낚시에서 많이 쓰이는 베이트릴은 크게 경량급과 중량급으로 나뉜다. 경량급은 주꾸미, 갑오징어, 한치 등을 낚을 때 알맞고 중량급은 돌문어와 피문어 등 힘이 강한 두족류를 대상으로 할 때 적합하다. 주꾸미, 갑오징어, 한치 등은 큰 힘을 쓰지 않기 때문에 힘보다는 가벼운 무게의 제품이 어울린다. 반면 돌문어와 피문어는 무거운 봉돌을 달아 낚시하기 때문에 힘이 좋고 튼튼한 제품이 어울린다. 이 중 돌문어는 경량 베이트릴을 사용해도 크게 무리는 없지만 대문어는 20~30kg급도 걸려들 수 있기 때문에 힘 좋은 중형 베이트릴(일명 장구통릴) 사용이 필수다.

두족류낚시용 스피닝릴은 2500번(숫자가 클수록 릴이 커서 낚싯줄을 많이 감을 수 있으며 힘도 세다) 내외 사이즈가 가장 활용도가 높다. 스피닝 장비로는 한치, 갑오징어, 무늬오징어, 호래기 정도를 낚기 때문에 2500번보다 크고 무거우며 힘이 센 릴은 불필요하다.

호래기처럼 작고 힘이 약한 두족류를 낚을 때는 1000~2000번의 작은 릴도 부족함이 없지만 최근의 스피닝릴은 2500번도 무게가 아주 가볍다. 따라서 굳이 소형 릴을 별도로 사는 것보다는 가벼운 2500번 내외 릴을 사서 두루두루 쓰는 것이 경제적이다. 스풀을 별매로 추가 구입할 수 있다.

좀 더 신경을 쓴다면, 바다루어 전용으로 쓴다면 PE라인 전용 스풀을 갖춘 릴을 구입하는 것이다. PE라인은 일반 나일론사보다 가늘기 때문에 스풀의 깊이가 얕아도 낚싯줄이 많이 감긴다. 덕분에 가벼운 루어를 달아 던져도 원줄이 쉽게 풀려나가 비거리가 좋아지는 장점이 있다.

스피닝로드

베이트로드

1 한치
2 화살촉(살)오징어
3 호래기

알이 고작 어른 주먹만 해 관심을 끌지 못한다.
동해북부에서 낚이는 피문어는 산란기 무렵인 4~5월에 가장 큰 씨알이 낚인다. 이때는 마릿수는 다소 떨어져도 10kg급이 흔하고 최대 30kg급까지도 낚인다. 두 번째 피크는 8월 중순~10월로 2~5kg급이 주종을 이루며 10kg급도 기대할 수 있다.

낚시의 난이도

돌문어낚시는 채비로 바닥을 찍으며 돌문어를 유혹하는 단순 패턴이다. 우럭낚시와 유사하며 채비가 가볍기 때문에 밑걸림만 주의하면 초보자도 쉽게 즐길 수 있다. 삼천포와 여수에서는 조류에 배를 흘리며 여밭을 노리므로 단순 고패질 기법이면 충분하다. 반면 통영에서는 굴이나 김 양식장 주변도 노리는데, 고패질도 하지만 채비를 멀리 던져 바닥을 긁는 낚시를 많이 하기 때문에 스피닝 장비를 함께 갖추면 유리하다.

장비

돌문어 루어낚시 장비는 예민성보다 강하고 튼튼한 장비가 효과적이다. 보통 20~30호의 봉돌을 사용하고 무거운 문어를 신속하게 끌어내야 하므로 강한 장비와 채비가 필요하다.
정밀성을 요구하는 낚시는 아니므로 장비를 새로 구입한다면 릴과 낚싯대 포함 20만원선이면 충분하다. 단순 고패질 위주 낚시이므로 너무 비싼 원줄보다는 1~2만원대의 싼 합사 원줄을 사용해도 무방하다. 에기는 값싼 왕눈이 에기를 사용해도 충분하다. 반짝이 술과 에기를 과도하게 부착하면 조류 저항이 세져 오히려 불리하다. 에기는 많아야 3개, 술은 서너 가닥만 달면 충분하다. 장비 외에 에기와 봉돌 등의 채비 비용으로 3~4만원이 든다.
피문어는 돌문어보다 훨씬 크고 무겁기 때문에 '헤비급' 장비가 필요하다. 낚싯대는 우럭대나 지깅대, 릴은 힘이 좋은 전동릴을 쓴다. 집에 우럭 장비가 있다면 그대로 써도 무방하다. 왕눈이 에기는 기본적으로 5~6개는 달아야 하며 그중 1개는 튼튼한 애자를 달아 대형급 피문어의 무게에 바늘이 펴지는 것을 막는다. 시판 중인 제품화된 기둥줄 채비도 돌문어용보다는 강하고 튼튼하다.

출조 비용

통영, 여수권 돌문어 선상낚시는 1일 8만~10만원, 동해북부권 피문어 선상낚시는 8만원선의 뱃삯을 받는다.

호래기

정식명칭 반원니꼴뚜기인 호래기는 다 자라도 손바닥 크기를 넘지 않는 소형 오징어다. 2017년 무렵까지만 해도 겨울철에 남해동부 앞바다에서 잘 낚였으나 이후로는 조황이 급격히 떨어져 2021년 겨울까지도 회복이 안 되고 있다. 낚시인들은 호래기 값이 금값이 되자 어부들이 그물로 싹쓸이한 것이 원인 중 하나라고 주장하기도 하지만 실질적인 이유는 알 수 없다. 호래기 조황이 폭락함과 동시에 횟집에서도 호래기를 보기가 어려워졌기 때문이다.
호래기 조황이 뛰어날 때는 낚싯배의 야간 출조도 성행했으나 조황 급락 이후로는 방파제와 내항 등에서만 낚시가 이루어지고 있다. 호래기는 몸집이 작고 힘이 없기 때문에 낚싯대는 초연질 루어대를 쓰며 릴도 1000번 내외의 소형이면 적합하다. 기본 장비와 원줄 포함 15만원 내외면 구비가 가능하며 에기와 스테까지 구입한다면 20만~25만원 정도면 충분하다.

강원 고성 공현진 앞바다에서 굵은 피문어를 올린 낚시인.

낚시터

한치 낚시터는 제주도, 부산, 진해, 통영, 여수, 완도권으로 나눌 수 있다. 제주도는 시즌이 되면 연안에서 20분 안쪽 거리에도 포인트가 형성된다. 부산에서는 용호항, 가덕도항, 그리고 경남에서는 진해의 각 포구에서 한치낚싯배가 출항한다. 부산에서는 나무섬과 형제섬, 진해에서는 안경섬과 홍도 일대까지 출조한다. 통영과 고성은 갈치낚싯배가 뜨는 항포구라면 어디서나 한치낚싯배를 이용할 수 있다. 멀리 국도, 좌사리도 해역으로 출조한다. 여수와 완도에서는 초반에는 거문도와 제주도 중간 해역까지 출조하며 활황기에는 거문도와 여서도 해상에서도 낚시한다.

낚시 시즌

한치낚시 시즌은 제주도와 남해가 비슷하다. 보통 6월부터 시즌이 열려 길게는 10월까지 이어진다. 가장 핫한 시기는 6~7월이다. 특히 7월에는 씨알과 마릿수가 모두 만족스럽다. 7월 한 달이 갈치 금어기이다 보니 이때 낚싯배들이 갈치의 대타로 한치를 노리는 분위기도 강하다. 갈치 금어기가 해제되는 8월부터는 한치낚시 출조가 한풀 꺾이는데, 한치낚시 애호가가 많은 부산과 진해의 몇몇 낚싯배를 제외하곤 대다수 낚싯배가 한치에서 갈치낚시로 출조 상품을 전환한다.

제주도도 마찬가지여서 7월까지는 한치낚시가 이어지다가 8월로 접어들면 곧바로 갈치낚시로 돌입하는 게 보통이다. 제주의 경우 8~9월 동안 비수기를 맞다가 10월에 또 한 번 한치가 몰려와 마릿수 피크를 맞기도 한다. 특히 성산포 해상에서는 12월 말까지도 한치가 올라와 겨울철의 이색 선상낚시 상품이 된다.

선상낚시 시즌이 막을 내리는 8월 이후부터는 한치 떼들이 남해동부~동해북부 연안까지 몰려든다. 이때부터 겨울까지 연안낚시가 피크를 맞는다.

장비

한치낚시를 효율적으로 즐기기 위해서는 전용 장비를 구입하는 게 좋다. 최근의 한치낚시는 맨 아래에 봉돌 겸 루어인 이카메탈을 달고, 이카메탈에 연결한 기둥줄에 한치용 스테를 달아 사용한다. 이 형태의 채비를 이카메탈 채비 또는 여러 개의 루어(스테)를 단다는 뜻에서 다단채비라고도 부른다.

한치는 입질층이 파악되면 재빨리 같은 지점에 채비를 투입하는 게 중요하므로 릴은 수심 체크 기능이 달린 제품이 필수다. 수심 체크 기능을 갖춘 소형 베이트릴은 10~20만원선, 소형 전동릴은 30만원선이다.

낚싯대 역시 초리가 부드러운 전용대를 쓰는 게 좋다. 입질이 약할 때 한치는 촉수로 에기만 살짝 당기거나 에기에 걸린 상태로 가만히 있는 경우가 종종 있다. 이런 작은 입질까지도 읽어내기 위해 초리가 부드러운 전용대가 필요한 것이다.

그렇다고 낚싯대 전체가 낭창한 대는 좋지 않다. 이카메탈 기법은 무늬오징어 에깅처럼 에기를 탁탁 쳐올릴 때 에기 액션이 살아나므로 허리까지 무른 낚싯대로는 이런 액션을 주기 어렵다. 참돔타이라바 낚싯대 중 초리가 아주 부드러운 낚싯대라면 이카메탈 기법에 쓸 수 있다. 수입산 전용대의 가격은 30~40만원대다.

이카메탈은 30g~120g을 수심과 조류 세기에 맞춰 사용한다. 한치용 스테는 2~3개를 다는데 낚시 도중 삼치나 갈치의 습격에 채비가 통째로 잘리거나 엉키는 경우가 많으므로 적어도 10세트 정도의 예비 채비를 준비하는 게 좋다. 이카메탈은 8천원~1만원, 한치용 스테는 4천~8천원이다.

출조 비용

한치낚시는 오후 4~5시경 출조해 새벽 2~3시경 철수하는 게 보통이다. 출조비는 1인당 8만~10만원을 받는다.

문어

문어는 낚시인뿐 아니라 일반인도 좋아하는 두족류다. 대형급인 피문어(정식명칭은 대문어)는 강원도 북부 앞바다에서, 소형급인 돌문어(정식명칭은 참문어)는 서해, 남해, 동해남부 지역에서 주로 낚인다.

낚시터

문어는 주로 배를 타고 낚는다. 돌문어 선상낚시가 활성화된 지역은 남해의 통영, 진해, 남해도, 완도이며 서해에서는 전북 부안, 군산 앞바다다. 보통 출항지에서 10~30분 거리에 포인트가 있다. 피문어는 동해북부인 강원도 고성의 공현진항과 아야진항 등이 출항지로 유명하다.

생태와 시즌

돌문어낚시의 피크는 가을이다. 10~11월에 씨알과 마릿수 재미가 가장 좋으며 11월에는 1kg급도 흔하게 낚인다. 12~4월은 문어가 깊은 곳으로 빠지는 비수기이다. 이후 5월부터 다시 입질이 시작되지만 이때는 씨

1 주꾸미
2 갑오징어
3 무늬오징어
4 돌문어

도 무늬오징어가 확인됐고 2018년 무렵부터는 보령 외연도와 군산 어청도, 부안 왕등도에서도 무늬오징어가 잘 낚이고 있다.

생태와 시즌
봄(5~7월)에 알에서 깨어난 무리들이 빠르게 성장해 8월 무렵이면 몸통 기준 감자~고구마 크기로 커진다. 이때부터를 초반 시즌으로 보며 이후 11월 말까지 시즌이 이어진다. 무늬오징어는 그 해의 먹이 여건에 따라 성장 속도가 달라지는데 보통 9월 말이면 1kg이 넘는 씨알이 자주 낚이며 11월로 접어들면 최대 2kg 이상까지도 커진다. 12월부터 이듬해 4월까지는 무늬오징어가 깊은 곳에서 겨울을 나기 때문에 비수기에 해당한다. 5월 무렵부터 알을 품은 대형급들이 연안으로 이동해 산란을 준비한다. 이때는 마릿수는 적지만 2kg 이상의 대형급을 만날 수 있다.

낚시의 난이도
난이도를 상중하로 구분했을 때 중상급에 해당한다. 주꾸미, 문어, 갑오징어낚시가 고패질 위주의 단순 액션이라면 무늬오징어는 정밀한 루어 조작이 요구된다. 무늬오징어 에깅은 에기를 바닥까지 가라앉힌 후 먹잇감이 병들거나 다쳐 도망치는 모습을 연출해야 하는데 이 과정을 초보자가 완전히 마스터하는 데는 꽤 시간이 걸린다. 에기를 띄워 올리며 액션을 주는 일명 '샤크리' 동작도 4~5회는 출조해야 익숙해질 수 있다. 두족류 중 가장 고난도 테크닉이 요구되는 게 무늬오징어다.

장비
무늬오징어는 낚시의 난이도가 높은 만큼 장비의 영향을 크게 받는다. 30m 이상 멀리 던진 에기에 선명한 액션을 주기 위해서는 릴이 가볍고, 로드가 경쾌해야 하며, 라인도 가늘게 써야 한다. 결국 고가의 제품이 필요하며 고급 장비를 쓸수록 낚시가 쉬워질 수밖에 없다. 보통 릴과 로드를 합쳐 최소 40~50만원은 지불해야 중급 이상 장비를 갖출 수 있다. 고급품은 낚싯대만 70만원이 넘는다. 여기에 PE라인 3~5만원, 크기와 색상별 고급 에기 10개 20만~25만원, 뜰채 및 가프, 태클박스 등의 낚시용품을 갖추는 데 적어도 20만원이 소요된다. 중급 기준 필수 장비만 갖추어도 70만~100만원이 필요하다.

출조 비용
무늬오징어 에깅은 방파제와 갯바위에서도 가능하다. 다만 너무 소문이 난 곳은 무늬오징어의 경계심이 강해 마릿수 조과를 거두기 어렵다. 생자리를 찾거나 발품을 많이 팔수록 유리하므로 포인트 정보에 늘 귀를 기울일 필요가 있다. 한편, 선상낚시는 비싸지만 확실한 조과를 거둘 수 있는 방법이다. 선상 에깅이 활성화된 통영과 거제 지역에서는 오전과 오후로 나눠 출조하는 배들이 많다. 각각 8만원 안팎의 선비를 받는다. 서해 보령과 군산에서는 부시리와 농어 루어낚싯배들이 에깅을 병행한다. 선비는 남해보다 비싼 14만원 내외를 받는다.

한치
한치의 정식명칭은 창오징어로 두족류 최고의 횟감으로 꼽힌다. 과거에는 제주도에서만 한치 선상낚시가 유행했으나 현재는 부산, 진해, 통영 등의 남해에서도 왕성한 출조가 이루어지고 있다. 최근 유행하는 한치낚시 기법은 메탈지그와 소형 에기를 사용하는 이카메탈게임이며 에기를 자연스럽게 놀리는 오모리그도 큰 인기를 얻고 있다.

두족류 종류와 낚시 특징
사계절 낚여 쉴 틈 없는 낚시

국내에 서식하는 두족류 중 낚시 대상은 크게 7종이다. 주꾸미, 갑오징어, 문어, 한치, 무늬오징어, 돌문어, 피문어가 대표적이다. 주꾸미, 갑오징어, 돌문어는 주로 봄, 가을에 피크를 맞고 한치는 여름이 최고 전성기다. 동해 피문어는 거의 사철 낚이는데 한 겨울인 1~2월만 빼면 손맛을 즐길 수 있다. 호래기는 주로 겨울에 낚이지만 서해 군산에서는 초여름에도 낚이고 있다. 이처럼 두족류는 사철 낚시가 가능하기 때문에 어느 한 계절도 낚시를 쉴 틈이 없다. 각 두족류의 생태, 낚시 대상으로서의 특징과 출조 여건 등을 설명하면 다음과 같다.

주꾸미·갑오징어

주꾸미는 말이 필요 없는 두족류 최고의 인기 스타다. 금어기(5월 11일~8월 31일)가 해제되는 9월이 되면 서해의 거의 모든 낚싯배들이 주꾸미 출조에 나선다. 낚시 요령이 쉽고 누구나 마릿수 조과를 거둘 수 있어 낚시를 안 해본 사람도 쉽게 즐길 수 있다.
갑오징어는 주꾸미와 낚시터, 장비, 채비, 루어 등 여러 면에서 겹치는 게 많다. 큰 차이점이라면 포인트다. 주꾸미는 모래바닥에서 낚이는 반면, 갑오징어는 모래와 암초가 섞인 지대에서 잘 낚인다. 서해의 경우 보통은 주꾸미 배낚시 도중 갑오징어 포인트를 덤으로 들러 낚시하는데 아예 갑오징어 전문 낚시인만 태우고 갑오징어낚시만 출조하는 배들도 있다.

낚시터
주꾸미낚시 일번지는 서해다. 그 중에서도 충남 보령의 오천항, 대천항, 무창포항, 태안 안면도의 영목항, 서천의 홍원항이 대표 출항지다. 전북에서는 군산 비응항과 격포항에서 주꾸미낚시를 출조한다. 북쪽 인천 영흥도와 인천의 만석부두 등지에서도 주꾸미 낚싯배가 출항한다. 전남에서는 완도와 고흥, 여수 등지의 내만권 작은 포구에서 주꾸미 배낚시에 나서는데 서해안에 비해 출조 열기는 높지 않다.

낚시 시즌
충남과 전북의 경우 빠르면 8월 중순부터 주꾸미가 잡히지만 5월 11일부터 8월 31일까지가 금어기로 지정되면서 9월 1일부터 출조가 가능하다. 길게는 11월 중순까지 시즌이 이어진다. 한편 11월 중순을 넘겨 동절기로 접어들면 서해는 시즌이 마감되지만 남해 여수와 고흥 등지에서는 1월까지도 주꾸미가 낚인다. 가을에 비해 마릿수는 3분의 1 수준으로 떨어지지만 씨알은 훨씬 굵게 낚인다.

낚시의 난이도
주꾸미낚시는 여자와 아이들도 쉽게 낚을 수 있어 난이도 최하를 자랑한다. 빈 채비일 때와 주꾸미가 올라탔을 때의 무게 차이를 구분하는 것이 키포인트다. 초보자라도 대여섯 마리만 낚으면 쉽게 그 차이를 알아챌 수 있다. 같은 초보자라도 섬세한 여자들이 더 빨리 감각을 익힌다. 갑오징어는 주꾸미보다는 예민한 감각이 요구된다. 전문가들은 갑오징어가 먹이팔로 에기를 살짝 당기는 입질을 파악해 조과를 올린다. 주꾸미낚시 도중 걸려드는 것은 운 좋게 제대로 걸린 것들이라고 할 수 있다.

장비
주꾸미는 아주 작고 힘도 세지 않아 사실 고가의 장비를 쓸 필요는 없다. 다만 주꾸미가 올라탔을 때의 무게를 감지하기 위해서는 가벼운 장비와 가는 원줄을 쓰는 게 중요하다. 주꾸미 배낚시가 인기를 끌면서 중저가 릴과 낚싯대가 홍수처럼 쏟아지고 있는데 품질이 과거보다 좋아져 릴과 낚싯대 포함 10만원대에도 기본 장비를 맞출 수 있다. 필수 채비는 왕눈이 에기 20개와 봉돌, 채비 일체 포함 3~4만원이면 장만할 수 있다.
갑오징어는 주꾸미 장비로도 낚시가 가능하지만 좀 더 좋은 장비를 구입하면 조과를 더 높일 수 있다. 주꾸미는 전체적으로 가볍고 초리가 유연한 게 좋지만 갑오징어는 초리 끝만 유연하고 허리가 빳빳한 낚싯대가 좋다. 그래야 무거운 봉돌을 단 채비를 쓰기 좋고 덩치 큰 갑오징어도 쉽게 올릴 수 있기 때문이다.

출조 비용
1일 선비는 충남, 전북, 인천, 남해안 지역은 8만~10만원을 받는다. 오전과 오후로 나눠 출조하는 군산은 오전낚시는 5만원, 오후낚시는 4만원을 받고 있다. 오전과 오후 모두 낚시 시간은 5시간으로 동일하지만 오후에는 바람이 터지는 경우가 많아 1만원 싸게 받는다고. 아침 일찍 출조하지 못하는 낚시인들을 받기 위한 목적도 있다.

무늬오징어

에깅 대상 중 낚는 묘미에서 첫손에 꼽힌다. 무늬오징어는 예민하고 경계심이 강해 노련한 테크닉과 전문적인 장비가 필수적으로 요구되는데, 낚기도 어렵고 여러 두족류 중 '장비빨'을 가장 많이 받는 대상으로 평가된다. 즉 무늬오징어 에깅에 맛을 들이면 일단 막대한 금전적 지출을 각오해야 한다.

낚시터
과거에는 수온이 따뜻한 제주도에서만 낚이는 것으로 알려졌으나 2000년 무렵부터 에깅이 본격적으로 전파되면서 남해와 동해에서도 무늬오징어가 낚인다는 사실이 알려졌다. 2013년에는 서해의 군산 앞바다에서

경남 진해 앞바다로 돌문어낚시를 떠나 푸짐한 조과를 거둔 여성 낚시인들.

도 두족류낚시를 친숙하게 받아들임으로써 전 세대를 아우르는 낚시 장르로 자리 잡아가는 중이다.

두족류 요리는 온 가족이 좋아하는 별미

두족류낚시가 다른 낚시장르보다 역사가 짧음에도 불구, 전 국민이 좋아하는 낚시장르로 성장한 원동력은 역시 맛 때문이다. 무늬오징어, 갑오징어, 한치는 시장에서 파는 일반 오징어보다 훨씬 뛰어난 맛을 자랑한다. 또 주꾸미는 최근 수요가 늘면서 가격이 폭등하여 살아 있는 국산 주꾸미를 맛볼 수 있는 길은 직접 낚아서 먹는 방법밖에 없다.

여기에 두족류는 여타 물고기에 비해 손질이 편하다. 일단 가장 귀찮은 비늘을 칠 일이 없다. 기껏 손 가는 일이 껍질 벗기는 정도이며 뼈가 없고 내장도 아주 작아서 뒤처리 또한 편하다.

두족류는 회, 찜, 볶음, 튀김 어떤 요리를 해도 맛이 좋다. 특히 주부들에게 있어 두족류는 손질이 편하고 값나가는 반찬이자 해산물인 셈이다. 평소 남편이 낚시 간다고 하면 짜증을 내던 주부들도 두족류를 잡으러 간다면 의외로 잘 보내주는 게 요즘의 분위기다.

가을바다의 주류 낚시 대상으로 급성장

두족류는 전반적으로 온대성, 아열대성이라 수온이 높은 가을에 잘 낚인다. 특히 주꾸미와 갑오징어는 가을 배낚시가 인기를 끌었다. 둘 다 봄에 알에서 태어나 여름부터 서서히 덩치가 커지고 가을이 되어서야 낚시 대상이 될 만큼 씨알이 굵어지기 때문이다. 그래서 가을철 주말에 서해에서 낚싯배 구하기가 하늘의 별따기가 돼버렸다.

그러나 기법이 발달하면서 지금은 사계절 즐기는 낚시로 변모했다. 주꾸미도 봄 배낚시가 성행하고, 갑오징어는 오히려 봄~여름 사이에 씨알 굵은 오징어가 잘 낚여 틈새 시즌으로 각광을 받고 있다.

서해에서 인기를 끌던 돌문어 배낚시는 남해의 통영, 남해도, 여수, 완도 등지에서도 한창이며 제주도와 남해, 동해에서만 낚이는 줄 알았던 무늬오징어가 서해 어청도와 외연도 등지에서도 마릿수 조과를 보이고 있다. 강원도 최북단에서는 10kg이 넘는 씨알을 낚을 수 있는 피문어 선상낚시가 큰 인기를 얻고 있다. 거의 1년 내내 낚이는데다가 한 마리만 낚아도 여러 식구들이 배불리 먹을 수 있다는 점이 매력 포인트다. 여기에 2020년 가을부터는 강원도 고성 앞바다에서까지 무늬오징어 배낚시에 무늬오징어가 쏟아지고 있다. 이 정도면 이제 두족류낚시는 대한민국 바다낚시를 대표하는 장르로 성장했다고 해도 과언이 아닐 것이다.

| PART 1 | 두족류낚시의 기초 **1**

매력
낚기 쉽다! 즐겁다! 그리고 맛있다!

두족류(頭足類)는 주꾸미, 갑오징어, 무늬오징어, 한치, 문어, 호래기 등을 총칭하는 말이다. 연체동물로서 몸통이 아닌 머리 부위에 눈, 내장, 복부, 다리가 모두 달려있는 독특한 신체 구조를 갖고 있으며, 성장속도가 대단히 빠르고 포식성과 공격성이 강하다. 예전엔 낚시 대상으로 주목받지 못했지만 2000년대부터 인기가 상승해 이제는 물고기를 능가할 정도다.

두족류낚시의 인기를 주도한 것은 주꾸미와 갑오징어. 두 녀석은 낚시가 처음인 일반인도 쉽게 즐길 수 있고 마릿수 조과도 탁월하기 때문이다. 이미 식당에서도 주꾸미볶음과 갑오징어볶음은 인기 메뉴로 자리하고 있어 매우 친숙한 대상이 됐다.

특히 서해 주꾸미는 낚시터가 수도권에서 가깝고 누구나 마릿수 조과를 거둘 수 있어서 가을철 배낚시 인기 1위 장르가 되었다.

그와 동시에 돌문어 배낚시도 인기 배낚시 상품이 되었다. 돌문어는 맛과 힘을 겸비해 갈수록 인기가 높아가고 있다. 특히 남해에도 상당한 자원이 서식한다는 사실이 알려지면서 돌문어낚시터는 점점 확산되고 있다.

전문 낚시인들을 두족류낚시의 세계로 끌어들인 것은 단연 무늬오징어다. 2000년대 초부터 동해남부, 남해동부에서 무늬오징어를 낚는 기법인 '에깅(Eging)'이 시도되면서 그간 존재마저 모르고 있던 무늬오징어가 일약 스타로 발돋움했다. 에깅은 오징어를 잡는 가짜 미끼인 일본 말 '에기(Egi)'와 영어 동명사 '-ing'를 합친 낚시용어로 낚시법이나 용어 모두 일본에서 건너왔다. 무늬오징어낚시는 두족류낚시 중 가장 난이도가 높고 장비 가격도 비싼 편이라 에깅의 최고 정점으로 인식되고 있다.

무늬오징어와 맛의 왕좌를 다투는 한치는 여름밤 두족류낚시의 백미로 꼽힌다. 낚기 쉽고 출조 시스템이 잘 갖춰져 있는 데다가 제주도는 물론 남해안에서도 출조가 활성화돼 있는 점이 인기상승의 비결이다.

해수온 상승 영향, 시즌과 낚시터 확대

두족류낚시는 과거에 비해 장르가 다양해지고 시즌에도 변화가 왔다. 가장 큰 그 이유로 해수온 상승이 꼽히며, 둘째 이유로는 에깅 인구의 확산이다.

10년 전만 해도 서해는 주꾸미와 갑오징어, 동해는 문어와 무늬오징어, 남해는 무늬오징어와 한치, 호래기 식으로 구분되었지만, 지금은 대다수 종들이 동서남해에서 동시출몰하고 있다. 서해에서도 호래기, 무늬오징어, 화살오징어가 낚이고, 남해에서 한치, 문어가, 동해에서도 갑오징어와 한치가 올라오고 있다.

이런 분위기와 맞물려 각 조구업체의 두족류용 낚시용품 출시도 탄력을 받고 있다. 조구업체마다 두족류 종류에 특화된 낚싯대와 릴을 생산하고 있으며 라인, 에기, 태클박스 등의 용품시장 규모도 해가 갈수록 커지고 있다. 특히 20~30대의 젊은층은 물론 40~50대까지의 중장년층까지

초장을 살짝 찍은 데친 돌문어. 두족류는 맛이 좋아 누구나 좋아한다.

PART 1
두족류낚시의 기초

낚시春秋 무크지 ⑩
두족류낚시
주꾸미·갑오징어·무늬오징어·
한치·문어·호래기

CONTENTS

PART 1 두족류낚시의 기초
1 매력 낚기 쉽다! 즐겁다! 그리고 맛있다 _22
2 두족류 종류와 낚시 특징 사계절 낚여 쉴 틈 없는 낚시 _24
3 장비의 이해 배낚시는 베이트, 연안낚시는 스피닝 _28
4 에기의 이해 에기·스테·이카메탈 _30
5 배낚시 상식 낚싯배 예약부터 항구로 돌아오기까지 _34
6 낚시 상식 두족류낚시에 등장하는 낚시용어들 _37
7 낚시 기본 매듭법 8 _40

PART 2 주꾸미낚시
1 생태와 시즌 가을에 최고 피크, 서해가 최대 황금어장 _46
2 장비와 채비 경량 베이트릴 장비가 기본 _50
3 낚시방법 초리 휨새보다는 무게로 입질감 잡아야 _52
4 주꾸미낚시용품 지상전시 _56

PART 3 갑오징어낚시
1 생태와 시즌 가을이 피크, 봄에 굵은 씨알 낚여 _66
2 장비와 채비 낚싯대 초리 끝은 예민하고 허리는 뻣뻣해야 _68
3 낚시방법 루어를 덮칠 때까지 충분한 시간을 줘라 _70
4 갑오징어낚시용품 지상전시 _74

PART 4 무늬오징어낚시
1 생태와 시즌 오징어 에깅의 대명사 _84
2 장비와 채비 전용 장비가 클래스를 가른다 _86
3 낚시방법 연안낚시 마스터하기 STEP 3 _88
4 배낚시 방법 쉽고 잘 낚이는 '팁런'을 배워보자 _94
5 여름에 대물 무늬오징어를 낚는 방법 몬스터 선상 에깅 _100
6 무늬오징어낚시용품 _103

PART 5 한치낚시
1 생태와 시즌 맛에서 으뜸인 오징어의 귀족 _110
2 장비와 채비 조과 좌우할 새로운 채비들 속속 등장 _112
3 배낚시 낚시방법 다단채비와 오모리그를 마스터하라 _116
4 연안낚시 낚시방법 조류 빠르고 수심 깊은 곳을 찾아라 _120
5 한치낚시용품 지상전시 _123

PART 6 문어낚시
1 생태와 시즌 피문어(대문어)와 돌문어(참문어) 두 종이 있다 _132
2 장비와 채비 돌문어는 베이트릴, 피문어는 전동릴 필수 _134
3 배낚시 방법 쉬운 낚시지만 조과 차가 나는 이유는? _136
4 연안낚시 방법 문어는 발 앞에 있다 _139
5 문어낚시용품 지상전시 _142

PART 7 호래기·화살촉(살)·날개오징어낚시
1 맛이라면 두족류 최고봉 호래기 _152
2 내가 바로 원조 오징어 화살촉(살)오징어 _156
3 국내 오징어 중 가장 큰 덩치 날개오징어 _158

PART 8 요리
1 부드럽고 담백한 봄철 보양식 주꾸미 샤브샤브 _162
2 오징어 요리의 최고봉 갑오징어 튀김 _164
3 손쉽게 만드는 갑오징어 중국요리 갑오징어 오이볶음 _166
4 뜨끈뜨끈한 국물이 생각날 땐 무늬오징어 나베 _168
5 만능 에피타이저 무늬오징어 아보카도 샐러드 _170
6 스페인 원팬 요리 한치 파에야 _172
7 올리브유와 마늘로 맛을 낸 한치 파스타 _174
8 문어의 참맛을 그대로 살린 문어 숙회 _176
9 부드럽게 씹히는 맛과 고소한 풍미 문어 초회 _178
10 야들야들한 몸통에 찹쌀이 가득 화살촉오징어 찹쌀순대 _180

판권 _182

레토피아 스페셜 색상

요즈리와의 콜라보 - KOREA SPECIAL COLOR

요즈리 삼봉

요즈리 틴셀

요즈리 레이저

울트라숫데 S/SS

 (주)레토피아 010-5282-1790
010-4675-8472

신간 발매

하늘에서 본 방파제 낚시터

낚시춘추 편집부 지음

동서남해 **방파제 명소 100곳**의 계절별, 어종별 **바다낚시 포인트**를 **항공사진**으로 한눈에 파악!

황금시간 Golden Time

낚시춘추 편집부 지음 / 올컬러 / 428쪽 / 값 40,000원

구입문의 황금시간 Golden Time (02)736-2031 (내선 803)

전천후 초고강도 낚싯대! 가성비 국가대표 낚시용품

부러지지 않는 **티타늄팁**과 탄력적인 휨새로 미세한 입질 파악에도 최적화 되었으며,
장시간 낚시에도 부담이 없는 무게감과 9:1~8:2 휨새 비율로 쭈꾸미 갑오징어 제압에 최적화된 액션.
도금이 안되어 있어도 절대 녹이 나지 않는 최상급 스텐레스 가이드 프레임,
높은 강도와 내식성을 지닌 지르코니아 가이드링 채용.

EGING STAR II 802MS [에깅스타2]

모델	전체길이	접은길이	절 수	선경/원경	중량	Lure Wt.	Egi Size	PE Line	Max Power
802MS	2.44m	1.27m	2	1.9mm/12.3mm	125g	7~30g	2.5~4호	0.4~2호	8.5Kg

TAKO STAR II [타코스타2]

모델	전체길이	접은길이	절 수	선경/원경 (mm)	중량 (g)	Lure Wt. (g)	가이드	PE Line (호)	Max Power (kg)
602HB	1.80m	0.94m	2	1.4/15	168	60~400	스파이럴	1~5	45°/70° 19.4/8.9
602HB&S	1.80m	0.94m	2	1.4/15	173	60~400	일반	1~5	45°/70° 19.4/18.9
602XHB	1.80m	0.94m	2	1.4/15	175	100~600	스파이럴	3~8	45°/70° 19/13

JJUGING STAR / PRO / Titanium [쭈깅스타 / 쭈깅스타 프로 / 쭈깅스타 프로 티타늄]

모델	전체길이	접은길이	절 수	선경/원경	중량	Lure Wt.	PE Line	Max Power
JJUGING STAR 542 B / B&S	1.6m	0.84m	2	1mm/10mm	140g	30~200g	0.8~3호	13Kg
JJUGING STAR PRO 156	1.56m	0.82m	2	1.1mm/10.2mm	95g	60~400g	0.6~1.5호	9Kg
JJUGING STAR PRO Titanium 156	1.56m	0.82m	2	1.1mm/10.2mm	100g	30~150g	0.6~1.5호	13Kg

Thunder BLACK SOLID [썬더 블랙 솔리드]

모델	전체길이	접은길이	절 수	선경/원경 (mm)	중량 (g)	Lure Wt. (g)	PE Line (호)	대상어
632UL	1.86m	1.20m	2	1/9	118	30~200	0.6~1.0	참돔, 갈치(지깅)
632L	1.86m	1.20m	2	1.1/10	130	50~200	0.8~1.2	참돔, 갈치(지깅) 쭈꾸미, 한치, 갑오징어
632ML	1.86m	1.20m	2	1.2/11	143	60~200	0.8~1.5	참돔, 광어, 우럭, 외수질

JUPITER EGING 832M [다이와 주피터 에깅]

모델	전체길이	접은길이	절 수	선경/원경 (mm)	중량 (g)	EGI SIZE	PE Line (호)
832M	2.51m	1.3m	2	1.6/11.4	145	#2.5~#4.0	0.5~1.2

JUPITER TIP-RUN 702L/MH-S [다이와 주피터 팁-런]

모델	전체길이	접은길이	절 수	선경/원경 (mm)	중량 (g)	EGI Wt.	PE Line (호)
702L/MH-S	2.13m	1.1m	2	0.7/9.9	108	MAX 40g	0.5~1.0

THUNDER ACCURATE 8X BRAIDED [썬더 애큐릿 8합사]

칼 라	Braided	Size (호)	Diametrer (mm)	Knot str. (kg)	Shock Leader Knot str. (kg)	Length (M)
Light Green	8X	0.6	0.12	2.5	6.0	150
	8X	0.8	0.14	3.3	7.3	150
	8X	1.0	0.16	4.6	8.5	150
	8X	1.5	0.21	7.5	12.0	150
	8X	2.0	0.23	9.3	20.0	150
Black	8X	1.0	0.16	4.6	8.5	300
Multi	8X	1.0	0.16	4.6	8.5	300

경기도 성남시 중원구 갈마치로288번길 14 (상대원동) SK V1 타워 A동 227호 T: 031-747-5804 F: 02-6007-1102
피싱코리아 : www.fikorea.co.kr 썬더마린 : www.thundermarine.co.kr

40톤 고탄성 카본과 ULTRA-X 보강으로 강도 향상과 뒤틀림을 잡아주는 안정된 블랭크.
초고강도의 로드에 대한 연구개발로 **파상강도 13kg** 실현하여 일본로드를 한참 앞서는 높은강도를 실현한 로드.

EGING STAR 2 802MLS
MAX POWER 8.5kg
무늬오징어 / 주꾸미 / 갑오징어 / 농어 / 광어 / 우럭 / 삼치 / 갈치 등
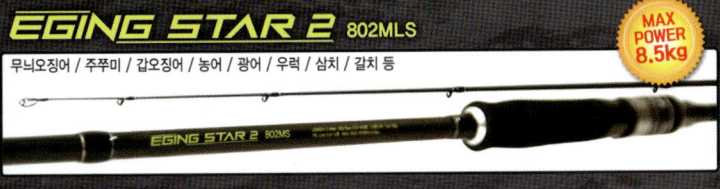

JJUGING STAR PRO TITANIUM
MAX POWER 13kg
티타늄팁 / 스파이럴 / 주꾸미, 갑오징어 전용로드 / 한치
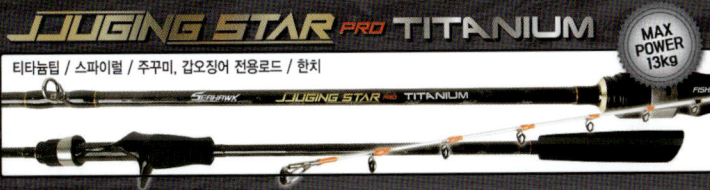

TAKO STAR 2 602HB / 602XHB / 602HB&S
MAX POWER 19kg
돌문어, 피문어 전용로드 / 우럭 / 대구
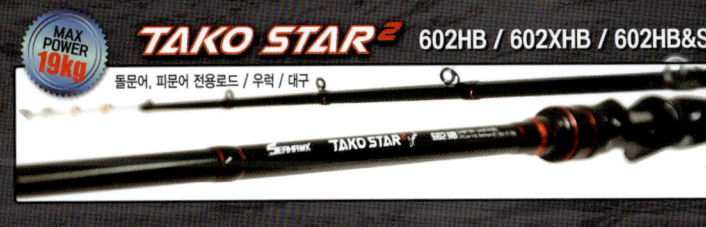

JJUGING STAR PRO 156
MAX POWER 9kg
스파이럴 / 주꾸미, 갑오징어 전용로드 / 한치

JUPITER EGING 832M
무늬오징어 / 주꾸미 / 갑오징어 / 농어 / 광어 / 우럭 / 삼치 / 갈치 등

JJUGING STAR
MAX POWER 13kg
주꾸미, 갑오징어 전용로드

JUPITER TIP-RUN 702L/MH-S
선상 무늬오징어 전용로드

THUNDER BLK Solid
MAX POWER 13kg
참돔 전용로드 / 한치 / 광어

THUNDER ACCURATE 8X
특수 방적기술 - 정칫수 적용
〈오색 합사 간격별 칼라 배치〉

YOUR BEST PARTNER!

우리 필드에 딱 맞는 스타일

HALF LURE

dasolfishing.co.kr

하프루어 에기 아쭈르 시리즈

DASOL 다솔낚시마트 경기도 화성시 영통로 23 | T. 031-202-0907 | F. 031-202-0806
E. choitomas@naver.com

두족류 전문 브랜드 오리겐

Origen
오리겐

두족류의 시작

전국 판매점 모집
Tel.031-497-5133

옆 조사님과 자신있게
마릿수를 비교☆해보세요!

주꾸마 미안해~

쭈꾸미 교수는 히든훅으로! 이제는 히든훅의 시대!!!

2022년 쭈꾸미낚시강타
두족류 바늘의 대혁명!

산업진흥원 창업 경연대회 최우수상 수상작

특허등록번호:10-2222779
디자인특허등록번호:30-1153039

채비 교체할 시간이 어디 있냐고!
한마리라도 더 낚아 야지~

채비교체 NO! NO! NO!
마릿수가 두배로!

밑걸림이 없는 채비/자체발광 히든훅!!

*신개념 애자 바늘

- 기존의 에기/애자보다 **밑걸림이 현저히 줄어드는 방식입니다.**

- 미끼의 몸통을 무는 두족류의 특성을 파악 챔질 시 내부에 있던 스프링과 반작용으로 몸통에서 바늘이 자연스럽게 올라와 거의 100%에 가까운 후킹력 자랑

- 내부에 스프링을 장착 **내부중심에서 바늘이 튀어나오는 신개념 애자**

(주)피디어   안산시 단원구 연수원로 104-14 안산정보산업진흥센타 101호
Tel. 031-497-5133   Fax. 031-497-5733   grandeehan@daum.net

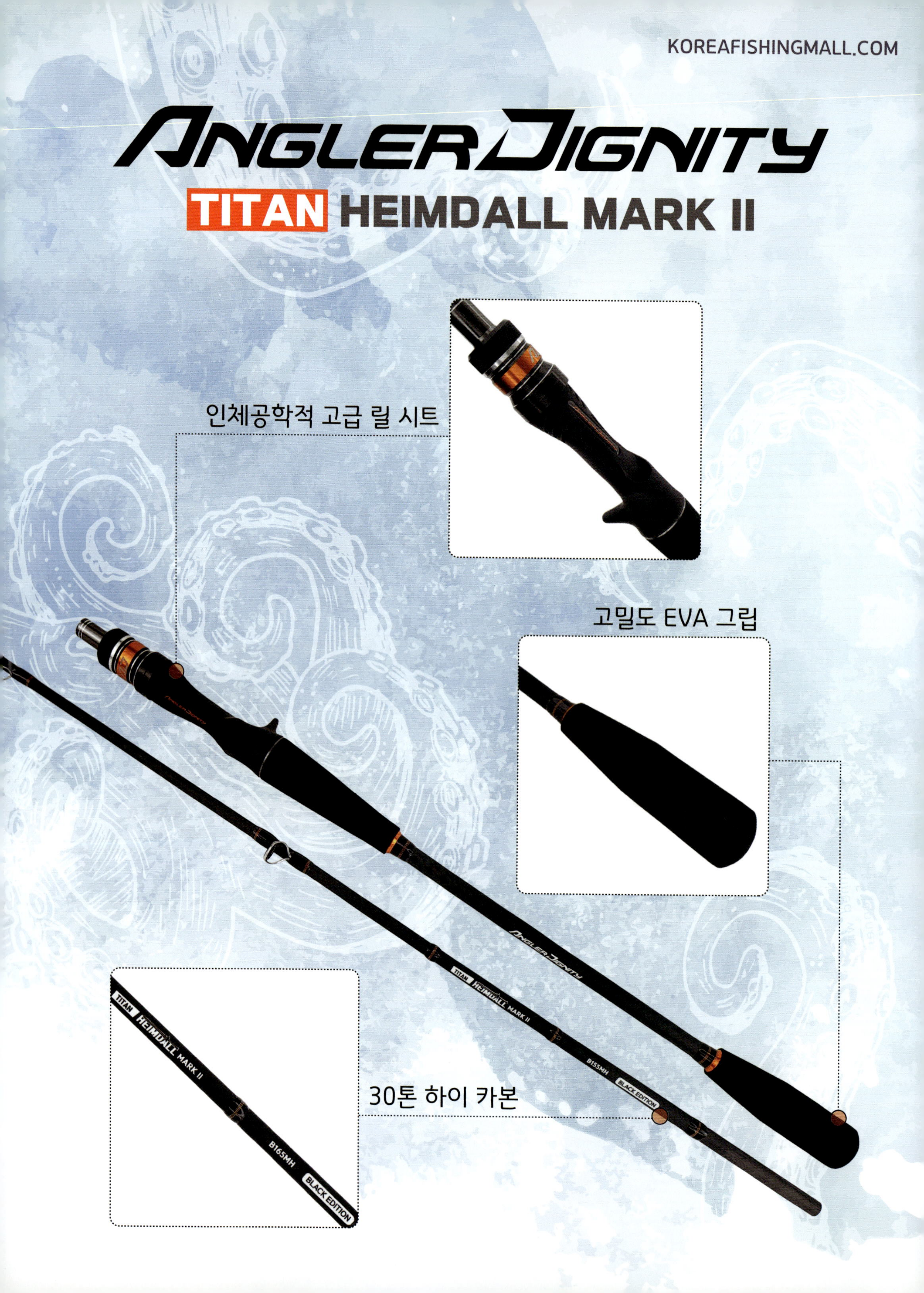

KOREAFISHINGMALL.COM
ANGLER DIGNITY
TITAN HEIMDALL MARK II
인체공학적 고급 릴 시트
고밀도 EVA 그립
30톤 하이 카본
TITAN HEIMDALL MARK II
B165MH
BLACK EDITION

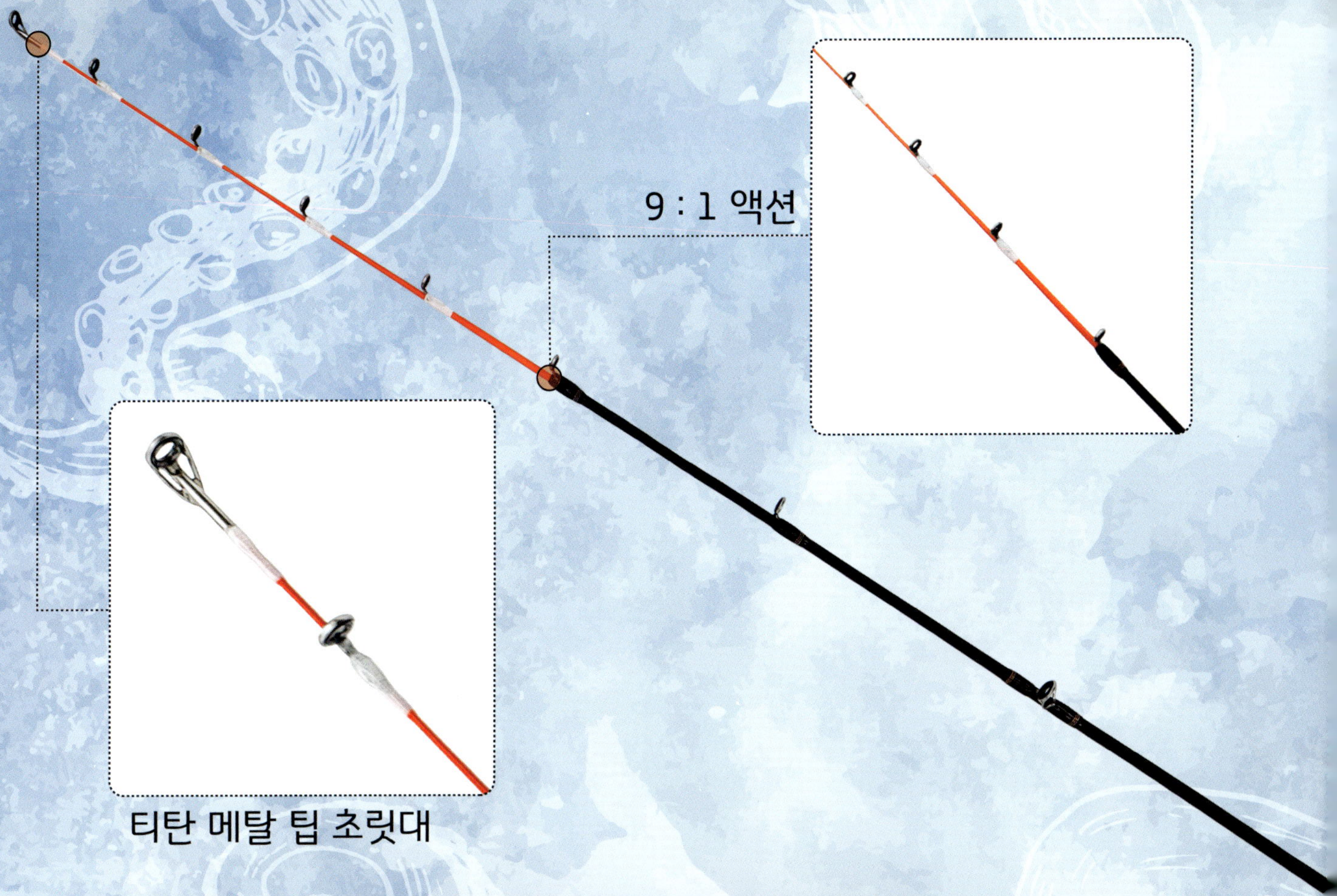
9 : 1 액션
티탄 메탈 팁 초릿대

낚시꾼들의 품격을 높여줄 선상 쭈갑로드 끝판왕!

SPIRAL GUIDE SYSTEM · POWER METAL TIP TITANIUM · HIGH CARBON FIBER · Fuji O RING GUIDE

ANGLER DIGNITY_ HEIMDALL MARK II (앵글러 디그니티_헤임달 마크 투)

품명	전장(m)	마디수(本)	무게(g)	선경 / 원경(mm)	LURE Wt	PE Line
B145MH	1.45	2	86	0.8 / 10.3	MAX100g	0.8~2
B155MH	1.55	2	88	0.8 / 10.3	MAX100g	0.8~2
B165MH	1.65	2	91	0.8 / 10.3	MAX100g	0.8~2
B175MH	1.75	2	106	0.8 / 10.3	MAX100g	0.8~2
한치겸용 B185MH	1.85	2	108	0.8 / 10.3	MAX100g	0.8~2

※ 고급 하드 케이스 및 로드벨트 포함

총판 ANGLER DIGNITY 010.3823.9370

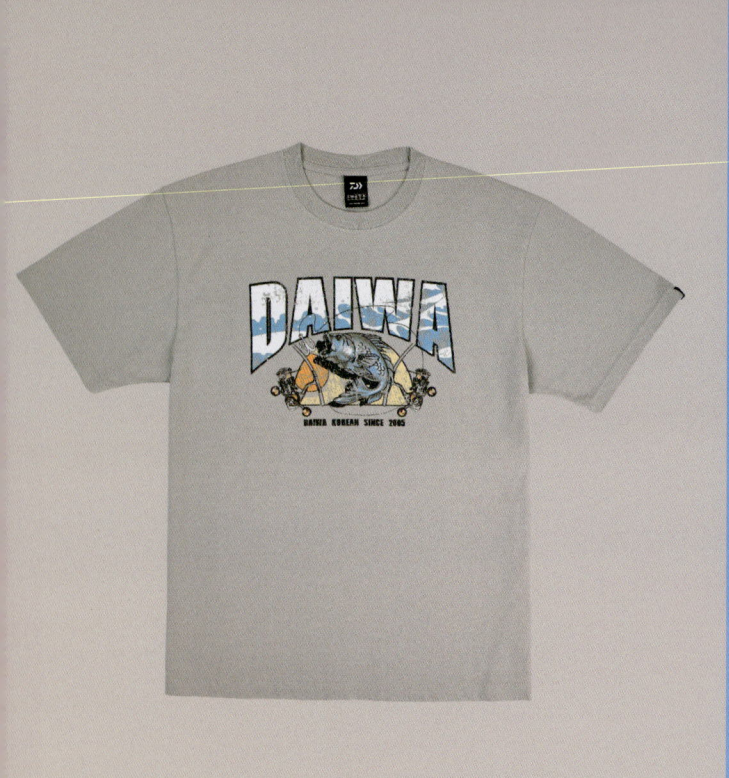

파주 프로피싱	경기 파주시 미래로310번길 56-41 프로피싱 / 031-911-3820 / 영업시간 : 월~토(9:00~19:00), 일요일 및 공휴일(9:00~18:00), 둘째, 넷째 일요일 휴무
인천 심통낚시	인천 부평구 백범로478번길 7-3 ST빌딩 / 032-431-1364 영업시간 : 월~토(9:00~21:00) 일요일(휴무)
인천 에프마켓	인천 미추홀구 인주대로 342 에프마켓 / 032-872-2782 영업시간 : 12월~4월(10:00~20:00), 5월 ~11월(10:00~21:00)
경산 09낚시	경북 경산시 진량읍 봉회길 56 / 070-7716-0909 영업시간 : 월~토(09:00~20:00), 일요일(휴무)
대구 제일레져	대구 동구 팔공로 535 / 1644-4496 영업시간 : 월~토(09:00~21:00) 일요일 및 공휴일(09:00~19:00)
사천 만물낚시	경남 사천시 사천읍 사천대로 1861 만물낚시할인마트 / 055-852-2536 영업시간 : 24시간
광양 낚시갤러리	전남 광양시 아미1길 18 / 061-793-2788 영업시간 : 월~일(09:00~21:00)
부산 낚시밸리	부산 강서구 미음국제2로가길 29 / 051-973-8867 영업시간 : 월~일(09:00~21:00)

DAIWA T-SHIRTS DESIGN AWARD

다이와 대학생 티셔츠 공모전 수상작 출시!

대학생들의 참신한 디자인의 티셔츠 구매와 동시에 기부를!
공모전 수상작의 제품을 구매해 주시면,
판매 수익금의 일부는 환경보호를 위해 기부될 예정입니다.
티셔츠도 구매하고, 환경보호도 함께해요~!

다이와 대학생 티셔츠 디자인 공모전 수상작
제품에는 스페셜 텍이 붙어 있습니다.

티셔츠 구매는 한국다이와 웨어샵에서!

오이도 리더낚시 경기 시흥시 서해안로 81-44 / 031-8041-9390
영업시간 : 24시간

주남 휴게 낚시 경남 고성군 회화면 남해안대로 4139 / 055-673-2782
영업시간 : 24시간

에프마켓 석수IC 본점 경기 안양시 만안구 경수대로 1349 / 031-471-1712
영업시간 : 월~일(10:00~20:00), 연중무휴(설, 추석제외)

TOURNAMENT

22 TOURNAMENT ISO LBD SPEC

품번	권사량 (cm/핸들1회전)	기어비	무게 (g)	최대 브레이크력(kg)	최대드랙력 (kg)	표준권사량 나일론(호-m)	베어링 (볼)	가격(¥)	JAN코드
경기LBD	114	7.6	235	14	8	1.85-150, 2-140	10	94,000	084225
2500XH-LBD	103	6.8	245	14	8	3-150, 4-100 [1.85-150, 2-140]	10	94,000	084232
3000LBD	80	5.3	255	14	8	3-200, 4-150 [3-150, 4-100]	10	94,000	084249
3000XH-LBD	103	6.8	250	14	8	3-200, 4-150 [3-150, 4-100]	10	94,000	084256